주경철의 유럽인 이야기 1

주경철의 유럽인 이야기

1 중세에서 근대의 별을 본 사람들

Jeanne d'Arc
Henry VIII · Charles le
Téméraire · Philippe II le
Hardi · Jean I sans Peur
Philippe III le Bon
Karl V
Christopher Columbus
Hernán Cortés · Malinche
Leonardo da Vinci
Martin Luther

주경철 지음

Ⓗ

인간이 역사를 만들고 역사가 인간을 만든다.

이 중요한 사실을 역사가들조차 흔히 잊곤 한다.
세상을 전체적으로 조망하는 거대한 설명 틀도 중요하지만,
정작 그 안에서 사람들이 어떤 일을 하고, 어떻게 사랑을 나누고,
어떤 생각을 하며 살았을까 하는 기본적인 이야기가 빠지면
생기를 잃을 수밖에 없다.
프랑스의 역사가 마르크 블로크는
역사가란 인간의 살 냄새가 나는 곳이면 어디든 달려가는
식인귀ogre와 같다고 하지 않았던가.
우리도 역사가들처럼 근대 역사를 수놓은 주인공들의
내밀한 삶의 이야기를 찾아 떠나보자.

여기 중세 말과 근대 초에 살았던 여덟 사람이 있다. 한쪽 발은 중세에 둔 채 두 눈은 떠오르는 근대의 별을 향하고 있는 사람들.

천사의 목소리를 듣고 국왕을 돕기 위해 분연히 일어나 백년전쟁에 뛰어들었다가 이단 판정을 받고 화형당한 잔 다르크도 그런 인물이다. 그녀 자신과 그녀를 둘러싼 사람들의 사고방식은 천사와 악마, 성녀와 마녀라는 고색창연한 개념들로 착색되어 있지만, 이들의 행위는 근대 왕조국가의 정립이라는 큰 흐름 속으로 합류해간다.

프랑스 왕실의 방계 가문으로 출발했지만 유럽 대륙 중심부에 거대한 왕국을 건설하겠다는 야심을 품었던 부르고뉴 공작들의 모험 또한 유사하다. 그들은 우아하고 멋진 기사도 문화를 삶의 기준으로 삼았지만, 한편으로는 마키아벨리적인 정치·군사적 폭력을 통해 새로운 국가를 건설하겠다는 원대한 꿈에 부풀어 있었다.

한때 유럽 영토의 절반을 차지하는 동시에 남아메리카와 필리핀에 식민지를 보유하여 세계 기독교 제국을 희망했던 황제 카를 5세 또한 흥미롭기 그지없다. 유럽을 중심축으로 하여 세계를 아우르는 이상적 제국을 건설하겠다는 이념 자체는 허망하게 무너진 중세적 꿈이고, 실제로 그것이 붕괴됨으로써 근대 국가체제가 형성되지만, 이는 먼 훗날 등장하게 될 제국주의 이념과 통한다.

잉글랜드의 헨리 8세는 카를 5세와는 상반되는 듯하면서 다른 한편 서로 통하는 인물이다. 대륙 내에 만연한 거대 제국의 이상 혹은 가톨릭 보편 세계의 이념에 과감하게 선을 그어 단절하고 자신이 지배하는 잉글랜드를 강력한 왕조국가로 키우는 데 헌신함으로써 오히려 장래 세계 최강의 제국주의 국가로 나아가는 기초를 닦았기 때문이다. 그의 여성 편력은 개인적 성품과 무관하지 않으나, 국왕의 사생활은 공적인 역사 흐름과 완전히 별개의 일이 아니다.

근대를 향한 물결은 유럽 내부에만 한정되지 않는다. 콜럼버스는 이단에 가까울 정도로 기이한 중세적 종말론에 의지하면서도 근대 세계로 나아가는 문호를 연 인물이다. 15세기 에스파냐에 널리 퍼져 있던 기독교 사상의 일파가 아메리카 대륙을 유럽 역사와 연결시키는 놀라운 결과를 가져왔다.

콜럼버스 현상은 중세 에스파냐의 재정복운동의 살아 있는 화석living fossil이라 할 수 있는 코르테스 현상으로 이어진다. 이슬람 세력을 공격하고 멸망시키려는 성향은 아메리카 대륙에 그대로 투사되었다. 이때 핍박받던 자기 삶을 스스로 개척하려는 강인한 여성 말린체의 삶이 코르테스의 모험과 맞물려 결과적으로 유럽과 아메리카가 결합된 새로운 사회와 문화의 탄생을 가져왔다.

새로운 대륙만이 아니라 새로운 정신세계도 열렸다. 과학과 예술 전 분야에서 최고의 경지에 오른 만능인homo universalis 레오나르도 다빈치는 르네상스 현상이 얼마나 심도 있고 광범위한 차원이었는지 잘 보여준다. 동시에 그 개인의 내면에 휘몰아치는 거대한 소용돌이와 역사의 소용돌이가 어떻게 만나는지 여실히 보여주는 흥미로운 사례이기도 하다.

루터의 사례 또한 다르지 않다. 지옥에 떨어지지 않을까 하는 내면의 깊은 불안이 한 시대 전체를 뒤흔드는 정치·종교 문제와 만나자 대지진을 만들어냈다. 그때까지 하나의 정신세계를 유지해왔던 유럽 문명은 종교개혁 이후 돌이킬 수 없는 분열 상태로 치달았다.

이 여덟 명의 인생 이야기만 보아도
유럽 근대 세계가 얼마나 복잡다기하며
활력 넘치는 곳이었는지 짐작할 수 있다.
시대가 이들을 불러냈고,
다시 이들의 삶이 시대의 흐름을 가속화했다.
인간은 도도하게 흘러가는 역사의 물결 속에
떠내려가는 미물 같은 존재로 보일 수도 있지만,
그 나약하고 고통 받고 어리석어 보이는 인간의 행동이
역사를 만들어간다는 사실 또한 부인할 수 없다.
지난 세계에 살았던 스마트하고 몽매하고 열정적이었던
인물들의 이야기를 따라가면서 이 시대, 우리의 삶을 돌아보자.

차례

프롤로그 4

1장 잔 다르크, 성녀인가 마녀인가

1. 신이 보낸 여자 17
특이한 게 하나도 없는 평범한 시골 소녀 | 백년전쟁의 서막: 긴 전쟁이 시
작되다 | 정신병에 걸린 국왕, 풍전등화의 프랑스 | 과연 샤를 7세는 프랑스
국왕이 될 수 있을까 | 평범한 시골 소녀 잔 다르크, 어느 날 신의 목소리를
듣다

2. 위기에 빠진 프랑스를 구하다 30
이상한 소문이 무성한 소녀, 드디어 포화 속으로 | 살아 있는 성녀, 오를레
앙을 되찾다 | 프랑스 국왕의 수호자를 자처하다 | 끊임없이 제기되는 의혹,
"잔 다르크는 마녀다!"

3. 반전 있는 최후 41
쇠사슬에 묶인 채 성탑에 갇히다 | "문이 열려 있다면 그 문을 통해 나가야
지요." | 열두 가지 혐의를 받은 잔 다르크, 그녀의 운명은? | 반전에 더 큰
반전을 거듭하다 | 격동의 시대에 느닷없이 나타난 신비의 소녀

2장 부르고뉴 공작들. 유럽판 무협지

1. 부르고뉴령, 유럽 제3세력의 등장 55
"아버지, 조심하세요!" 효심으로 부르고뉴를 얻은 필리프 2세 | '삼촌들의 통치'로 영향력을 키우다 | 삼촌이 돌아왔다! | 겁 없는 2대 부르고뉴 공작, '용맹공' 장 | 몽트로 다리에서 최후를 맞은 용맹공 장

2. 선량공 필리프 3세의 줄타기 외교 68
왕보다도 더 강력한 지위에 오르다 | 유럽 최고 수준의 문화를 뽐내다 | 다시 전투 모드로

3. 부르고뉴, 끝내 좌절된 왕국의 꿈 76
담대공 샤를, 왕이 되기를 욕망하다 | 프랑스사의 운명을 건 공방전 | 로렌을 둘러싼 힘겨루기 | 담대공 샤를의 비참한 최후 | 이 막대한 유산의 상속자는 누구인가

3장 카를 5세, 세계제국을 꿈꾸다

1. 광녀의 아들, 제국의 상속자 93
미남과 광녀의 아들 | 남편이 살아나기를 손꼽아 기다린 카를의 어머니 | 카를, 에스파냐의 지배자가 되다 | 의회의 충성 맹세를 받다

2. '해가 지지 않는 제국'을 향하여 105
"이 너머로 나아가라." | 두 개의 지역으로 양분되는 제국 | 근친결혼이 낳은 '합스부르크 턱' | 종교 문제 수습하랴, 전쟁 비용 마련하랴 | 카를 5세와 프랑수아 1세의 공방전

3. 제국의 황혼이 시작되다 121

끝없는 갈등과 전쟁의 소용돌이 속으로 | 통풍과 천식, 그리고 사랑하는 아
내의 죽음까지 | '운명의 여신은 늙은이를 좋아하지 않는다네' | 이 세상의
영광이여, 얼마나 빨리 지나가버리는가!

4장 헨리 8세, 근대 영국을 출범시킨 호색한

1. 강력한 왕권을 구축하다 137

형수님마저 물려받은 국왕 | 르네상스 군주 | 골칫거리 여동생 메리 튜더 |
다시 찾아온 평화, 하지만…

2. 헨리 8세의 여섯 왕비 149

왕이 대역죄라고 하면 대역죄 | 나의 문제는 내가 결정한다! | "오늘은 저를
순교자의 반열에 올려주시는군요." | 국왕의 사랑을 받는 누이 | "제 목이 충
분히 길지 않답니다."

3. 잉글랜드를 발전의 도상에 올려놓다 162

수도원 해산과 교회·성직자 감찰 | 헨리 8세야말로 '짐이 곧 국가다' | 세계
의 패권 국가로 가는 길을 닦다

5장 콜럼버스, 에덴동산의 꿈으로 근대를 열다

1. 신화가 된 콜럼버스 173

콜럼버스는 누구인가 | '그리스도를 품에 안고 옮기는 자' | 제노바를 떠나
포르투갈로 가다

2. 꿈을 실현하기 위한 준비 181

특별한 1492년 | 독학으로 만들어낸 세계관 | 여전히 중세의 세계관 속에
살다

3. 새로운 땅에 발을 내딛다 195

대서양을 건너 아메리카에 상륙하다 | "제가 드디어 에덴동산을 보았습니
다." | 신의 계시를 받은 자, 미래를 예언하다 | 중세의 꿈, 근대의 동력

6장 코르테스와 말린체, 구대륙과 신대륙의 폭력적 만남

1. 두 사람의 운명적 만남 211

에스파냐의 전설, 코르테스 | 기회의 땅 아메리카에 가다 | 아메리카 식민화
의 길에 뛰어들다 | 코르테스와 말린체의 운명적 만남 | 말린체, 코르테스의
통역사가 되다

2. 말린체는 왜 코르테스를 도왔을까 224

촐룰라에서 벌어진 대학살 | 아메리카 인신희생의 진실 | 아스테카 유적의
꽃 그림에 담긴 의미

3. 두 문명의 폭력적인 결합으로 얼룩진 라틴아메리카 234

'슬픈 밤' 사건 | 코르테스의 동맹군, 천연두 균 | 자신의 삶을 후회하지 않은
여인 | '우주적 인종'의 탄생?

7장 레오나르도 다빈치, 천사와 악마를 품었던 천재

1. 피렌체의 장인 레오나르도 249

피렌체에서 일을 시작하다 | 성모 마리아의 오른팔에 담긴 수수께끼 | '악마'
가 찾아오다

2. 창조적 천재성을 지닌 '미완성' 인간 258

'제가 그림도 조금 그립니다' | 심오한 통찰의 조각들. 다빈치 노트 | 다방면
의 천재이자 만능 엔터테이너 | '수학의 천국'으로 들어가는 열쇠 | 시대의
충실한 자식

3. 시대가 불러낸 '경험의 아들' 272

모나리자, 아름다움은 곧 지나가버린다 | 말년을 뒤흔든 소용돌이 | 은닉함
으로써 오히려 나타낸다 | 파우스트의 이탈리아 형제'

8장 루터, 세상을 바꾼 불안한 영혼

1. 영적 시련의 나날들 287

"저를 살려주신다면 수사가 되겠습니다!" | 세상을 바꾸어놓은 '탑의 체험' |
종교개혁의 발단

2. 종교개혁의 길로 299

비텐베르크로 도주하다 | 굽지도 끓이지도 못할 백조 | 하느님의 아름다운
정원을 망치고 있는 멧돼지 | 왜 후스는 실패하고 루터는 성공했나 | "칼로
일어난 자는 칼로 망한다."

3. 구원에 이르는 새로운 방식을 제시하다 313
갈등과 투쟁의 격류 속으로 | 사회규율화로 치닫는 기독교 | '짜고 치는 고스톱' 아우크스부르크 제국의회 | 폭력을 정당화한 종교적 신념 | 그의 영혼은 천국으로 갔을까

저자 후기 324

부록
유럽 왕가 계보도(15~16세기) 328
유럽사 연표(15세기~16세기 중반) 331
찾아보기 334

1장

잔 다르크,
성녀인가 마녀인가

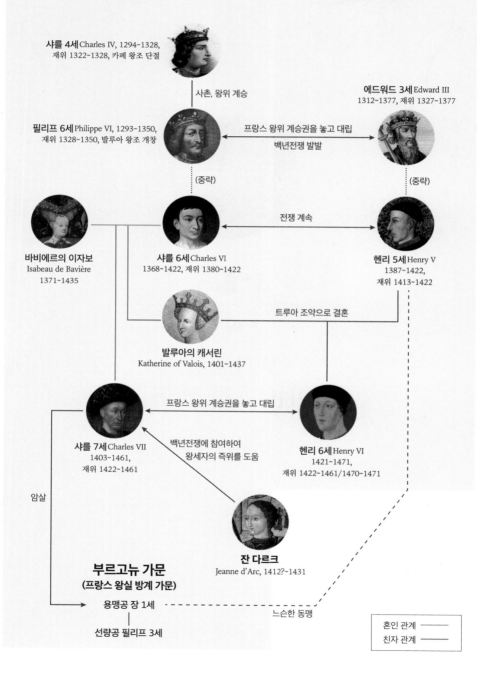

프랑스 왕실

잉글랜드 왕실

샤를 4세 Charles IV, 1294~1328, 재위 1322~1328, 카페 왕조 단절

사촌, 왕위 계승

에드워드 3세 Edward III 1312~1377, 재위 1327~1377

필리프 6세 Philippe VI, 1293~1350, 재위 1328~1350, 발루아 왕조 개창

프랑스 왕위 계승권을 놓고 대립

백년전쟁 발발

(중략)

(중략)

바비에르의 이자보 Isabeau de Bavière 1371~1435

전쟁 계속

샤를 6세 Charles VI 1368~1422, 재위 1380~1422

헨리 5세 Henry V 1387~1422, 재위 1413~1422

트루아 조약으로 결혼

발루아의 캐서린 Katherine of Valois, 1401~1437

프랑스 왕위 계승권을 놓고 대립

샤를 7세 Charles VII 1403~1461, 재위 1422~1461

백년전쟁에 참여하여 왕세자의 즉위를 도움

헨리 6세 Henry VI 1421~1471, 재위 1422~1461/1470~1471

암살

잔 다르크 Jeanne d'Arc, 1412?~1431

부르고뉴 가문 (프랑스 왕실 방계 가문)

용맹공 장 1세

느슨한 동맹

선량공 필리프 3세

혼인 관계 ——
친자 관계 ——

신이 보낸 여자

 잔 다르크는 누구인가? 그녀는 역사상 가장 신비한 인물 중 하나다. 역사가들은 잔 다르크와 관련된 일들을 어찌 설명해야 좋을지 난감해한다. 17세 소녀가 어느 날 청와대에 나타나서 자신이 천사의 목소리를 들었다며 "저에게 군사를 맡겨주시면 곧 휴전선을 허물고 남북통일을 이룰 수 있습니다"라고 말했다고 상상해보자. 이와 거의 비슷한 상황인데, 프랑스 왕이 실제 그런 말을 믿고 군사를 맡겼더니 아닌 게 아니라 잔 다르크라는 소녀가 잉글랜드와의 전쟁에서 결정적인 승리를 거두었을 뿐 아니라 미루어오던 왕의 대관식을 주선했던 것이다. 그 덕분에 프랑스는 백년전쟁(1337~1453) 중 최악의 위기에서 벗어났지만, 정작 그녀는 포로로 잡혀 종교재판에서 이단 판정을 받고 1431년 19세의 나이로 화형을 당했다.

백년전쟁이 끝난 후에야 이전 판결을 뒤집는 재판이 열려 그녀는 복권되었고, 20세기에 들어와서는 교황청이 그녀를 성녀로 서품했다. 그러니까 잔 다르크는 마녀에서 성녀로 변신한 인물인 셈인데, 이는 전무후무한 일이다. 처음부터 끝까지 도무지 이해하기 힘든 일들의 연속이다.

우리는 이 신비로운 15세기의 인물에 대해 모르는 게 너무 많다. 그녀가 들었다는 '목소리', 몇 가지 기적들, 옥중에서 보인 모순적인 태도 등 설명하기 어려운 일이 한두 가지가 아니다. 다른 한편 이처럼 많은 기록을 남긴 사례도 흔치 않다. 특히 마지막 2년 반의 행적은 방대한 재판 기록 덕분에 꽤 소상히 알려져 있다. 잔 다르크는 너무나 많은 조명을 받는 역사적 인물이면서 동시에 여전히 까마득한 신비의 어둠 속에 잠긴 숨은 매력의 소유자이다.

특이한 게 하나도 없는 평범한 시골 소녀

잔 다르크는 프랑스 동부의 동레미Domrémy라는 작은 마을에서 태어났다. 아버지 자크 다르크Jacques d'Arc는 중농 수준의 지주였고, 이 지역 세금 관련 공무를 대행하고 있었으니 아마도 마을 유지였을 것이다. 다르크d'Arc라는 성으로 보건대 이 마을 남쪽의 아르캉바루아Arc-en-Barrois에서 태어나서 출신지를 성처럼 사용한 게 아닐까 추론하지만 정확하지는 않다. 어머니는 이자벨 로메Isabelle Romée다. '로메'라는 이름으로 보건대 그녀는 로마 순례를 다녀왔을 가능성이 크다. 당시 로마 순례는 여성인 경우에 매우 힘든 일이었으니, 그녀는 아주 신심이 깊은 사람이었던 것 같다. 이 부부 사이에 3남 2녀가 태어났다. 이들 중 남자 형제 장Jean과 피에르Pierre는 잔 다르크의 전쟁과 재판, 처형 과정에 이따금 모습을 드러

문맹이었던 잔 다르크가 남긴 서명. 글을 배운 지 얼마 안 된 사람의 필체다.

내지만, 나머지 사람들의 생애는 알려진 바가 거의 없다.

사실 이 시대에 인적사항을 파악한다는 것은 지금처럼 간단하지 않다. 잔 다르크는 이름부터가 잔Jeanne과 자네트Jeannette 사이를 오락가락한다. 공문서에 그녀 이름이 조안나 다르크Johanna Darc로 기재된 것은 죽고 나서 25년 뒤에 있었던 재심 재판 때의 일이었고, 이후 잔 다르크로 굳어졌다. 태어난 해도 정확하지 않다. 1431년 재판 때 나이가 '약 19세'라고 적혀 있는 것으로 보아 1411년생 혹은 1412년생으로 짐작할 따름이다. 당시 일반인들은 나이와 생일 같은 것은 사소하게 여겨 본인도 잘 모르는 경우가 많았다. 공문서에 나이를 기록할 때도 라틴어로 '대략'vel circiter 혹은 vel circa이라는 말을 덧붙이곤 했다. 지금은 일반적으로 잔 다르크의 생년월일을 1412년 1월 6일로 기술한다. 프랑스에서는 2012년에 탄생 600주년 기념행사를 대규모로 벌인 바 있다. 그렇지만 생일이 1월 6일이라는 것도 사실 아무런 근거가 없다. 이날은 예수가 세례 요한에게 세례를 받고 하느님의 아들로 공중받았음을 기념하는 공현절epiphany인데, 잔 다르크가 샤를 7세를 공식적으로 왕위에 오르게 한 것이 그와 비슷한 일이라는 상징적 의미를 부여하여 그렇게 정했을 뿐이다.

그녀의 생김새는 어떠했을까? 온갖 상상화가 수천, 수만 점 있겠지만 진짜 모습이야 알 수가 없다. 당대 초상화들도 그녀를 직접 보고 그린 것은 아니다. 교육은 어느 정도 받았을까? 잔 다르크는 어릴 때 학교에 다닌 적은 없고 단지 어머니에게서 가사와 가축 치는 일을 배우고 마을 사제에게 종교 내용을 들어 아는 정도였다. 자연히 읽기와 쓰기는 배우지 못했다. 생의 대부분을 문맹으로 보냈던 것이다. 나중에 서명하는 법만 겨우 배운 것으로 보인다. 친필 서명이 세 점 남아 있는데, 처음 배워 쓴 투가 역력하다. 재판 당시 동네 사람들의 증언을 채록한 내용을 보면 어릴 때 잔은 '신심 깊고 선량한 처녀'였다고 한다. 쉽게 말해서 특이한 게 하나도 없는 소녀라는 의미다. 조용한 시골 마을에서 농사일을 돕고 가사에 전념하는 신앙심 깊은 여자로 늙어갔을 법한 그녀의 삶을 송두리째 바꿔놓은 것은 전쟁이었다.

백년전쟁의 서막: 긴 전쟁이 시작되다

백년전쟁을 이해하려면 우선 중세 잉글랜드가 프랑스 내에 상당히 넓은 영토를 소유하고 있었다는 점을 기억해야 한다. 특히 보르도를 중심으로 한 아키텐(옛 지명은 기엔) 지방은 오랫동안 잉글랜드 소유였다. 말하자면 잉글랜드는 아직 완전한 섬나라가 아니어서 대륙의 정치 문제에 깊이 관여하고 있었다.

백년전쟁 발발 당시의 프랑스와 영국 지도. 오늘날 프랑스 남서부 아키텐 지방은 잉글랜드 소유였고, 동부의 광대한 땅은 프랑스 왕실이 아닌 부르고뉴 공작령이었다.

이런 상황에서 프랑스 왕위 계승 문제가 발생했다. 샤를 4세가 아들 없이 사망하여 카페 왕조가 단절된 것이다. 당시 왕위 계승권을 주장하는 후보는 둘이었다. 한 명은 발루아Valois 가의 필리프로, 죽은 왕의 사촌이었다. 다른 한 명은 잉글랜드 국왕 에드워드 3세인데, 어머니가 카페 왕조 출신이었다. 이 시대는 오늘날의 민족주의와는 거리가 먼 때였지만, 그래도 초보적인 민족 감정 같은 것이 형성되고 있어서, 프랑스인들로서는 바다 건너 섬나라 녀석들에게 왕위를 넘길 생각이 없었다. 그래서 프랑스 측이 내민 근거가 유명한 살리카 법이었다. 살리카 법은 먼 옛날의 고색창연한 왕실 법규인데, 선친의 유산을 여자에게 물려주지 못한다는 내용이 들어 있다. 왕위 계승과는 아무 관련이 없는 고릿적 법규를 찾아내서 확대 해석하여 잉글랜드 측의 왕위 계승권 주장을 막아버린 것이다. 팔은 안으로 굽는 법. 프랑스 법원도 여기에 동조했고, 결국 필리프 6세가 왕위를 차지하면서 발루아 왕조를 개창했다. 살리카 법이 왕위 계승의 준칙이 됨에 따라 이후 프랑스는 여왕이 존재할 수 없게 되었다.

잉글랜드의 에드워드 3세가 '무슨 이런 말도 안 되는 주장이 다 있어' 하고 분기탱천한 것이야 당연한 일. 힘으로 왕위를 빼앗아 오겠다고 결심하고는 1337년 프랑스로 군대를 파견했다. 백년전쟁이 시작된 것이다. 백년전쟁은 이름처럼 실제로 백년 내내 이어진 것이 아니고 중간 중간 소강상태였다가 다시 불붙었다가 하는 식으로 1453년까지 계속되었다.

정신병에 걸린 국왕, 풍전등화의 프랑스

초기 전황은 프랑스의 연전연패에 가까웠다. 잔 다르크가 태어난 무렵 프랑스 왕실은 최악의 위기에 몰려 있었다. 당시 국왕은 샤를 6세였는데, 정신병이 상당히 심한 상태였다. 국왕은 광기가 심해지면 자신이 조지 성인이라는 둥, 유리로 만들어진 인간이어서 부서지지 않도록 조심해야 한다는 둥 알 수 없는 말을 했다(남이 자신의 몸에 절대 손을 못 대게 했고, 다섯 달 동안 목욕하지 않고 옷을 갈아입지도 않았다). 게다가 때로는 부인을 알아보지 못했고, 심지어 자기는 결혼한 적이 없으며 아이들을 둔 적이 없다고 말하기도 했다. 조지 성인이나 유리 인간은 그냥 넘어가더라도, 아들을 낳은 적이 없다는 주장은 곤란한 문제가 될 수 있다. 왕세자 계승의 정당성을 훼손할 수 있기 때문이다. 후일 샤를 7세가 되는 왕세자는 실제

프랑스 국왕 샤를 6세(왼쪽)와 잉글랜드 국왕 헨리 5세(오른쪽). 샤를 6세는 정신병으로 힘들어했지만, 오히려 이로 인해 백성들의 애잔한 사랑을 받으며, 별칭 '사랑받는 국왕으로 불렸다. 탁월한 전사인 헨리 5세는 아쟁쿠르 전투에서 승리를 거두고 트루아 조약을 맺어 프랑스 왕위를 거의 획득하는 듯했지만, 전장에서 사망하여 그의 꿈은 물거품이 되었다.

로 이 문제 때문에 곤경에 빠진다.

당시 잉글랜드 국왕 헨리 5세는 강력한 군대를 이끌고 대륙으로 건너와 거침없이 진격했다. 1415년 유명한 아쟁쿠르 전투에서 잉글랜드군은 프랑스군을 대파했다. 헨리 5세는 이 전투에서 잔혹한 조치를 취한 것으로 유명하다. 포로들을 모두 참수하고 부하들에게 주변 지역을 불태우라고 지시했다. 프랑스인들이 항의하자 이렇게 답했다. "이는 전쟁의 관례 아니겠소. 불 없는 전투는 겨자 없는 소시지만도 못하오." 그의 군대는 곧 루아르 강 이북 지역을 점령했다.

이와 동시에 프랑스 내 가장 강력한 세력인 부르고뉴 측이 잉글랜드와 손을 잡았다. 오늘날 부르고뉴는 고급 포도주와 고급 요리로 유명한 프랑스 동쪽의 한 지방을 가리키지만, 15세기에는 현재의 네덜란드·벨기에·룩셈부르크에다가 프랑스 북부 지방에서 스위스 국경에 이르는 광대한 영토를 소유한 공작령이었다.

부르고뉴 공작 집안은 원래 프랑스 왕실의 방계 가문인데, 세력이 커지면서 공작령에서 왕국으로 업그레이드할 기회를 노리고 있었다. 그래도 명목상으로는 프랑스 왕실의 부하이니 노골적으로 잉글랜드 왕과 손잡는 것은 피하고 있던 터였다. 그런데 1419년 프랑스 왕실이 부르고뉴 공작 장Jean(용맹공)을 암살하는 사건이 터지자 잉글랜드 편으로 돌아선 것이다. 이처럼 한편으로 외세가 침략해오고, 다른 한편으로 국내의 막강한 세력이 왕실에 도전하는 내전이 맞물리면서 프랑스 왕실은 풍전등화의 위기에 몰렸다.

과연 샤를 7세는 프랑스 국왕이 될 수 있을까

암살된 장의 뒤를 이어 새로운 부르고뉴 공작이 된 필리프 3세(선량공)가 정치적 수완을 발휘한 작품 중 하나가 1420년의 트루아 조약이었다. 조약 내용은 프랑스 국왕 샤를 6세의 딸이 잉글랜드의 왕 헨리 5세와 결혼하고, 둘 사이에서 아들이 태어나면 잉글랜드-프랑스 통합 왕으로 삼자는 것이었다. 실제로 다음 해에 이 부부는 보란 듯이 아들을 낳았다.

이 조약에 따르면 프랑스 왕실의 왕세자 샤를은 왕위 계승권을 상실하게 된다. 이 조약은 정신 줄을 놓은 샤를 6세가 알지도 못하는 사이에 왕비 이자보가 대신 서명했다는 설이 파다했다. 이자보는 프랑스사에서 최악의 왕비 콘테스트를 하면 그랑프리 후보감이다. 정신병에 걸린 왕을 놔두고 뭇 남성들과 애틋하거나 혹은 뜨거운 관계를 이어갔다. 심지어 왕세자 샤를의 아버지가 현 국왕이 아니라는 선언까지 했다. 왕위 계승권을 뺏긴 데다 지금의 아버지가 친부가 아니라는 소리까지 들었으니 왕세자의 사기는 말이 아니었다.

이때 역사의 우연이라 할 만한 일이 벌어졌다. 1422년 잉글랜드 왕 헨리 5세가 사망하더니 바로 얼마 후 프랑스 왕 샤를 6세가 사망했다. 양국의 왕이 거의 동시에 죽자 당장 트루아 조약이 문제가 되었다. 정말로 이 조약에 따라 잉글랜드의 헨리 6세가 양국 통합 왕이 되느냐, 아니면 프랑스 왕세자가 샤를 7세로 프랑스 왕이 되느냐 하는 문제였다.

만일 당신이 왕세자 샤를이라면 어떻게 할 것인가? 이럴 때 왕세자가 할 일은 '내가 왕이고, 그 따위 말도 안 되는 조약 같은 건 개나 줘라. 이 결정에 이의가 있으시면 칼 빼들고 와서 따져보시든지'라고 큰소리치는 거다. 그런데 그렇게 하기에는 몇 가지 문제가 있었다. 현실적으로 잉글랜드군이 프랑스 내의 광대한 지역을 지배하고 있고, 왕세자 샤를은 쉬농 성에 무기력하게 있는 상태였다. 당시 적군은 오를레앙을 공격 중이었는데, 이곳이 함락되면 쉬농 성 함락은 식은 죽 먹기였다.

이런 군사적 상황은 또 다른 중요한 문제를 야기한다. 프랑스 국왕이 되려면 전통적으로 랭스의 대성당에서 대관식과 축성식을 치러야 하는데 이 도시가 적군의 지배하에 있으니 그렇게 할 수가 없다. 이런 상황에서 '사실 저 녀석은 우리 애가 아니야' 하고 부모가 대놓고 출생의 비밀을 떠들고 다니니 왕세자가 용기백배 나설 분위기가 아니었던 것이다.

평범한 시골 소녀 잔 다르크, 어느 날 신의 목소리를 듣다

환난의 시대, 위기의 시대는 하느님의 지상명령 운운하는 사람들이 등장하기 딱 좋은 때다. 개중에는 여성들도 적지 않아서 잔 다르크가 유일무이한 여성은 아니었다. 사실 카테린 드 라 로셸이라는 여성이 나라를 구하라는 천사의 목소리를 들었다며 잔 다르크와 거의 똑같은 주장을 하고 나섰다. 실제 두 여성은 서로 만나 누구에게 진짜 천사가 나타나는지 '신성성 배틀'을 펼치기도 했다(결과는 잔 다르크의 판정승이었다. 잔 다르크는 라이벌 카트린에게 집에 가서 남편을 수발하고 애나 잘 키우라고 야단쳤다).

  잔이 '이상 현상'을 보이기 시작한 것은 1424년 여름 무렵이다. 어느 날부터인가 큰 빛이 보이고 '목소리'가 들리기 시작했다. 신비의 목소리는 '기도해라, 성당에 자주 가라, 언제나 주님께 도움을 청해라' 같은 이야기를 했다. 혹시 당신 눈앞에 흰빛이 보이고 귓속에서 자꾸 이상한 소리가 들린다면 빨리 안과나 정신과 의사에게 진료를 받아보는 게 좋다. 그렇지만 이때는 그런 시대가 아니다. 그녀는 무슨 일인지 알 수 없어 두려움에 떨다가 세 번째 같은 현상을 겪고는 이게 '천사의 소리'임을 깨달았다. 목소리는 곧 프랑스 왕을 구하라는 이야기를 했다. 잔은 자신이 겪은 일을 부모나 사제에게 털어놓지 않고 목소리의 의미가 무엇인지 홀로 생각에 생각을 거듭했다. 나중에 재판에서 그 목소리가 누구 것이냐는 집요한 질문을 받고는 미카엘 천사, 가브리엘 천사, 알렉산드리아의 카타리나, 안티오크의 마르가리타 성녀의 목소리였다고 밝혔다. 알렉산드리아의 카타리나는 18세의 나이에 로마 황제의 탄압에 저항하며 황제를 꾸짖다가 모진 고문을 받고 참수된 성녀다. 마르가리타 역시 초기 순교자로, 로마인 관리가 아름다운 틴에이저인 그녀를 유혹하는 것을 거부했다가 참수되었다. 잔 다르크는 이런 성녀들과 자신을 동일시했던 것 같다.

잔 다르크는 4년 동안 이런 상태로 지내다가, 마침내 1428년 용기를 냈다. 동레미에서 16킬로미터 북쪽에 위치한 보쿨뢰르 지역에 주둔해 있던 군대의 사령관인 보드리쿠르Robert de Baudricourt를 찾아가서 이렇게 말했다. "인내심을 가지세요. 적을 공격하지 말고 기다리세요. 주님께서 도움을 줄 것입니다. 그리고 프랑스 왕국은 왕세자에게 속한 것이 아니라 주님께 속한 것이며, 이 나라를 왕에게 맡긴 것에 불과한 것입니다." 그리고 이 메시지를 국왕께 꼭 전해달라고 간곡하게 부탁했다. 사령관이 네가 말하는 주님이 누구냐고 묻자 잔은 하늘의 주님이라고 답했다. 그런 말을 들은 사령관이 어떻게 대응했을까? 우리가 예상할 수 있는 그대로다. 그녀를 몇 대 때리고 집으로 돌려보냈다.

이해에 잔 다르크의 나이는 16세. 결혼하기 딱 좋은 나이라고 생각한 그녀의 부모는 아는 집안과 혼사 이야기를 나누고 혼약을 맺었다. 정확한 사정은 알 수 없지만 잔이 이 혼례를 거부한 것은 분명하다. 그 후 줄곧 자신은 처녀라는 점을 강조하고 다녔다.

같은 해 7월, 부르고뉴군이 이 지방을 공격해서 약탈을 감행했다. 마을 사람들이 모두 이웃 지역으로 피난 갔다가 나중에 돌아와 보니 마을이 온통 황폐해져 있었다. 아마 이 사건이 그녀를 분기시킨 한 요인이 되었을 것이다. 이 시기에 잉글랜드군이 곧 오를레앙을 공격할 것이며, 그러면 왕세자가 있는 쉬농 성도 위험하리라는 풍문이 떠돌았다. 잔이 떠날 조짐을 보였던지, 이 무렵 그녀의 아버지는 잔이 군인들과 멀리 떠나는 꿈을 꾸고는 아들들에게 감시를 잘하라고 부탁했다. 군인과 함께 떠

신의 메시지를 받은 잔은 1428년, 드디어 왕세자 샤를을 만나러 쉬농 성으로 향했다.
남장을 하고 칼을 차고 깃발을 든 채 행진하는 잔 다르크. 작자 미상, 1505.

난다는 것은 다름 아닌 창녀가 된다는 것을 의미하기 때문이다.

그녀는 가족에게 이야기하지 않고 보쿨뢰르로 다시 갔다. 또 나타나 이상한 이야기를 하는 것을 보고, 사령관은 이 여자아이가 일종의 무당이 아닐까 생각한 듯하다. 사령관은 그녀를 로렌 지방의 도시인 낭시로 보내서 로렌 공작을 만나도록 했다. 이 늙은 로렌 공작은 병이 심했는데, 정말로 신이 보낸 여자라면 기적적으로 병을 치료할 수 있으리라고 생각한 것 같다. 시한부 환자가 마지막으로 한번 초능력자에 기대는 것과 비슷한 경우였을 것이다. 그러나 잔은 자신에게는 그런 치유 능력이 없다고 한 뒤, 공작에게 첩들을 버리고 본처를 되찾아오고 신실한 마음으로 신에게 기도하라고 훈계했다. 훈계 내용이야 사실 뻔했지만 그녀에게서 기이한 카리스마를 느꼈던지 공작은 그녀의 말에 감동을 받고 여행비를 주어 보쿨뢰르로 돌려보냈다.

줄기차게 같은 말을 되풀이하자 결국은 통하기 시작했다. 드디어 그녀 말을 믿는 첫 번째 사람이 나타났다. 장 드 메스Jean de Metz라는 인물은 그녀에게 헌신하는 부하가 되었다. 주둔군 사령관 보드리쿠르 역시 쉬농 성의 왕세자 측에 신의 메시지를 받았다는 여자가 국왕을 만나고 싶어한다는 연락을 취했다. 잔 다르크는 첫 번째 추종자인 메스와 함께 쉬농 성으로 향했다. 이때부터 그녀는 남장을 하기 시작했으며, 칼을 차고 깃발을 든 채 행진해갔다.

잔이 왜 그토록 남장을 고집했는지 알 수 없지만, 이는 나중에 끝내 문제를 일으켜 최종적으로는 이단 판정과 화형의 빌미가 된다. 이와 관련하여 어쩌면 그녀가 신체적으로 남성적 성향을 가지고 있으리라는 설도 빈번히 제기되었다. 그녀의 옛 동네 친구는 "그녀가 소녀들이 통상적으로 겪는 불편함을 겪지 않았다"라거나 "소년들에게 전혀 매력적이지 않았다"라는 이야기를 한 적이 있다. 이와 관련하여 영국의 한 의사가 잔 다르크의 DNA가 비정상일 수 있다는 흥미로운 논문을 쓴 적이 있는데, 이런 가설이 맞는지는 전혀 확인할 길이 없다.

위기에 빠진 프랑스를 구하다

 1429년 3월 6일, 잔 다르크는 드디어 궁정에 들어오라는 허락을 받았다. 앞에서 이야기한 대로 당시 왕세자 샤를은 최악의 상태였다. 잉글랜드군이 오를레앙을 포위 공격하여 함락하기 직전이고, 모후는 왕세자의 출생에 대해 이상한 이야기를 하고 다니고, 트루아 조약을 통해 왕위를 잉글랜드 측에 넘기기로 한 데다가, 귀족들의 재정 지원도 끊어졌다. 왕세자는 차라리 모든 것을 포기하고 에스파냐로 망명할까 고민했다. 하느님의 메시지를 전하겠다는 소녀를 만나기로 한 것도 어쩌면 이런 절망의 상태에서 나온 것일 수 있다.

그런데 하느님의 사자를 맞이하는 분위기가 썩 좋지는 않았다. 쉬농 성에 들어가려고 그녀가 말에서 내리는데 한 사람이 '네가 그 유명한 처녀냐? 나랑 하룻밤 자면 더 이상 처녀가 아니지' 하는 저질 성희롱을 해왔다. 잔이 궁 안의 큰 홀에 들어가니 무려 300명의 사람이 운집해 있었는데 국왕은 왕의 복장 대신 평민 옷을 입고 다른 사람들 사이에 숨어 있었다. 그녀가 진짜 하늘이 보낸 사람인지 시험을 한 것이다. 그런데 잔은 곧바로 왕을 알아보고 이렇게 선언했다. "전하, 당신과 왕국을 구하기 위해 신이 저를 보냈습니다." 국왕은 즉시 그녀에게 매료되었다.

이때 한 가지, 작지만 해석하기 힘든 일이 벌어졌다. 국왕이 주위 사람들을 다 물리고 잠시 그녀와 단둘이 대화를 한 것이다. 무슨 말을 했는지는 기록에 없다. 이걸 두고 또 온갖 기이한 해석이 따라다녔다. 그중에는 이런 것도 있다. 사실 잔 다르크는 왕세자의 배다른 동생이라는 것이다. 그녀는 모후 이자보의 불타는 사랑의 열매 중 하나인데, 출산 직후 빼돌려져 시골에서 자라다가 이때 돌아왔고, 왕세자는 잔 다르크와 둘만 아는 비밀 사인을 확인해 그녀가 자기 동생이라는 사실을 알아냈다는 주장이다. 이건 아무리 생각해 봐도 무리한 해석인 것 같다. 다만 후일 가짜 잔 다르크가 나타나자 국왕이 그 여자를 잡아다가 옛날에 둘만 만났을 때 무슨 이야기를 했는지 물었는데 대답하지 못하는 것을 보고 가짜임을 밝혔다고 한다. 그 사기꾼은 화형대에서는 다른 여자가 대신 죽었고 자신은 살아있는 잔 다르크라고 주장하고 다니며 순진한 귀족들에게서 돈을 갈취했는데, 너무 용감하게 왕에게까지 접근했다가 탄로가 난 것이다. 희한한 일이 많이 일어난 시대인 것은 분명하다.

왕세자는 잔 다르크에게 왕궁 내 거처를 마련해주었다. 이곳에서 지내는 동안 그녀는 대귀족인 알랑송 공작과 알게 되어 이후 오래도록 가깝게 지냈다. 두 사람은 전투 중에는 같은 곳에서 잤는데, 공작은 묘한 기록을 남겼다. "우리는 밤을 같이 지냈다. 가끔 그녀의 아름다운 가슴을 보았지만 육체적인 욕망은 느끼지 않았다." 'DNA 이상설'과 상관없이 최소한 잔의 겉모습은 여성스러웠던 것이 분명하다.

이상한 소문이 무성한 소녀, 드디어 포화 속으로

아무리 왕세자 샤를이 곤경에 처했다 해도 하느님이 보낸 사자라 주장하는 시골 소녀를 무턱대고 믿을 수는 없지 않은가. 그래서 그녀를 푸아티에 시에 보내서 신학자들에게 조사를 맡겼다. 이때부터 잔 다르크는 상대방의 곤란한 질문에 당돌하고도 멋지게 응수하는 모습을 보였다. 양측의 대화는 이런 식이었다.

> **신학자** 천사가 네게 어떤 언어로 말하더냐?
> **잔** 당신이 쓰는 언어인데, 당신보다 더 낫게 말합니다.
> **신학자** 너는 신을 믿느냐?
> **잔** 당신보다 더 잘 믿습니다.
> **신학자** 신이 너를 보냈다는 표시를 보여라.
> **잔** 나는 그런 표시를 보이려고 푸아티에로 온 게 아닙니다. 나를 오를레앙으로 보내면 그때 보이겠습니다.

푸아티에에서 행한 검사 결과에 대해 국왕이 당대 최고 신학자 제르송에게 의견을 구하자, 그는 이 여성에게는 영적인 문제가 없으며, 남장과 단발도 문제없다고 회신했다.

푸아티에에서 돌아오면서 잔 다르크는 오를레앙을 포위하고 있는 잉글랜드군에 서신을 보냈다. "하늘의 왕이 볼 때 올바른 일을 하라. 그리고 하늘의 왕이 이 땅에 보내신 왕에게 그동안 당신이 지배하고 약탈했던 도시들의 열쇠를 건네라. 만일 당신이 올바른 일을 하고 프랑스 정복을 포기하고 그동안의 점령에 대해 보상하면 처녀는 평화를 맺을 준비가 되어 있다." 선전포고를 신학적으로 한 셈이다.

3월 24일, 잔은 드디어 국왕에게 군 지휘권을 받아 군대를 이끌고 나아갔다. 그런데 출정하기 전에 신묘한 일이 벌어졌다. '목소리'가 시키는 대로 그녀는 생트 카트린 드 피에르부아Sainte Catherine de Fierbois로 가서 오랫동안 땅에 묻혀 있던 오래된 보검을 찾아낸 것이다. 어디서 많이 들어본 이야기 같지 않은가? 마치 무당이 신내림을 받은 후 어디론가 달려가 미친 듯이 땅을 파서 방울이나 부채 같은 무구巫具를 찾아내는 모습을 연상시킨다. 이를 두고 어떻게 해석할지는 모르겠으나(사실 예전에 쉬농 성으로 가는 동안 이 지역을 지나간 적이 있어서 이때 미리 준비해둔 퍼포먼스가 아닌가 싶기는 하지만) 그녀가 보통 사람과는 다른 면모를 보인 것은 분명하다.

그녀와 동행한 장군 중 특기할 인물로 질 드 레Gilles de Rais를 들 수 있다. 그는 당시 25세의 젊은 귀족으로, 파리를 공격할 때까지 그녀와 늘 함께했던 가까운 동료이다. 그는 나중에 세계 역사상 유명한 연쇄살인범이 된다. 그는 6~18세의 소년 200여 명을 잡아 고문하고 살해한 죄로 36세에 처형되었다. 그러나 잔 다르크와 함께하던 시절에는 세련된 귀족의 면모를 보였을 뿐이다.

살아 있는 성녀, 오를레앙을 되찾다

잔의 군대는 첩이나 창녀 들이 못 쫓아오도록 조치했고, 하루에 두 번씩 찬송가를 부르고 고해성사를 했다. 요즘 기준으로는 별로 좋은 군대 관리 방식이 아니지만 결과적으로 이 때문에 군의 사기가 매우 높아진 것은 사실이다. 후일 나폴레옹은 잔 다르크가 거둔 승리의 요건으로 군의 사기 진작을 중요하게 쳤다.

군 내에서 그녀는 이미 살아 있는 성녀 취급을 받았던 것 같다. 왕과 모든 사람이 그녀를 따랐다는 것이 그 점을 말해준다. 당대에 이런 기록이 있다. "남녀노소 모두가 깊은 애정을 가지고 그녀를 바라보았다. 놀라울 정도의 무리가 달려와 그녀를 만지거나 심지어 그녀가 타고 있는 말을 만지려 했다." 사람들이 그녀를 만지려 한다는 것은 신성한 치유의 힘을 가진 것으로 믿었다는 이야기이다. 이는 예수를 만져 신성한 힘을 받듯이 성인이나 성녀를 만져 하늘의 힘을 전해 받는다는 중세 신앙의 발현이다. 반대로 적군은 이런 면모를 역이용해 그녀를 창녀라고 부르곤 했다.

잔 다르크가 이끄는 군대는 곧 혁혁한 전과를 올리기 시작했다. 분명 군의 높은 사기가 크게 작용했을 것이다. 첫 공격에서 이미 잉글랜드군 100명이 사망했고, 다음 번 전투에서는 400~500명이 사망했다. 이렇게 많은 사람이 죽자 그녀는 울음을 터뜨렸다. 승리를 거두는 동안에도 그녀는 신심 깊은 태도를 보여서, 치명상을 입고 죽어가는 적군 소년병을 품에 안아 떠나보냈다. 그러고는 잉글랜드군에게 똑같은 운명을 맞이하고 싶지 않다면 스스로 이곳을 떠나라고 선언했다. 이런 것들을 두고 나중에 그녀가 마녀로서 예언하고 마법을 건 것으로 해석했다.

전투 중에 목과 어깨 사이에 화살을 맞았으나, 상처에 올리브유를 바르고는 곧 다시 전투에 복귀할 만큼 그녀는 매우 용감했다. 당시 전투는

잔 다르크는 잉글랜드군이 포위하고 있던 오를레앙 성을 공격해 9일 만에 오를레앙을 되찾았다.
이로써 프랑스는 최악의 상황에서 벗어날 수 있었다. 작자 미상, 15세기.

격렬했고, 말할 나위 없이 야만적이었다. 군대 내에는 쿠티예coutillers라 불리는 병사들도 있는데, 이들의 임무는 부상당한 적군 중 포로로 잡아 봤자 신속금身贖金을 낼 능력이 없어 보이는 자의 목을 따는 것이다.

그녀가 정말로 군사적으로 의미 있는 공헌을 했을까? 아니라고 할 수는 없을 것 같다. 이때까지 오를레앙은 210일 동안 포위되어 있었는데 잔 다르크의 공격으로 9일 만에 포위를 풀었으니, 프랑스가 최악의 상황에서 벗어나기 시작한 것은 분명하다. 다음 목표는 루아르 유역의 도시들을 차례로 해방시키고 랭스로 가는 길을 내는 것이었다.

프랑스 국왕의 수호자를 자처하다

이제 중요한 과제는 왕세자 샤를과 함께 랭스에 가는 일이다. 전통적으로 프랑스 국왕은 랭스의 노트르담 성당에서 대관식과 축성식을 치러야만 정식으로 왕의 권위를 인정받았다. 이 의식을 통해 프랑스 신민을 잘 통치하라는 신의 소명을 받은 신성한 국왕이 되는 것이다. 왕세자 샤를이 그렇게 하려면 무엇보다도 랭스로 가는 도상의 작은 도시들을 프랑스 편으로 만들어야 했다. 이 시점에서는 전세가 유리하게 전개되었고, 또한 원래부터 프랑스 왕실이 누리던 권위 때문에 상당히 많은 도시가 싸우지 않고 단지 서신을 보내는 것만으로 프랑스 측으로 돌아섰다.

이때 잔 다르크의 신성한 권위도 크게 작용했을 터이지만, 반대로 그녀의 놀라운 힘이 신성한 하늘의 힘이 아니라 악마의 힘이라는, 다시 말해서 그녀가 마녀라는 주장도 많이 제기되었다. 트루아 시에서는 한 수사가 잔 다르크가 하늘의 비밀을 알고 있고, 마술의 힘으로 성벽을 뚫고 들어갈 수 있다고 사람들에게 설교하더니, 실제 그녀를 만났을 때에는 성호를 긋고 성수를 뿌려댔다. 잔 다르크는 "겁내지 마라. 나는 날아가지 않을 것이다" 하고 사람들을 안심시켰다. 잔 다르크의 정체성에 대한 의심이 적지 않았음을 알 수 있다.

드디어 1429년 7월 17일 샤를 7세의 대관식과 축성식이 치러졌다. 이 두 가지 의식을 치르면 샤를은 지금까지 집요하게 쫓아다니던 온갖 의혹을 떨쳐내고 정당성을 얻게 된다. 프랑스 국왕의 축성식이란 하늘에서 받아왔다고 하는 기름을 대주교가 몸에 발라주는 것이다. 그리스도라는 말의 원뜻은 '기름부음을 받은 자'이니, 축성식을 함으로써 국왕은 예수

샤를 7세의 대관식에서 국왕의 곁을 지키는 잔 다르크.
장 오귀스트 도미니크 앵그르, 1854.

처럼 신민을 보호하는 신의 지상地上 대리인이 된다. 샤를은 구약성서에 나오는 방식대로 먼저 가슴, 어깨, 팔꿈치, 손목에 기름을 발랐다. 그 후 대주교는 왕을 데리고 제단 앞에 가서 머리에 기름을 칠하고 오른손 집게손가락에 반지를 끼워주었다. 이는 왕과 신민의 연결을 상징한다. 곧 만세 소리와 트럼펫 소리에 맞춰 머리에 왕관을 씌웠다.

이제 샤를은 왕세자가 아니라 정식으로 왕이 되었다. 특기할 사실은 이렇게 의식이 진행되는 동안 잔 다르크가 깃발을 들고 줄곧 국왕 옆에서 있었다는 것이다. 국왕이 정당성을 얻는 데 증인 겸 수호자 역할을 자처한 것이다. 이 자리에는 동레미에서 온 그녀의 부모와 오빠들도 참석했다. 왕은 이 기회에 동레미와 이웃 지역에 면세 특권을 인정해주어 그녀의 행위에 보답했다. 아마 이때가 잔 다르크 삶의 절정이었을 것이다.

끊임없이 제기되는 의혹, "잔 다르크는 마녀다!"

잔 다르크는 부르고뉴 공 필리프 3세에게 서한을 보내서 프랑스 왕과 싸우지 말고 사라센과 싸우라고 말했다. 이것은 공작에게 아주 뼈아픈 이야기였다. 사실 그의 별칭이 '선량공le Bon'인 이유는 그가 십자군에 참가하겠다고 공언했기 때문인데, 실천을 하지 못하고 말만 하고 있었던 것이다. 이런 아픈 데를 찌르면서 잉글랜드와 손을 끊고 왕에게 복종하라고 압박을 가한 것이다. 이때 국왕 샤를 7세는 대관식과 축성식을 마친 후 여러 지역을 돌아다니며 직접 신민들을 만나는 투르 드 프랑스Tour de France를 거행했다(투르 드 프랑스는 오늘날 프랑스 전국을 도는 유명한 사이클 대회 이름이지만, 원래는 국왕이 여러 곳을 다니며 신민들을 직접 만나는 행사였다). 국왕은 내심 선량공 필리프가 전투 없이 파리를 넘기지 않을까 기대한 듯했지만 공작은 그럴 생각이 전혀 없었다.

선량공 필리프는 잉글랜드군 지휘자인 베드포드와 한편으로는 갈등했으나 잔 다르크 문제에 대해서는 의견이 일치했다. 어떻게든 빨리 조치를 취해서 그녀를 없애려고 했다. 필리프의 여동생이 베드포드와 결혼하면서 양측의 공조가 더욱 강화되었다. 두 사람은 군사력을 다시 정비한 후, 샤를 7세에게 서신을 보내 잔 다르크는 이단이며 마녀라고 주장했다. 이렇게 되면 왕은 마녀에게 속아서 잘못된 대관식을 치른 셈이다. 그 말은 또 잉글랜드의 헨리 6세가 진정한 프랑스 왕이라는 의미다. 프랑스 왕실과 부르고뉴-잉글랜드 연합 세력 사이의 충돌은 피할 수 없었다. 잔 다르크는 아직 적의 수중에 있는 파리를 공격할 준비를 했고, 신의 뜻을 받드는 자신이 승리하여 조만간 파리를 되찾으리라고 믿었다.

이때, 잔 다르크에 반대하는 중요 세력은 파리 대학 신학부였다. 이들은 교황에게 서신을 보내 그녀가 이단이라고 고발했다. 그녀가 미래를 예견하고 있다는 것이 중요한 논거였다. 파리 대학은 전통적으로 신앙의 최후 보루라고 자처하고 있었고, 정치적으로는 현재 왕보다 잉글랜드 측에 더 호의적이었다. 잉글랜드와 부르고뉴 측은 어떻게든 잔 다르크를 교회법정에 세워 이단 판정을 받아내려고 혈안이었다.

잔 다르크의 파리 공격은 뜻대로 되지 않았다. 그녀는 허벅지에 화살을 맞고 퇴각했다. 그러자 국왕은 공격을 중단시키고 군대를 해산한 후 부르고뉴 측과 타협하는 방안을 구상했다. 이제 샤를 7세는 잔 다르크에게 의존하지 않고 자신의 정치적 계산대로 움직이려는 모습을 보였다.

국왕 샤를 7세는 잔 다르크에게 문장과 '리스 (백합)'라는 성을 하사했다. 문장은 두 개의 백합 사이에 칼이 왕관을 받치고 있는 모양이다.

크리스마스를 맞아 국왕은 잔 다르크와 가족을 귀족으로 만들어주었고, 이에 어울리는 문장紋章도 하사했다. 두 개의 황금 백합 문양 사이에 칼로 왕관을 받치고 있는 그림이었다. 게다가 백합을 의미하는 '리스Lys'라는 고상한 성도 하사했다. 이렇게 한 이유가 무엇이었을까? 정말 순수하게 고마움을 표시한 걸까? 혹시 왕은 이제 그녀를 놓아버리려 한 것이 아닐까? 다시 말해서 그동안 수고 많았으니 이 선물을 받고 떠나라는 것일까? 그것은 단정하기 어렵다. 사태가 확실하게 변하는 것은 이듬해 봄에 가서의 일이다.

반전 있는 최후

 1430년 5월 23일, 잔 다르크는 콩피에뉴를 공격하다가 실패하여 장 드 리니Jean de Ligny의 군사에게 사로잡혔다. 장 드 리니는 부르고뉴 공작의 부하이자 잉글랜드 국왕의 카운슬러였다. 사로잡힌 잔 다르크를 어떻게 처리할지 여러 세력이 촉각을 곤두세웠다. 우선 파리 대학에서 그녀를 자신들에게 넘기라고 요구했다. 잔 다르크가 이단의 가능성이 있다며 그녀에 대한 재판 관할권을 주장한 것이다.

그런데 7월 14일에 보베 주교 피에르 코숑Pierre Cauchon이 그녀가 마술을 행사하고 악마를 불러냈다는 혐의를 주장하며, 잔 다르크가 사로잡힌 지역의 상위 주교구 책임자 자격으로 자신의 종교재판 관할권을 내세웠다. 결국 잉글랜드 측에 봉사하고 있던 그가 잔 다르크 재판의 재판관을 맡게 되었다. 그는 잔 다르크를 넘겨받는 조건으로 장 드 리니에게 1만 플로린이라는 거액을 약속했다. 장 드 리니는 혹시 프랑스 국왕이 더 큰 돈을 주면 그쪽에 넘길 요량으로 기다렸지만 아무 연락이 없자 결국 잔 다르크의 신병을 코숑 측에 넘겼다.

쇠사슬에 묶인 채 성탑에 갇히다

포로 생활 중 한 가지 놀라운 사건이 일어났다. 잔 다르크가 자신이 갇혀 있던 높은 탑에서 뛰어내린 것이다. 자살을 시도한 게 아니라 신의 도움으로 기적적으로 탈출하는 거라고 믿었던 모양이다. 그녀는 크게 다친채 자기 감방으로 되돌아갔다. 이 상황에서 심지어 기사 중 한 명이 성희롱까지 했다. '내가 몇 차례 말을 걸고 그녀 가슴을 손에 쥐고 놀렸는데 그녀가 밀쳐냈다'는 것이다.

잔 다르크가 이런 힘든 상황에 처해 있는 동안 국왕 샤를 7세는 왜 아무런 조치를 취하지 않았는지 알 수 없는 일이다. 그가 왕으로서 권위를 찾는 데 결정적인 역할을 한 잔 다르크를 구할 생각을 전혀 하지 않다니 말이다. 상대가 바라던 대로 거액의 돈을 쓰던지, 잉글랜드의 고위 귀족으로서 포로로 잡혀 있던 서포크 백작과 맞교환하던지, 방법을 얼마든지 찾을 수 있었을 터이다. 그런데 왜 아무런 조치를 취하지 않았을까?

왕이 어떤 생각을 하고 있었는지 여러 추론이 가능하다. 잔 다르크는 파리 공격에 실패했다. 그러면 그녀는 신이 보낸 사자가 아니지 않는가. 혹은 만일 그녀가 신의 사자라면 본인이 손을 쓰지 않아도 신이 구하지 않겠는가. 혹은 그녀가 이전처럼 계속 인기를 누리고 강력해지면 그것이 오히려 왕권을 훼손시키지 않겠는가. 어쩌면 왕은 이제 그녀의 신성성을 믿지 않게 되었는지도 모른다. 이것과 연관이 있는지 모르겠으나, 국왕은 어느 나이 어린 양치기 소년을 신이 보낸 새로운 사자라 생각했다. 그러나 이 소년 역시 잡혀서 센 강에서 익사 당했다.

잔 다르크를 어디에서 어떤 방식으로 재판할 것인가? 잉글랜드 측은 파리 대학에 맡기는 것은 여러 면에서 위험하다고 판단했다. 그보다는 자신들의 근거지인 루앙으로 데려와서 신병을 확보하고 자신들의 영향 아래 있는 사람을 내세워 재판을 열기로 작정했다. 코숑을 재판관으로 삼은 건 그런 이유에서였다. 잔 다르크는 특별히 준비된 철창 안에서 손, 발, 목에 쇠사슬이 묶인 채로 끌려왔다.

1430년 12월 23일 잔 다르크는 루앙 성의 탑에 갇혔다. 작은 창 하나만 있는 약 2미터의 좁고 추운 방에서 쇠사슬에 묶인 상태였다. 이전에 뛰어내린 일이 있으므로 감시도 더욱 삼엄해졌다. 그녀에게 제공되는 음식이라고는 다른 사람이 먹다 남긴 뼈다귀 같은 것이고, 매일 물 한 사발을 주되 참회하라는 뜻으로 재를 타서 주었다.

"문이 열려 있다면 그 문을 통해 나가야지요."

재판의 성격이 정치적인 것이야 당연했다. 잉글랜드와 부르고뉴 측은 잔 다르크가 주도한 샤를 7세의 대관식과 축성식의 정당성을 훼손하기 위해 그녀를 마녀로 몰아갔다. 그래서 재판에 참여한 신부와 신학자 들은 그녀의 신앙 문제를 집요하게 물고 늘어졌다. 사실 그녀의 기이한 신앙 요소에 대해서는 실제로 따져볼 게 적지 않았다.

루앙 성 탑에 갇혀 윈체스터 추기경에게 심문을 받는 잔 다르크. 폴 들라로슈, 1824.

1431년 1월 9일부터 예비 조사가 시작되어 3월 29일에 끝났고, 그 후에 정식으로 기소되어 본 심판에 들어갔다. 재판관들은 피에르 코숑의 주관 아래 9명의 종교인과 많은 친親영국적인 인사로 이루어졌다. 우선 베드포드 공작부인이 임명한 여인들이 조사한 끝에—구체적으로 어떻게 했는지는 모르겠으나—그녀가 처녀임을 증명했다. 이는 매우 중요한 요소일 수 있다. 마녀는 악마와 성관계를 하는 것으로 알려져 있으므로, 잔이 처녀라는 것은 최소한 마녀는 아니라는 논거가 되기 때문이다.

잔 다르크는 매우 불리한 법정 싸움을 해야 했다. 이 재판에서는 '무죄추정의 법칙'보다는 '유죄추정의 법칙'이 작용했으니, 피고 스스로 자신이 이단과 마녀가 아니라는 사실을 입증해야 했다. 유죄가 확정되면 화형을 면치 못할 것이다. 악의적인 태도로 임하는 수십 명의 교회 인사와 법학자 들이 매일 서너 시간씩 스콜라철학의 논리로 엮은 복잡한 질문들을 던졌고, 때로는 오후까지 심문이 이어졌다. 정신적으로나 육체적으로나 무척 힘든 상황에 몰렸을 터인데, 그녀는 놀라울 정도로 잘 싸워나갔다.

재판관들은 우선 그녀가 들은 '목소리'에 대해 질문을 던졌다. 그녀는 그것이 천사와 성녀 들이 보낸 메시지이고, 그 내용은 오를레앙의 포위를 풀고 프랑스 국왕을 도우라는 것이었음을 밝혔다. 재판관들은 천사와 성인의 복장, 언어 등에 관해 곤란한 질문들을 퍼부으며 몰아붙였지만 그녀는 차분하게 대응했다. "성인들이 잉글랜드 편에 서 있지 않은데 왜 영어로 말합니까?", "미카엘 천사가 나체로 등장하느냐고요? 주님께서 그에게 옷을 입힐 능력이 없다고 믿는 건가요?" 하는 식이다. 사로잡혔을 때 왜 탈출하려고 했는가라는 질문에 대해서는 상식적이지만 멋진 답을 했다. "문이 열려 있다면 그 문을 통해 나가야지요. 그건 신이 허용한 것을 뜻하니까요." 신은 잉글랜드인도 사랑하지 않느냐는 질문에 대해서는 이렇게 답했다. "물론입니다. 그들이 섬에 남아 있는 한에서요."

가장 유명한 것은 "피고는 신의 은총 안에 있다고 생각하는가?"라는 질문이다. 중세 신학에 어두운 우리야 언뜻 문제의 성격조차 이해하기 어렵지만, 사실은 웬만한 신학자라도 쉽게 답할 수 없는 난제다. 만일 자신이 신의 은총 안에 있다고 답하면 종교적 오만의 죄에 걸려 이단 판정을 받는다. 신학적으로 누구도 자신의 영적 상태를 모르는 것으로 되어 있기 때문이다. 그러나 만일 그렇지 않다고 답하면 자신이 죄를 지었다고 자백하는 것이 된다. 잔 다르크는 여기에 말려들지 않고 그야말로 멋진 신의 한 수를 보였다. "만일 내가 신의 은총 안에 있지 않다면 신께서 내게 은총을 내려 주소서. 만일 내가 신의 은총 안에 있다면 계속 그 상태로 남게 해 주소서." 이 대답을 듣고 재판정 전체가 "지극히 놀랐다multum stupefacti"라고 기록하고 있다.

열두 가지 혐의를 받은 잔 다르크, 그녀의 운명은?

예비조사 끝에 그녀의 혐의는 모두 70개 항으로 정리되었다. 내용 중에는 별별 것이 다 있다. 자신을 우상화했다, 어머니가 마녀다, 부모의 허락을 받지 않고 집을 나왔다, 부모가 정한 혼례를 거부했다, 교회의 의지에 반하며 남장을 했다(이와 관련된 조항만 열여덟 가지다), 마법으로 적을 살해하려 했다, 악령의 도움을 받았다, 신과 천사의 목소리를 듣는다고 주장하지만 해명하지 못한다 등등.

　이 조항들이 너무 번잡하다고 판단했는지 코숑은 이를 열두 가지로 재정리했다. 유령에 대한 믿음(신의 계시를 받았다고 주장하며 거짓과 오류를 퍼뜨리는 것), 남장(구약성서에서 밝힌 신의 섭리를 위반한 것), 교회의 지시 거부 등이 주요 혐의였다. 이때 마법과 마녀 혐의는 제외되었는데, 이것은 애초부터 유지되기 어려운 혐의점이었다. 1431년 4월 13일 코숑은 파리 대학에 문서를 보내 의견 조회를 했다. 그러는 동안 그녀는 잉어를 잘못 먹고 식중독에 걸려 심하게 탈이 났다. 그러자 베드포드는 급히 자기 의사를 보내 그녀를 보살피도록 했다. 피고의 인권을 보호하기 위한 건 결코 아니었다. 그녀가 병사하면 그들의 계획이 틀어지기 때문이다. 특히 검사 역할을 맡았던 데스티베라는 인물은 그녀를 찾아와 분통을 터뜨리며 고함을 질렀다. "이 창녀야, 너 일부러 잘못 먹고 아픈 거지!"

그녀는 고문을 당했을까? 사실 이단재판에서 고문은 흔한 일이다. 그런데 잔 다르크의 재판에서는 토론 끝에 고문을 사용하지 않았다(물론 가두고 쇠사슬로 묶고 밥을 제대로 안 주는 것만 해도 요즘 기준으로는 고문이라 하겠으나). 코숑이 대책 회의를 열어 투표한 결과 10 대 3으로 부결되었는데, 고문을 통해 무리하게 결론을 이끌어냈다는 평판을 피하려 했기 때문일 것이다.

드디어 파리 대학에서 공식 결정문이 왔다. 47명의 사제와 박사 들 중 42명은 코숑의 보고서에 근거하여 잔 다르크가 이단이며 자신이 행한 모든 일을 번복하지 않는 한 그녀를 세속 당국에 넘겨 처벌해야 한다고 결정한 것이다. 잔 다르크는 종교와 국왕의 이름으로 순교할 것인가.

반전에 더 큰 반전을 거듭하다

그런데 마지막에 가서 놀라운 반전이 일어났다. 잔 다르크는 먼저 교황에게 탄원을 하더니, 다음에는 자신의 주장을 번복하고 교회에 복종하겠다고 선언했다. 그리고 서둘러 쓴 고백서에 서명했다. 그 내용은 지금까지의 주장을 모두 뒤집는 것이었다. 신, 천사, 성인의 목소리를 들었다는 건 날조이고, 남자 옷을 입은 것도 죄가 되는 부끄러운 일이며, 무고한 사람들을 살해했을 뿐 아니라 자신은 악령에 속았다는 것이다! 도대체 무슨 일이 일어난 것일까? 그녀는 갑자기 죽음이 두려워 목숨을 구걸한 것일까? 물론 그럴 가능성도 충분히 있다. 그녀는 스무 살도 안 된 어린 소녀가 아닌가. 아니면 잉글랜드나 부르고뉴 측이 그녀를 살려두어 정치적으로 이용하는 게 낫다고 판단하여 그녀를 속여 서명을 유도한 것은 아닐까? 정확한 실상은 알 수 없다. 아무튼 그녀는 종신형으로 감형되어 삭발하고 여자 옷으로 갈아입은 뒤 감옥에 갇혔다.

그러나 이것이 끝이 아니었다. 더 큰 반전이 기다리고 있었다. 그녀가 다시 남자 옷을 입었다는 소식이 들려온 것이다. 코숑이 달려가서 확인해보니 역시나 잔 다르크는 남장을 하고 있었다. 여기에서도 정말로 이해할 수 없는 부분이 있다. 감옥에 가둘 때 이미 여자 옷으로 갈아입혔는데 어떻게 다시 남자 옷을 구해서 입었단 말인가? 누군가가 일부러 남자 옷을 주지 않았다면 그녀가 남장을 할 수는 없는 일이 아닌가? 따라서 여기에도 혹시 모종의 음모가 있지 않을까 하는 여러 해석이 분분하다. 도대체 알 수 없는 일이 너무 많다.

잔 다르크는 다시 남자 옷을 입자 완전히 원래 상태로 되돌아갔다. 예전에 자신이 들은 건 분명 성인과 천사의 목소리라고 주장했다. 이것은 '치명적 대답'이었다. 재판이 재소집되었고 이제 꼼짝없이 재범 이단 판정을 받아 화형을 피할 수 없게 되었다. 원래 종교재판에 뒤이어 세속재판에 넘겨 처벌을 결정하는 게 정해진 절차였지만, 다 생략된 채 곧바로 처형이 집행되었다. 1431년 5월 30일 아침 8시, 그녀에 대한 형 집행 의식이 치러졌다. 그녀를 꾸짖는 설교가 길게 이어졌다. 그녀의 머리에는 '이단-재범-이교도-우상숭배자'라고 쓴 종이 모자를 씌웠다.

화형이라고 해도 대개는 직전에 참수하거나 목을 졸라 죽인 뒤 죽은 몸을 태우는 방식으로 집행했는데, 잔 다르크는 살아 있는 채로 태워 죽였다. 그것도 모자라 아주 높은 단에 그녀를 세워서 불꽃이 느리게 도달

이단 판정을 받고 화형을 당하는 잔 다르크. 헤르만 안톤 스타이크, 1843.

하게 만들어 더욱 오래 고통 받도록 했다. 그녀의 옷이 타자 집행관은 불을 약하게 해 모든 사람이 '여성의 비밀'을 볼 수 있도록 했다. 그야말로 야만성이 넘쳐나는 무대였다. 그녀가 죽자 불을 크게 키워 시체가 완전히 타도록 했다. 남은 재는 모아 센 강에 버렸다.

격동의 시대에 느닷없이 나타난 신비의 소녀

잉글랜드는 샤를 7세는 이단으로 화형 당한 여자에게 이끌려 대관식을 치렀으니 정당성이 없다고 주장하며 1431년 12월 16일 10세의 헨리 6세를 파리 노트르담 성당에 데리고 가서 대관식을 거행했다. 그러나 대세는 이미 프랑스 쪽으로 기운 뒤였다. 1435년 아라스 조약에 따라 부르고뉴는 잉글랜드 대신 프랑스 왕실과 동맹을 맺었다. 프랑스군은 1437년 파리, 1449년 루앙을 회복했고, 1453년 백년전쟁을 종결지었다. 영국은 대륙에 보유하고 있던 영토 중 칼레라는 아주 작은 지역만 빼고 다 상실했다 (나중에 이곳마저도 프랑스 영토가 된다). 영국이 진정한 섬나라가 된 것이다.

백년전쟁이 끝난 뒤 잔 다르크의 복권 작업이 이루어졌다. 1456년 재심 재판을 하여 잔 다르크가 이단이라는 이전 판결을 뒤집었다. 첫 번째 재판이 정치적이었듯이 이번 재판도 당연히 정치적이었다. 마녀의 도움으로 프랑스 왕이 대관식을 치렀다고 할 수야 없지 않은가. 19세기에 이르러 민족주의가 불타오르면서 프랑스 교회가 잔 다르크에 대한 관심을 강하게 드러냈다. 신앙심과 애국심이 결합된 것이다. 그와 같은 노력이 20세기에 결실을 거두어 1920년 5월 9일 교황 베네딕트 15세가 잔 다르크를 성인으로 축성했다.

다시 묻노니 잔 다르크는 대체 어떤 인물인가? 애국자? 성녀? 마녀? 신비주의자? 성 정체성 이상자? 페미니스트? 그 모두일 수도 있고, 다 아닐 수도 있다. 15세기에 프랑스 변경 지역의 작은 마을에 살았던 어린 소녀는 중세에서 근대로 넘어가는 역사 무대에 느닷없이 등장하여 거대한 역사의 흐름을 바꾸어놓았다. 백년전쟁을 거치며 오늘날의 프랑스, 오늘날의 영국이 만들어져갔다. 새로운 국가가 형성되는 과정에는 정치와 종교가 함께 작동했다. 잔 다르크라는 소녀로 인해 이 격동의 역사에 신비가 더해졌다.

2장

부르고뉴 공작들,
유럽판 무협지

(왼쪽 위부터 시계 방향으로) 대담공 필리프 2세, 용맹공 장 1세, 담대공 샤를 1세, 선량공 필리프 3세

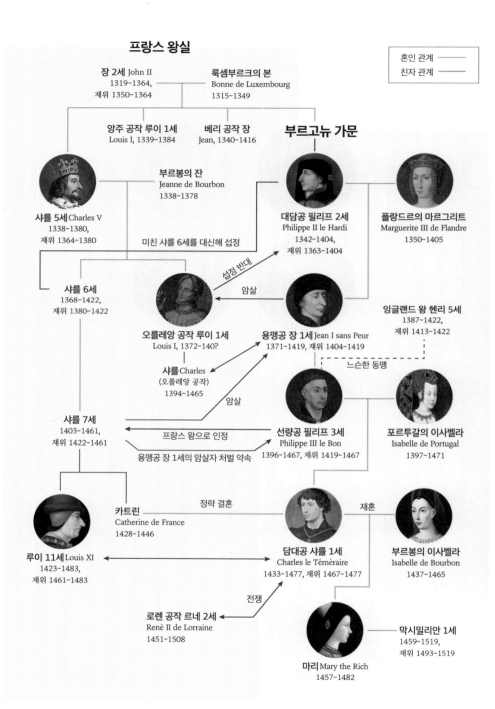

프랑스 왕실

| 혼인 관계 ——— |
| 친자 관계 ——— |

장 2세 John II
1319~1364,
재위 1350~1364

룩셈부르크의 본
Bonne de Luxembourg
1315~1349

앙주 공작 루이 1세
Louis I, 1339~1384

베리 공작 장
Jean, 1340~1416

부르고뉴 가문

부르봉의 잔
Jeanne de Bourbon
1338~1378

샤를 5세 Charles V
1338~1380,
재위 1364~1380

대담공 필리프 2세
Philippe II le Hardi
1342~1404,
재위 1363~1404

플랑드르의 마르그리트
Marguerite III de Flandre
1350~1405

미친 샤를 6세를 대신해 섭정

샤를 6세
1368~1422,
재위 1380~1422

섭정 반대

암살

오를레앙 공작 루이 1세
Louis I, 1372~140?

용맹공 장 1세 Jean I sans Peur
1371~1419, 재위 1404~1419

잉글랜드 왕 헨리 5세
1387~1422,
재위 1413~1422

샤를 Charles
(오를레앙 공작)
1394~1465

암살

느슨한 동맹

선량공 필리프 3세
Philippe III le Bon
1396~1467, 재위 1419~1467

포르투갈의 이사벨라
Isabelle de Portugal
1397~1471

샤를 7세
1403~1461,
재위 1422~1461

프랑스 왕으로 인정

용맹공 장 1세의 암살자 처벌 약속

정략 결혼

재혼

카트린
Catherine de France
1428~1446

루이 11세 Louis XI
1423~1483,
재위 1461~1483

담대공 샤를 1세
Charles le Tèmèraire
1433~1477, 재위 1467~1477

부르봉의 이사벨라
Isabelle de Bourbon
1437~1465

전쟁

로렌 공작 르네 2세
Renè II de Lorraine
1451~1508

막시밀리안 1세
1459~1519,
재위 1493~1519

마리 Mary the Rich
1457~1482

1

부르고뉴령, 유럽 제3세력의 등장

 우리는 오늘날 프랑스라는 나라의 존재를 당연하게 여기지만, 사실 프랑스가 꼭 그렇게 형성되리라는 초역사적 법칙이 있었던 건 아니다. 지금의 유럽 국가들은 근대 초에 역사적으로 만들어진 결과물이라는 점에 유의해야 한다. 14~15세기 유럽의 역사를 보면 프랑스와 독일 사이에 커다란 제3의 국가가 만들어질 가능성이 제법 높았다. 부르고뉴령이 그 무대인데, 만일 이 지역이 독립 왕국으로 발전했다면 유럽의 지도는 오늘날과 다른 모양을 하고 있을 테고, 근대 유럽사는 물론 세계사의 흐름도 다르게 진행되었을 것이다. 이런 사정을 이해하려면 4대에 걸친 부르고뉴 공작들의 파란만장한 인생사를 살펴보아야 한다.

본격적으로 이야기하기 전에 우선 이름부터 알아보자. 근대 유럽의 군주와 영주 들은 루이 13세, 루이 14세 하는 식으로 이름 뒤에 번호를 붙여 구분하지만, 더 이전 시기에는 흔히 본인의 특성을 잘 나타내는 별칭

이나 별명이 사용되었다. 키가 작다고 피피누스 '단구왕短軀王', 대머리라고 카를 '대머리왕(혹은 대머리 독禿 자를 써서 독두왕禿頭王)' 하는 식이다. 이제부터 살피려는 부르고뉴 공작들의 우리말 별칭은 학계에서 완전히 정립되지는 않았지만 일단은 통용되는 방식을 따르고자 한다.

"아버지, 조심하세요!" 효심으로 부르고뉴를 얻은 필리프 2세

필리프 2세의 별칭인 대담공은 프랑스어 '아르디'hardi, 영어로는 bold를 번역한 것이다. 그는 1342년 1월 17일 프랑스 국왕 선량왕 장 2세의 넷째 아들로 태어났다. 위로 형이 셋이나 있으니 왕위를 물려받을 가능성은 애초에 없었으나, 부왕에 대한 효심이 지극했다. 1356년 14세의 어린 나이로 부왕과 함께 푸아티에 전투에 참전했는데, 이때 프랑스군은 잉글랜드의 왕자인 흑태자Black Prince 에드워드가 지휘하는 적군에 대패했다(에드워드는 부왕에게 아키텐 지방 통치를 위임받았다. '흑태자'라는 별칭은 검은 갑옷을 즐겨 입었기 때문이라고도 하고 아키텐을 잔혹하게 통치했기 때문이라고도 한다). 전투 막판에는 적군에 포위되어 국왕과 어린 아들이 모두 포로가 되어 런던으로 끌려갔다. 부자는 런던탑에 갇혔지만 대접이 아주 나쁘지는 않았는지, 왕자 필리프는 흑태자와 친해져 매 사냥 법을 배우고 체스를 함께 두기도 했다.

그런데 푸아티에 전투에서 비록 지기는 했지만 왕자 필리프가 실로 용감하고도 당당하게 싸워 그의 무용담이 사람들의 입에 오르내렸다. 피렌체의 연대기 작가인 조반니 빌라니가 전하는 바에 따르면, 그는 부상을 당하면서도 "아버지 오른쪽 조심하세요, 아버지 왼쪽 조심하세요!" 하고 칼을 휘두르며 아버지 곁을 끝까지 지켰다. 그의 별칭이 '대담공'이 된 것은 이상한 일이 아니다. 하여튼 이 이야기는 과거 프랑스의 초등학생들이 배우는 교과서에 그림과 함께 실려 용맹하면서도 효성스러운 왕자의 사례로 널리 알려졌다.

엄청난 신속금을 주고 풀려나 귀국한 후 국왕은 아들의 용맹함에 보답하고자 했다. 마침 그때 부르고뉴의 지배자였던 필리프 드 루브르 Philippe de Rouvres가 후계자 없이 사망하자 국왕은 그의 영토를 회수하여 아들에게 주었다. 이 영토는 부르고뉴 공작령만이 아니라 아르투아 백작령, 부르고뉴 백작령(부르고뉴 공작령과는 다른 땅으로, 오늘날 프랑스 동쪽에 위치한 프랑슈-콩테 주에 해당한다)도 포함된 부유한 지역들이었다. 이 땅들을 왕자령apanage(왕령지 중 일부를 따로 떼어 차남 이하 아들에게 직영지로 하사한 땅)으로 묶어 주었고, 이에 걸맞게 아들을 정식으로 '부르고뉴 공작'으로 봉했다(1363년 9월 6일).

목숨을 걸고 자신을 지켜준 믿음직스러운 넷째 아들에게 왕위를 물려주지는 못하더라도 뭔가 큰 선물을 해주고 싶은 아버지의 마음은 알겠는데, 이 이상한 조치가 두고두고 이 집안 분란의 씨앗이 되었을 뿐 아니라 앞으로 오랜 기간 유럽 중심부의 역사를 뒤흔들어놓는 요인이 되고 말았다. 말하자면 프랑스의 정통 왕실 옆에 따로 방계 가문이 부유한 살림을 차리고 반半독립 상태로 성장하면서 중앙을 노리게 된 셈이다. 여기에 주변 강대 세력들이 정치·외교·군사적으로 복잡하게 얽혀 들어가게 된다.

'삼촌들의 통치'로 영향력을 키우다

얼마 후 부왕이 죽고 샤를 5세가 프랑스 왕이 되었다. 이때 대담공 필리프 2세는 21세의 나이에 이미 왕국 내 가장 알짜배기 땅의 주인이 되어 있었다. 게다가 장기간의 협상 끝에 플랑드르의 마르그리트Marguerite de Flandre와 정략결혼을 했다. 유럽 내 부유한 지역 중 하나이며 전략적으로 중요한 위치에 있는 플랑드르 백작령이 잉글랜드에 넘어가지 않도록 프랑스가 선수를 친 것이다. 필리프와 마르그리트는 강Gand(네덜란드어로는 헨트Gent)에서 장엄한 결혼식을 올렸다. 일이 잘되려고 했던지, 그 후 처가쪽 남손이 죽어 아내가 유일한 상속자가 되는 바람에 그는 플랑드르뿐 아니라 오늘날 네덜란드와 벨기에, 프랑스 북부에 걸친 주요 지역들을 물려받았다. 이제 단순히 프랑스 내의 강력한 영주 정도가 아니라 독일 지역과 네덜란드에도 광대한 땅을 소유한 실력자로 부상한 것이다.

이 정도의 주요 영토들을 소유한 데다가 능력이 출중한 인물이라면 왜 야심을 품지 않겠는가. 당대 저명한 작가인 장 프루아사르의 인물평에 따르면, 필리프는 체격이 좋고 성격이 강하며 지략이 있는 인물로서 높은 안목을 가지고 있었다. 다만 문제는 그가 소유한 지역들이 서로 떨어져 있었다는 것이다. 이를 연결하여 커다란 단일 영토로 만들고 종국적으로 왕국으로 승격시키는 것이 그와 그의 후손들의 과제였다.

필리프는 친형인 국왕 샤를 5세를 도와 잉글랜드와의 백년전쟁에 참여했고, 전쟁이 중단되었을 때에는 휴전조약 담판도 담당했다(1375년 브뤼주). 1380년, 그가 다시 잉글랜드와의 전쟁에 참전하여 용맹스럽게 싸우고 있을 때 파리에서 국왕이 갑작스럽게 사망했다는 소식이 전해졌다.

다음 왕위에 오를 왕세자는 아직 12세에 불과한 미성년이었다. 그가 바로 정신병이 심한 국왕 샤를 6세이고, 그의 아들 샤를 7세가 바로 잔 다르크의 도움을 받아 대관식과 축성식을 치른 국왕이다.

샤를 6세는 고작 중학생 나이에 국왕이 되었으니 정치 문제와 전쟁 등 긴급한 국사를 담당하기 어려울 건 분명했다. 다행인지 불행인지 선왕의 형제들, 곧 신왕의 여러 삼촌이 어린 왕을 도와주었다. 소위 '삼촌들의 통치gouvernement des oncles' 시기였다. 그렇지만 이 삼촌들 가운데 첫째인 앙주 공작 루이는 멀리 이탈리아 남쪽 나폴리 왕국의 왕위 계승권을 물려받아 그 일에 더 바빴고, 둘째인 베리 공작 장은 영향력이 약했다. 그래서 대담공 필리프가 실질적으로 어린 조카의 왕위 수행을 도왔다. 샤를 6세가 20세가 될 때까지 대담공 필리프는 왕이나 다름없는 역할을 했다. 외교 전략도 그가 짰고,

대담공 필리프 2세는 플랑드르의 마르그리트와의 정략결혼을 통해 유럽 내 광대한 땅을 소유하게 된다. 에드먼드 드 부셔, 1858.

플랑드르 지역의 도시에서 봉기가 일어났을 때도 어린 국왕과 함께 군대를 이끌고 가서 진압했다. 그러나 이런 일을 수행하면서 그는 프랑스 왕국을 위해 최선을 다하기보다 자신의 부르고뉴령을 넓히고 권력을 키우는 데 관심이 더 많았다. 국왕의 결혼도 치밀하게 계산하여 후일 주변 영토들이 자기 가문의 소유 아래 들어올 수 있도록 조치했다.

삼촌이 돌아왔다!

필리프는 왕위를 빼앗는 무도한 조치는 취하지 않았다. 1388년 샤를 6세가 20세가 되어 이제 자신이 직접 통치를 하겠다고 하자 국정에서 손을 뗄 수밖에 없었다. 조카가 '삼촌, 그동안 많이 도와주셔서 고마워요. 이제부터는 저 혼자서도 잘할 수 있을 것 같아요' 하고 나오니 별 수 없이 자신의 영지로 돌아가야 했다.

　　그러나 여기에서 끝나지 않았다. 조만간 국왕이 정신이상 증세를 보였기 때문이다. 1392년 국왕의 친한 친구이자 보좌관인 올리비에 드 클리송에 대한 암살 시도가 있었다. 또 다른 강력한 지방 호족인 브르타뉴 공작이 이 사건의 배후에 있다고 확신한 국왕은 삼촌인 대담공 필리프를 다시 불러 함께 브르타뉴 원정을 떠났다. 군대가 르망 지역의 숲을 지나는데, 어느 광인이 군대 뒤를 졸졸 쫓아오며 국왕에게 당신은 곧 배신당할 거라는 이야기를 주절주절 해댔다. 이것이 귀에 거슬렸을까? 어느 순간 갑자기 국왕이 광기를 내뿜으며 칼을 휘둘러 순식간에 주변의 기사 네 명을 살해했다. 사람들이 달려들어 국왕을 땅에 처박아 붙들어야 할

왕실 파티에서 빅풋으로 분장을 한 국왕이 불에 타죽을 뻔한 기이한 사건이 일어나기도 했다.
장 프루아사르의 연대기에 실린 그림, 1470~1472년경.

지경이었다. 곧바로 필리프는 자신이 왕권을 대리한다고 선언했다. 이후 국왕은 제정신이 들었다가 광기에 빠졌다가 하는 상태를 반복하여 도저히 왕으로서의 직무를 수행할 수 없을 지경에 이르렀다. 이런 이유로 대담공이 다시 국정을 맡게 되었다. 삼촌이 돌아온 것이다!

정신 줄을 놓은 국왕 샤를 6세와 관련해서는 기이한 이야기가 많다. 예컨대 1393년 한 왕족의 결혼 축하연에서 왕이 불타 죽을 뻔한 사건도 있었다. 파티의 분위기가 무르익자 국왕과 기사 넷이 야만인으로 분장하여 춤을 추기로 했다. 그들이 온몸에 밀랍과 역청을 바르고 깃털을 붙여 마치 전설의 빅풋big foot처럼 변장한 다음 춤을 추려는데 뒤늦게 온 왕의 동생이 횃불을 들이대며 인사하다가 이들에게 불이 붙었다. 한 귀부인이 왕의 몸에 망토를 덮어 불을 꺼서 목숨을 구했지만, 다른 네 명은 결국 불타 죽고 말았다. 우리가 생각하는 프랑스 왕실의 우아한 파티와는 거리가 먼 이야기이다.

자신이 유리 인간이라는 둥, 조지 성인이라는 둥 하며 국왕의 광기가 너무 심해 국정 운영이 불가능할 정도여서, 1405년 국왕이 죽을 때까지 사실상 대권은 대담공 필리프가 잡고 있었다. 그가 권력을 잡고 나서 1396년 잉글랜드의 리처드 2세와 평화조약을 맺어 이후 28년 동안 양국 간 전쟁이 중단되었다. 이로 인해 그는 수많은 사람으로부터 평화와 번영을 가져다준 인물로 숭앙받았다. 능력 면에서 보면 그는 정신 나간 국왕보다는 훨씬 탁월했고, 개인적으로도 아주 매력적인 인물임이 틀림없다. 그는 부인과 아이들을 모두 사랑했으며, 사냥이나 스포츠, 주사위놀이 같은 잡기에 능했고, 무엇보다 호사스러운 선물을 안기며 주변 인물들을 자기편으로 끌어들였다. 그는 예술적 안목도 높아 이탈리아 화가들을 초빙하고 여러 예술가를 후원하여 부르고뉴와 플랑드르 문화 발전에 큰 영향을 끼쳤다. 또 자신이 물려받은 여러 지역의 성과 건물을 보수하고 꾸몄는데, 특히 부르고뉴 지방의 수도에 해당하는 디종을 아름답게 단장했다.

겁 없는 2대 부르고뉴 공작, '용맹공' 장

긍정적인 측면이 있다고 해도 친족이 왕권을 대신 행사하면 권력 싸움을 피할 수 없는 법이다. 국왕의 동생인 오를레앙의 루이(빅풋으로 분장한 국왕에게 횃불을 들이대며 인사한 바로 그분이다)는 삼촌이 권력을 잡은 데 분개했다. 이것이 부르고뉴 가문과 오를레앙 가문 사이의 오랜 반목으로 발전한다.

1404년 대담공 필리프는 병으로 쓰러지고 만다. 그는 북유럽 전체에 퍼진 괴질에 걸려 63세의 나이로 죽음을 맞았다. 이제 부르고뉴령은 그의 장남 장에게로 넘어갔다. 더불어 이 집안과 오를레앙 가문의 집안싸움도 고스란히 차세대로 승계되었다.

후계자인 장의 별칭은 '상 푀르sans Peur', 즉 두려움을 모른다는 뜻인데, 우리말로는 '용맹공'이라 옮기기도 하고, 더 고아한 명명을 원하는 분은 '무겁공無怯公'으로 옮기기도 한다. 그가 이런 별칭을 얻게 된 계기는 오스만 세력을 공격하는 십자군 참전이었다. 아버지 필리프가 아직 살아 있던 1396년, 헝가리 국왕 지기스문트가 자신의 영토를 공격해오는 오스만 군대에 대항하기 위해 전 유럽에 십자군을 요청하자, 이 대의에 공감하며 군대를 통솔해 참전한 것이다. 그러나 니코폴리스 전투에서 바예지드 술탄의 군대에 대항하여 용맹하게 싸운 것까지는 좋았는데 너무 과감하게 진격하다가 포로로 잡혀 아버지가 엄청난 거액의 신속금을 지불하고 나서 다음 해에 가까스로 풀려났다. 용맹하다기보다 무모하다고 할까.

용맹공 장은 십자군에서 돌아온 후 아버지 대담공 필리프가 사망하자 그 뒤를 이어 부르고뉴 공작이 되었다. 그리고 아버지가 그랬던 것처럼 정신이 불안정한 국왕의 섭정을 맡았고, 이 때문에 오를레앙 가문의 견제와 질시 역시 그대로 물려받았다. 국왕이 국정을 놓아버렸으니 결국 주위 세력가들 간의 권력 투쟁을 피할 수 없었다. 부르고뉴 가문과 오를레앙 가문은 왕실의 인사권과 재정을 놓고 격돌했다. 양측의 갈등은 점

파리 시내 비에유 뒤 탕플 거리에서 용맹공 장의 부하들이 오를레앙의 루이를 암살하는 장면을 묘사한 그림, 1470~1480년경.

차 통제할 수 없을 정도로 격화되었고, 급기야 장의 부하들이 파리 시내에서 오를레앙 공 루이를 암살했다(1407년 11월 23일). 보통 이런 일을 저지르고 나면 자신과는 관련 없는 일이라고 딱 잡아떼며 부인하기 마련인데, 장은 자신이 암살을 주도했으며, 이는 간악하고 정치를 어지럽히는 포악한 인간을 살해한 올바른 행위였다고 강변했다.

　그는 이름 그대로 겁도 없이 행동했다. 두 가문 간의 증오는 더욱 증폭될 수밖에 없었다. 그러나 일단은 국왕이 그의 살인 행위를 용서하는 칙령을 내주어 사태를 임시 봉합해놓은 상태였다. 그렇다고 오를레앙 가문이 이 사태를 그냥 넘기지는 않았다. 이후 두 가문 간 복수혈전은 마치 무협소설이나 마피아를 소재로 한 영화처럼 대를 이어 벌어졌다. 암살당한 루이에게는 어린 아들 샤를이 있었는데, 당시 겨우 14세여서 별다른 행동을 취할 수 없었고, 더구나 용맹공 장은 이 어린 아들의 재산마저 빼앗아 그의 힘을 꺾어놓으려 했다. 샤를은 아버지의 원수를 갚기 위해 그의 장인인 아르마냐크 가문의 베르나르 7세의 도움을 구했다. 이후 부르고뉴 가문에 대항하여 싸우는 쪽 사람들을 아르마냐크파로 부른다. 부르고뉴와 아르마냐크 두 파는 1410년에 평화를 지키겠다는 선서를 거창하게 했지만 그것은 겉치레에 불과했고 양쪽 모두 내심 상대를 제거할 기회를 호시탐탐 노리고 있었다. 당대 최고의 석학인 장 제르송은 프랑스가 '내전 상태에 들어갔다'고 통탄해 마지않았다.

몽트로 다리에서 최후를 맞은 용맹공 장

사태를 더욱 악화시킨 것은 잉글랜드 국왕 헨리 5세였다. 중단되었던 백년전쟁의 전투가 재개된 것이다. 프랑스로서는 전쟁과 내전이 뒤섞여 돌아가는 최악의 사태를 맞았다. 1415년 아쟁쿠르 전투에서 헨리 5세의 군이 프랑스군을 대파했다. 게다가 프랑스 왕실과 친족 내 갈등관계를 파악하고 있던 헨리 5세는 부르고뉴파를 자기편으로 끌어들이기 위해 접촉을 시도했다. 그러나 아무리 권력욕에 눈이 멀어도 프랑스를 침략해온 잉글랜드군과 바로 손을 잡는 것은 무리였다. 그랬다가는 민중들의 거대한 분노를 자초할 수 있었기에 용맹공 장은 할 수 없이 아르마냐크파와 손잡고 잉글랜드군에 대항하기로 방향을 잡았다.

암살범인 용맹공 장은 왕세자 샤를에 의해 몽트로 다리 위에서 암살당하는
최후를 맞이했다. 몬슬렛의 연대기에 실린 그림, 1495년경.

그것은 진정 왕실과 국가를 위한 것이 아니었다. 용맹공 장은 노골적
으로 잉글랜드의 동맹이라고 하지는 않았지만 이후 잉글랜드군의 루앙
점령을 막지 않아 프랑스 북부 지역이 잉글랜드군 지배하에 들어갔고,
그러는 동안 자신은 파리를 장악했다. 장의 부하들은 파리의 아르마냐크
파 인사들을 축출하거나 심지어 학살도 서슴지 않았다.

왕세자 샤를(조만간 프랑스 국왕 샤를 7세가 된다)은 왕위 계승권을 빼앗길
지 모른다는 불안감을 느꼈다. 용맹공 장은 아무런 염려를 하지 말라며
왕세자를 보호하겠다는 약속을 했다. 잉글랜드군이 파리를 향해 진격해

오자 장은 안전을 위해 왕실 가족을 파리 동쪽의 트루아로 보냈다. 이때 왕세자는 장의 보호 약속이 미진해 보이니 다시 확실하게 약속을 해달라는 제안을 하고 몽트로Montereau라는 곳의 다리 위에서 만나기로 한다. 하도 험악한 때이다 보니 서로를 믿을 수 없었다. 양측은 사전 합의에 따라 다리 한복판에 두 개의 벽을 설치하여 닫힌 공간을 만들고 그 안에 두 사람이 각각 경호원 열 명씩만 대동하고 들어가서 만나기로 했다.

이런 안전장치를 두는 척하며 상대를 안심시킨 후 배신행위를 한 것은 왕세자 샤를이었다. 약속대로 양측 대표가 나무벽 안에 들어서자 곧 왕세자의 부하들이 용맹공의 얼굴을 도끼로 치며 '죽여라' 하고 소리를 질렀다. 다른 부하들도 이 좁은 공간으로 뛰어들어 용맹공과 그 부하들을 공격했다. 암살범이었던 용맹공 장은 결국 도끼질을 당한 데다가 여러 차례 칼에 찔려 생을 마쳤다. 1419년의 일이다. 마치 영화 〈대부〉를 보는 듯한 느낌이다. 이 이야기를 〈대부〉와 유사한 영화로 만든다면 용맹공 장이 오를레앙 공을 암살하고 그 자신이 몽트로 다리 위에서 암살당하는 이야기가 1부가 될 테고, 그의 아들이 사업 기반을 본격적으로 확대해 가문의 판도를 최대로 넓히는 이야기가 2부, 그다음 후계자가 최후의 전투에서 장렬하게 전사하여 가문이 몰락하는 것이 3부가 될 것이다.

아버지 용맹공 장의 참혹한 살해 소식을 접한 아들 선량공 필리프는 복수를 기하며 공개적으로 잉글랜드 왕 헨리 5세와 결탁하여 프랑스 왕실과 대결했다. 용맹공 장만 하더라도 노골적으로 잉글랜드와 동맹을 맺는 것은 피했지만, 이제 상황은 갈 데까지 간 셈이다. 그러는 사이에 정신이 오락가락하던 국왕이 죽고 왕세자가 샤를 7세로 왕위에 올랐다. 용맹공 장이 죽은 지 3년 후인 1422년의 일이다.

2

선량공 필리프 3세의 줄타기 외교

 이제부터 살펴볼 인물은 3대 부르고뉴 공작인 선량공 필리프 3세다. 거의 50년에 이르는 그의 치세는 프랑스와 독일, 네덜란드의 근대 정치사에 지대한 영향을 미치는 한편, 얀 반 에이크로 대표되는 플랑드르–부르고뉴 문화의 정점을 이루는 시기였다. 선량공 필리프는 잉글랜드의 헨리 5세와 맺은 동맹을 더욱 강화하기 위해 자신의 누이를 잉글랜드 왕실 인사와 결혼시켰다. 형식적으로는 프랑스 국왕의 봉신封臣이지만 철저하게 적의 편에 선 것이다. 백년전쟁 후반 프랑스의 운명은 풍전등화와 같았다. 막강한 잉글랜드군이 이미 광대한 지역을 지배하고 있었고, 이와 손잡은 부르고뉴는 프랑스 왕실보다 더 부유하고 강력했으니 말이다.

왕보다도 더 강력한 지위에 오르다

그렇지만 선량공 필리프가 시종일관 잉글랜드와 동맹을 유지했다기보다 이쪽과 저쪽을 오가며 변화무쌍한 정치와 외교를 벌였다고 표현하는 게 옳다. 당시는 민족국가 이전의 시대라 현재 우리가 생각하는 식의 애국이냐 매국이냐 하는 구분이 작동하지 않는 전근대의 세계라는 점을 명심하자. 그에게 중요한 목표는 자신의 정치적 입지를 굳건히 하고 영지를 확대하는 것이었다. 그는 에노, 홀란트, 프리슬란트, 제일란트를 획득했고, 브라반트와 림뷔르흐, 안트베르펜 등을 상속받았으며, 다시 룩셈부르크를 구입했다. 그 결과 선량공은 여느 왕보다도 강력한 지위에 올랐다고 해도 과언이 아니다. 1435년 그는 자신을 '서구 대공Grand Duke of the West'이라 불렀는데, 이 거창한 이름은 완전히 허언이라고 할 수는 없다.

이 시기의 정치사에서는 결혼과 상속 같은 요소가 아주 중요한 역할을 했다. 국왕이나 귀족의 혼사는 연애결혼과는 거리가 먼 순도 100퍼센트의 정략결혼이었다. 선량공 역시 마찬가지였다. 그는 일찍이 여덟 살에 프랑스 국왕 샤를 6세의 딸 미셸과 약혼하고 1409년에 결혼식을 올렸다. 결혼을 통한 영토 상속이나 정치적 연합 등이 워낙 중요해서 후계자가 어린아이일 때 약혼을 하거나 아예 결혼을 시키는 일이 빈번했다. 그런데 미셸이 1424년에 죽자 필리프는 아르투아의 본이라는 귀족과 결혼했는데, 그녀 역시 1년 만에 사망했다. 1430년에 행해진 세 번째 결혼식 상대는 포르투갈의 공주 이사벨라였다. 이 결혼에서 그는 후계자인 담대공 샤를을 비롯한 세 아들을 얻었다. 이렇게 정식 결혼은 겨우 세 번밖에 못 했지만, 정부는 헤아릴 수 없이 많아서 기록에 이름을 올린 '공식' 정부만 24명에 달했고 여기에서 적어도 18명의 아이를 생산했다.

유럽 최고 수준의 문화를 뽐내다

사랑이 넘치는 이 공작은 또한 관대한 예술 후원자였다. 벨기에의 브뤼셀이나 브뤼주의 박물관에 가보면, 당시 부르고뉴 문화가 얼마나 풍성하고 화려했는지 알 수 있다. 필리프 3세가 지배하는 지역은 이탈리아와 더불어 유럽에서 상공업이 가장 발달한 지역으로, 새로운 부르주아 문화가 발달한 동시에 귀족적인 기사도 문화가 마지막으로 난만하게 피어난 곳이다.

　15세기 부르고뉴령에서는 기사도 문화의 황금기를 맞이했는데, 이를 잘 보여주는 것이 기사단이다. 그는 이름 높은 잉글랜드의 가터 기사단 가입을 거절했는데, 그 이유는 프랑스 국왕의 신하로서 적국의 기사단에 가입하는 것은 일종의 배신행위였기 때문이다. 실제 정치·군사적으로는 태연히 배신행위를 하면서도 의례 면에서는 기사의 의무를 다하는 장면을 연출하고 싶었던 것이다. 선량공 필리프 3세는 포르투갈의 공주 이사벨라와의 결혼식을 계기로 그 자신이 새로운 기사단을 만들어냈으니, 이것이 그 유명한 '황금양피 기사단'이다. 고대 그리스의 황금양피 신화에 이아손, 테세우스, 헤라클레스, 네스토르 등 수많은 영웅이 등장하듯 이 기사단에 바로 시대의 영웅들이 다 모여 있다는 의미이리라. 기사도 문화는 기실 전사로서 기사의 중요성이 사라져가던 중세 말 근대 초에 오히려 가장 화려하고 아름답게 꽃피었다. 선량공의 궁정은 여러 지역을 순회하며 화려한 의식과 축제를 벌였는데, 그때마다 황금양피 기사단이 선량공의 품위를 한껏 드높여주었다.

그의 궁정은 당대 유럽 최고 수준의 세련된 문화를 자랑했다. 그의 후원하에 회화(얀 반 에이크, 반 데어 웨이덴 등이 대표적이다), 음악, 금세공, 태피스트리, 보석 가공 등이 크게 발달했다. 그 가운데 특히 눈여겨볼 만한 것이 장식화 부문이다. 양피지로 만든 책이나 문서에 그려 넣은 정교한 그림들은 지극한 아름다움으로 사람들의 눈을 사로잡는다. 인쇄술의 발달이 근대 세계를 여는 데 핵심적인 역할을 했음은 물론이고, 거기에는 제지술의 발전이 동반되었다. 그러나 그로 인해 양피지에 수작업으로 정성스럽게 글씨와 그림을 새겨 넣은 보석 같은 작품들이 사라져간 것은 참으로 애석한 일이다. 그 문건들이 얼마나 아름다운지는 실물을 보지 않으면 이해할 수 없다. 선량공 필리프는 그런 양피지로 만든 문건의 수집자로서 자기 가문의 도서관에 약 600건의 컬렉션을 더했다고 한다.

다시 전투 모드로

선량공의 거의 반세기에 이르는 장기간의 치세(1419~1467)는 이처럼 문화의 난만한 발전을 이룬 시기였지만, 그렇다고 전적으로 '술과 여인, 노래'의 역사만은 아니었다. 특히 그의 삶 후반부와 그의 아들의 통치로 이어지는 시대는 피비린내 나는 현실 정치, 군사 갈등의 역사로 되돌아간다. 미리 말하자면 선량공 필리프와 그의 아들의 '성공'이 아니라 '패배'

황금양피 기사단의 상징인 목걸이. 가톨릭 신앙을 수호하고 기사도 관례를 지키는 것이
이 기사단의 목적으로 규정되어 있다. 선량공 필리프 3세가 초대 기사단장을 역임한 후
합스부르크 가문을 비롯하여 에스파냐와 오스트리아의 왕실 및 대귀족들이 명예로운
단장직을 역임했다. 현대에 들어와서는 종교적인 의미는 퇴색되고 세계의 왕실 멤버들
모임의 성격이 짙다. 20~21세기에 들어 대표적인 기사단원으로는 에스파냐 국왕(현재
단장), 스웨덴 국왕, 룩셈부르크 대공, 네덜란드 여왕, 불가리아 차르, 사우디아라비아 국
왕부터 일본 천황과 프랑스 대통령(사르코지) 등이 있다.

플랑드르에서 제작된 세밀화 가운데 대표작으로, '에노의 연대기를 선량공 필리프에게 바치는 장면'을 묘사한 그림(반 데어 웨이덴, 1447). 공작과 주변 인물들은 실로 '엣지 (edge) 있게' 옷을 입고 있다. 위아래 전체가 검은 옷은 당시 세련된 상류층의 전유물이었다. 몸에 꼭 끼는 상의(더블릿, doublet)는 어깨를 부풀리고 허리는 잘록하게 만들어 폼을 냈고, 넓은 모자에 끝이 뾰족하고 긴 구두를 신었다. 11세기부터 등장한 이 구두는 때로 앞부분이 너무 길어 전갈 꼬리 같다고 말할 정도였다. 프랑스 국왕 필리프 4세는 신발 길이를 신분에 맞게 규정하여 기사는 자기 발의 1.5배, 공작은 2.5배까지 허용했다.

가 근대국가 건설에서 핵심 요인이다. 만일 이 가문의 꿈이 실현되었다면, 앞에서 말한 것처럼 지금의 프랑스보다 영토가 작은 부르고뉴라는 이름의 국가가 유럽 중앙부에 들어서서 이후 유럽 역사는 전혀 다른 방향으로 흘러갔을 것이다. 그러나 실제 역사는 부르고뉴 가문의 라이벌인 프랑스 왕실이 여러 지방 세력을 누르고 중앙 권력을 강화해갔다. 이제 프랑스 왕실과 부르고뉴 가문을 함께 살펴보자.

왕세자 샤를이 몽트로 다리 위에서 라이벌인 용맹공 장을 암살한 사건을 앞서 이야기했다. 이후 프랑스 왕실은 최악의 상태에 빠졌다. 잉글랜드와 부르고뉴가 결탁하여 프랑스 북부의 광범한 지역을 정복했고, 파리도 이들의 수중에 들어가 있어 프랑스 왕실은 파리 남부의 부르주라는 도시에 피신해 있었다. 잉글랜드 왕실이 프랑스를 정복하고 프랑스 왕위까지 차지할 가능성이 없지 않았다.

그런데 1422년 우연히 참전국의 두 왕인 잉글랜드의 헨리 5세와 프랑스의 샤를 6세가 약간의 시차로 죽었다. 이해 8월 31일 헨리 5세는 파리 근교의 뱅센 성에서 중독성거대결장증이라는 병에 걸려 35세의 나이로 급사했고, 샤를 6세도 그 후 두 달이 채 안 지난 10월 21일에 사망했다. '잔 다르크' 편의 내용을 잠시 복습하면, 트루아 조약에 따라 잉글랜드의 헨리 6세는 자신이 프랑스-잉글랜드 통합 왕권을 가진다고 주장한 반면, 프랑스의 왕세자 샤를은 정신 줄 놓은 아버지 샤를 6세와 이 틈에 뭇 남성과 열애 중인 어머니(이자보 왕비)가 함께 '저 녀석은 우리 애가 아니야' 하고 출생의 비밀에 대해 떠들고 다니는 바람에 자신감을 상실한 상태였다. 이때 잔 다르크가 혜성같이 나타나 군사적으로 최악의 위기를 넘기고 국왕의 축성식을 거행케 한 것이다.

그 후 대세는 프랑스 쪽으로 기울었다. 변화무쌍한 책략의 대가인 선량공은 1435년에 잉글랜드에서 프랑스 왕실로 동맹을 바꿔 아라스 조약을 맺고 국왕에게 파리를 내주었다. 그는 샤를 7세를 프랑스 국왕으로 공식 인정하고 그 대신 샤를 7세는 용맹공 장의 암살자들을 처벌하기로 약속했다. 필리프는 프랑스 왕실과 다투기보다는 네덜란드 방면으로 영지를 확대하는 것이 더 긴급한 문제라고 판단했다.

백년전쟁은 프랑스에 유리하게 마무리되었다. 국왕이 정치력을 되찾고 군대를 정비하면서 그동안 내내 패배를 당했던 프랑스군이 도시를 하나하나 탈환해갔다. 잉글랜드군이 프랑스 서남부의 가스코뉴 지역을 상실한 후 이를 되찾기 위해 벌인 카스티용 전투(1453)가 사실상 백년전쟁의 마지막 전투였다. 잉글랜드는 이 전투에서 패배한 이후 대륙 내 영토를 소유하고 지배하겠다는 꿈을 사실상 접어야 했다.

부르고뉴, 끝내 좌절된 왕국의 꿈

 루브르 박물관에는 프랑스 화가 장 푸케가 그린 샤를 7세의 초상화가 있는데, 액자의 틀에는 'LE TRES VICTORIEUX ROY DE FRANCE'라는 글자가 새겨져 있다. '승리를 거둔 프랑스 국왕'이라는 뜻이다. 백년전쟁을 최종적으로 승리로 이끌었으니 그런 주장을 할 만하다. 그런데 전쟁보다 더 어려운 게 자식 문제인 모양이다. 백년전쟁 이후 샤를 7세의 후반부 삶은 아들과의 전쟁 그 자체였다.

샤를 7세의 아들, 곧 루이 11세는 프랑스의 국가권력을 확립한 절대주의의 아버지라고 불린다. 부르고뉴를 비롯한 많은 지방의 대귀족들을 누르고 중앙집권을 이루는 것이 당대 국왕의 소명이었을 텐데, 바로 그 목표를 루이 11세가 이루었으니 국가의 관점에서 보면 그는 훌륭한 왕이라 할 수 있다. 그러나 집안 문제로 돌아와보면 그는 훌륭한 인성과는 거리가 먼 인물이다. 그의 성격은 음흉하기 짝이 없었으며 무엇보다 음모

루이 11세의 초상. 작자 미상, 15세기. 프랑스의 국가권력을 확립한 절대주의의 아버지라 불리는 루이 11세는 사실 매우 음흉한 성격으로 '거미'라는 별명을 가졌다.

의 실타래를 엮는 일에 능했다. 왕권을 강화하는 데는 군사력이 필수이지만 그 못지않게 흉계 역시 매우 유용하다. 그런 면에서 루이 11세가 프랑스 역사상 최고수로 거론된다. 오죽하면 그의 별명이 '거미'였을까.

　그의 행실은 결코 아름답지 않다. 루이는 자신의 왕세자 지위에 걸맞은 권력을 달라는 요구를 부왕이 거부하자, 아버지의 일에 사사건건 훼방을 놓고 분란을 일으켰다. 급기야 아버지의 첩인 아네스 소렐에게 칼부림까지 해댔으니 이런 아들이 사랑스러울 리 없었다. 그러던 차에 뒤늦게 막내아들이 생기자 부왕은 아예 루이를 멀리 떨어진 변방인 도피네 지방으로 내쳐버렸다. 그 후 부왕이 아들에게 다시 파리로 돌아오라고 말했지만 루이는 끝내 돌아오지 않았고, 이후 부자는 살아생전 상종하지 않았다. 루이가 파리에 다시 나타난 것은 부왕의 사망으로 왕위를 물려받게 될 때였다.

　백년전쟁이 끝났지만, 왕실과 부르고뉴 가문의 라이벌 관계는 끝나지 않았고, 오히려 그때부터 정점을 향해 치달았다. 이 시기에 루이는 자기 아버지의 최대 정적인 부르고뉴 공작의 집에 의탁하여 이 가문의 계승자인 장래의 담대공 샤를과 어울려 놀았다. 아버지가 하지 말라는 일, 싫어할 만한 짓만 골라가며 하는 특이한 성격의 소유자였던 것이 분명하다. 한 세대 위인 국왕 샤를 7세와 부르고뉴 공작인 필리프 선량공이 대권을 놓고 권력 갈등을 벌이는 최대의 라이벌 관계였다는 점을 지금까지 살펴보았다. 그렇지만 그들의 아들들은 적어도 이 시기에는 친구로서 잘 지내고 있었다. 물론 이들 역시 각자 자기 아버지의 지위를 물려받은 다음에는 철천지원수가 되어 싸워야 하는 운명을 피할 수 없었지만 말이다. 부르고뉴의 관점으로 되돌아가 이야기를 이어가보자.

담대공 샤를, 왕이 되기를 욕망하다

선량공 필리프는 1467년에 브뤼주에서 사망했다. 그의 아들 담대공 샤를은 지금까지는 부르고뉴령의 한 조각에 불과한 샤롤레 지방의 이름을 따서 샤롤레 공작이라는 소박한 이름으로 불려왔다. 하지만 이제 '서구 대공'이라는 위엄에 찬 이름을 물려받았다. 그는 선친들이 이루고자 했던 위업, 즉 북쪽의 북해에서 남쪽의 쥐라 산맥에 이르고 서쪽의 솜 강에서 동쪽의 모젤 강에 이르는 거대한 영토를 '국가'로 승격시키고, 자신이 공작에 머무르는 게 아니라 왕이 되는 사업을 본격적으로 진행하고자 했다. 이미 여러 차례 보았고 앞으로도 수없이 반복될 일이지만, 당시 정치 문제에서는 결혼을 통해 영토를 확보하고 작위를 얻는 일이 매우 중요했다.

담대공 샤를은 1440년 일곱 살 때 프랑스 국왕 샤를 7세의 딸인 카트린과 결혼했다. 이는 아주 복잡한 정치적 계산에 따른 것이었다. 신부는 신랑보다 다섯 살 연상이었다. 그런데 1446년 그녀가 사망하는 바람에 담대공은 홀아비가 되었다. 13세에 홀아비가 되는 것이 지금은 흔치 않으나, 당시 왕실과 대귀족 가문 사이에는 심심찮게 일어났던 일이다. 8년 후인 1454년 그는 부르봉 가문의 이사벨라와 재혼했다. 이들 사이에서 마리라는 딸이 태어났다. 후일 모친 이사벨라가 일찍 죽고, 부친 담대공 샤를이 전사했을 때 이 가문에서 유일하게 살아남은 계승자인 마리는 부르고뉴·브라반트·로티에·헬더란트·림뷔르흐·룩셈부르크 공작부인, 플랑드르·아르투아·부르고뉴·에노·홀란트·제일란트·나뮈르·샤롤레·쥐트펜 백작부인이고, 프리슬란트·말린·살랭 영주부인이니 별칭이 아예 '부자la Riche'였다. 누가 이 여인과 결혼하여 그 막대한 재산을 소유하게 될 것인가가 15세기 말에서 16세기로 넘어가는 결정적 시기에 유럽 국제관계의 최대 쟁점으로 떠오른다. 유럽 중앙부의 노른자 땅들이 어디로 갈 것인가. 프랑스로 넘어갈 것인가, 독일로 갈 것인가, 아니면 잉글랜드로 갈 것인가. 그 결말에 이르기까지 우선 담대공 샤를의 피비린내 나는 인생역정을 살펴보자.

프랑스사의 운명을 건 공방전

앞에서 말했듯이, 왕세자 루이가 1456년 부왕과의 다툼 끝에 부르고뉴 가문에 와서 기숙한 적이 있다. 루이와 샤를 두 젊은이는 친척인 데다 알고 보면 매부 동서 사이니 이 시기에는 다정하게 잘 지냈다. 그러나 이들이 각각 프랑스 왕이 되고 부르고뉴 공이 된 이후에는 별 수 없이 '대권'을 놓고 치열하게 싸울 수밖에 없었다. 루이는 왕으로서 프랑스 영토를 확고하게 지키고 오만한 공작들을 내리눌러야 하는 사명을 띠고 있었고, 담대공 샤를은 4대째 내려오는 자기 가문의 목표, 즉 가문의 거대한 영토를 왕국으로 만드는 게 꿈이 아니었던가. 1461년 샤를 7세가 사망하고 장남인 루이가 왕위를 물려받기 위해 파리로 돌아감으로써 새로운 투쟁의 무대가 만들어졌다.

루이는 왕이 되자 곧 자신의 정치적 계획들을 실행해갔다. 여전히 강력한 힘을 보유한 부르고뉴와 브르타뉴, 그리고 이들에 동조하는 귀족 세력을 차례로 누르는 것이 그의 힘든 과제였다. 그는 우선 솜 강 연안의 여러 도시를 사들였는데, 이는 부르고뉴 영토를 잠식해가려는 큰 계획의 시작이었다. 이 지역을 차지하면 부르고뉴령이 둘로 나뉘기 때문이었다. 그러자 지금까지 친하게 지내던 두 사람이 본격적으로 전투 태세로 전환했다. 이 시기는 선량공 필리프가 아직 살아 있었지만 건강이 악화되어 아들 담대공 샤를에게 실권을 넘겨준 상태였다. 샤를은 자신과 마찬가지로 프랑스 국왕의 중앙집권 강화 정책에 반기를 든 여러 대귀족과 결탁하여 1465년 공익동맹Ligue du Bien Public의 결성을 주도했다. 이때의 '공익'이란 귀족들의 '사적 이익'의 다른 말이지만.

국왕 측과 공익동맹 간에 전투가 벌어져 내전 양상을 띠었다. 부르고뉴군과 브르타뉴군이 연합작전을 펴기 전에 선수를 치기 위해 국왕 측이 공격을 가했고, 반대로 공익동맹 측 군대가 한때 파리를 포위하기도 했지만, 곧 교착상태에 빠져 휴전조약을 맺었다. 이 갈등을 어떻게 종결시킬지 난감한 상황이 이어졌다. 이럴 때 루이의 탁월한 음모 능력이 빛을 발한다. 그는 귀족들의 요구를 다 들어주며 모든 것을 양보하는 듯한 모습을 보였다. 담대공 샤를에게 솜 강 연안의 영토를 돌려주었을 뿐 아니라, 마침 이때 샤를의 부인이 죽자 심지어 샹파뉴 지방을 결혼 지참금으로 하여 자기 딸을 세 번째 부인으로 맞으라고 권하기까지 했다(실제로 결혼이 이루어지지는 않았다). 이 모든 것은 자신에게 반대하는 동맹을 와해시키려는 술책이었다.

담대공 샤를은 그 나름대로 힘을 모으기 위해 지난 시절의 우방인 잉글랜드와 다시 동맹을 맺었고, 그 일환으로 1468년 7월 잉글랜드 국왕의 누이인 마가레트를 세 번째 아내로 맞아들였다(이 결혼에서는 후손이 생기지 않았다). 루이 11세 역시 한편으로는 샤를과 협상하면서 다른 한편으로는 여러 지역을 부추겨 부르고뉴를 상대로 봉기하도록 만들었고, 기회를 보아 솜 지역 도시들을 되찾아오는 등의 교묘한 전략을 폈다.

샤를의 최종 목표는 국왕이 되는 것인데, 공작을 왕으로 승격하는 권한은 황제에게만 있었다. 1473년 샤를은 신성로마제국 황제인 프리드리히 3세에게 자신을 왕으로 만들어달라고 부탁하여 승낙을 얻어내는 데 성공했다. 드디어 가문의 오랜 꿈이 이루어지는가 싶었다. 세기의 의식을 치르는 날짜를 잡고 트리어 시에 휘장을 치는 등 준비를 다 마쳤다. 그런데 황제는 샤를의 고압적인 태도에 실망했는지 혹은 다른 어떤 남모를 이유가 있었는지 그를 '부르고뉴 왕국'의 국왕으로 승격하는 의식을 치러주지 않고 밤에 도망가버리는 코미디를 연출했다.

로렌을 둘러싼 힘겨루기

샤를의 영토들이 알짜배기 땅인 것은 분명하지만, 문제는 그 영토들이 분산되어 있다는 것이었다. 그로서는 어떻게든 자신이 소유하고 있는 땅 조각들을 연결하여 통합된 한 단위의 영토를 구성하는 게 중요했다. 그는 우선 알자스 변경백의 영지인 페레트 주와 오스트리아 공 지기스문트로부터 일부 도시를 구입하고, 헬더란트를 확보하는 식으로 땅 모으기를 시도했다. 결정적인 과제는 로렌 지방을 차지하는 일이었다. 그의 영토는 위로 플랑드르와 네덜란드가 있고 아래로 부르고뉴 공작령과 부르고뉴 백작령이 있는데, 그 사이에 로렌 지방이 박혀 있는 상태였다. 어떻게든 이 땅을 차지해야 국가 건설 계획이 성공하는 것이다. 반대로 이야기하면, 프랑스 국왕으로서는 로렌이 부르고뉴 세력에 넘어가지 않고 계속 알박기 상태로 남아 있어야 한다. 누가 이곳을 차지하는가?

로렌 지방은 중세 말 근대 초부터 늘 유럽 내 핵심 전략 지역이었다. 유럽의 주요 세력들이 그 주위에 포진해 있고 각국의 군대가 이동할 때 이 지역을 통과해야 하기 때문이다. 그 결과 로렌(그리고 여기에 더해 알자스까지)은 프랑스와 독일 사이에 지배권이 왔다 갔다 했고, 그럴 때마다 양국 간에 적개심이 불붙었다. 알자스-로렌 지역의 주요 도시인 스트라스부르와 메스는 양국의 극렬한 민족감정이 폭발하는 곳이었다. 제1차

담대공 샤를 치세 당시 부르고뉴 영토(1465~1477). 영지들이 길게 이어져 있다.
로렌 공작령의 확보 여부에 따라 전체 영토가 연결되거나 둘로 양분되었다.

세계대전이 터졌을 때 프랑스군 지휘부가 가장 먼저 한 일은 수천 명의 군인에게 알자스-로렌 지역에 대한 자살에 가까운 공격을 하도록 명령한 일이었다. 담대공 샤를이 미쳤다고 할 정도의 담대한 공격을 하다 전사한 이래, 로렌에서는 500년 동안 걸핏하면 이런 일들이 벌어졌다.

샤를은 로렌 공작 르네와 싸워 힘으로 이 땅을 차지하려 했다. 그러나 이 마지막 과제에서 그는 처절한 실패를 맛보았다. 사실 애초부터 그의 계획이 쉬운 일은 아니었다. 무엇보다 흉계의 대가인 루이 11세가 샤를과 적대 관계에 있는 세력들을 규합하여 그와 싸우도록 만들었기 때문이다. 루이는 우선 잉글랜드 국왕과 피키니 조약을 맺어 잉글랜드와 부르고뉴의 동맹 관계를 끊어놓았고, 로렌 공작 르네가 샤를을 공격하게 만들었으며, 스위스·오스트리아·라인 강 연안 도시들이 모두 그와 전쟁을 벌이도록 조치해놓았다.

담대공 샤를의 비참한 최후

샤를로서는 무력으로 정면 돌파할 수밖에 없었다. 이때 부르고뉴 가문의 오랜 꿈을 결정적으로 산산조각 낸 것은 스위스군이었다. 총포가 발전하기 이전, 유럽 최강의 군대는 스위스군이었다. 이들은 산골에서 자라나 체력이 좋고 용맹무쌍한 데다 충성도가 높기로 유명했다. 이들이 개발한 무기로는 할베르트halberd가 있는데, 긴 장대 끝에 도끼와 창, 갈고리를 붙인 것이라고 보면 된다. 창으로 찌르고 도끼를 휘두르는 공격이 모두 가능한 이 무기는 특히 산지에서 유용하게 쓰였다. 평지에서는 이보

할베르트를 들고 있는 교황청 호위병. 교황청에서는 지금도 스위스인을 고용한다. 이들의 제복은 20세기 들어 만들어졌지만 미켈란젤로가 디자인한 것이라고 한다. 교황청 호위병이 되려면 19~30세의 (숫)총각이고 스위스 군대에서 훈련받은 자로서 가톨릭 신자여야 한다.

다 더 긴 창을 쓰는 것이 유리했다. 스위스군은 사각형 대형을 이루고 창을 말 가슴 높이로 향하고 버티고 있으면 기병의 공격을 무력화할 수 있었다. 아무리 훈련이 잘 된 말이라 해도 뾰족한 창끝을 향해 달려가는 게 쉽지 않기 때문이다. 이렇게 단단히 버티다가 혼전이 벌어지면 뒤쪽에 있던 할베르트를 든 병사들이 뛰쳐나와 적군의 두개골을 향해 도끼질을 해댔다.

　스위스인들은 자신들의 강력한 군대를 전 유럽에 용병으로 판매했다. 한때는 누가 스위스군을 차지하느냐가 전투의 승패를 가르는 요인이 되기도 했다. 용병으로 팔려가 죽음의 전투를 벌이며 돈을 버는 행위가 비도덕적으로 보였던지, 토머스 모어는《유토피아》에서 이들을 많은 돈을 벌기 위해 용병이 되지만 전쟁터로 내몰려 죽게 되면 돈을 찾으러 오지도 못하는 사람들이라고 야박하게 묘사하기도 했다. 프랑스와 로렌 측이 바로 이 스위스군을 동원하여 부르고뉴 가문의 오랜 꿈을 좌절시킨 것이다.

샤를은 1475년 한때 로렌 공작령의 수도인 낭시Nancy를 얻었지만 다음 해에 스위스로 진군했다가 스위스군에 연이어 패배했다. 우선 그랑송에서 패배하여 대포와 거대한 재산(그중에는 은으로 만든 욕조도 포함되어 있다)을 버리고 도주했다. 다시 3만 명의 군대를 이끌고 뮈르텐(모라)을 공격했으나, 로렌의 기병과 스위스 보병에게 또 패배했다. 이때는 약 1만 명이 도주하다 호수로 밀려 그곳에 빠져 죽거나 헤엄쳐서 건너편으로 가려다 총에 맞아 죽었다. 그해 10월에는 낭시를 다시 잃었다. 4대 선친부터 꿈꿔왔고 샤를 자신으로서도 필생의 과업인 영토 통합을 완수하기 위해서는 어떻게든 낭시를 차지해야만 했기에 겨울 혹한에도 불구하고 무리하게 강행군하여 낭시로 공격해 들어갔다. 이것이 마침내 파국을 몰고 왔다. 1477년 1월 5일 낭시 전투에서 패배했고 그는 목숨을 잃었다. 샤를의 시신은 며칠 뒤에 얼어붙은 강에서 발견되었는데, 그의 머리는 할베르트에 의해 둘로 갈라졌고 배와 사타구니는 창이 꽂혀 있는 데다가 얼굴은 동물들에게 뜯어먹혀서 처참한 상태였다. 그의 시신은 적장인 로렌 공작 르네가 수습하여 낭시 성당에 안치되었고, 나중에 그의 증손자인 황제 카를 5세가 브뤼주에 있는 노트르담 성당으로 옮겨 그의 딸 마리 옆에 안장되었다. 독립 왕국을 건설하려던 부르고뉴 가문의 4대에 걸친 야심은 이로서 종말을 고했다.

한편, 세 번의 전투에서 부르고뉴군에 연전연승한 사실이 너무나도 자랑스러웠던지 스위스에서는 이 일을 노래로 만들어 전한다.

> 담대공 샤를은
> 그랑송에서 재물을 잃고
> 뮈르텐에서 용기를 잃고
> 낭시에서 목숨을 잃었다네.

이 막대한 유산의 상속자는 누구인가

남은 문제는 이 알짜배기 땅들이 누구의 수중에 들어가느냐 하는 것이다. 담대공 샤를의 유일한 후손인 19세 된 딸 마리가 누구와 결혼하느냐가 당시 유럽 정치사의 최대 관심사였다. 이야말로 세기의 결혼이라 할 만하다. 가장 유력한 측은 프랑스 왕 루이 11세와 신성로마제국 황제 프리드리히 3세였다. 이들은 모두 미혼의 장남이 있어 마리를 며느리로 맞이하고 싶어 했다. 이때 루이 11세는 선수를 친답시고 군사를 동원하여 공격했는데, 힘으로 밀어붙이려 하다 보니 혼인 협상이 어려워졌고 그 결과 황제가 자신의 아들 막시밀리안을 그녀와 결혼시킬 수 있었다. 매사에 능수능란했던 루이가 중요한 때에 그토록 어리숙하게 일처리를 한 것은 정말로 의외였다. 루이는 그의 오랜 참모인 필리프 드 코민에게 이 결혼을 성사시키지 못한 것이 자신의 최대 실수라고 한탄했다.

담대공 샤를의 유일한 후손으로 막대한
유산을 상속 받은 부르고뉴의 마리. 미하
엘 파허, 1490년경. 그녀의 특이한 원통
형 머리는 당시 상류층 여성들 사이에서
인기가 높았다.

마리와 막시밀리안의 결혼으로 옛 부르고뉴령의 많은 부분이 신성로
마제국으로 넘어갔다. 오늘날의 벨기에, 네덜란드, 룩셈부르크, 알자스,
로렌, 프랑슈콩테, 플랑드르 등이 문제의 땅이다. 그렇지만 장기적으로
보면 이 땅들의 역사는 개별적으로 전개되어간다. 네덜란드가 합스부르
크의 지배로부터 독립한 것이 대표적이다. 나머지 땅들은 16세기의 종
교전쟁에서부터 루이 14세의 전쟁을 거쳐 제2차 세계대전에 이르기까지
프랑스와 독일 간, 때로 프랑스와 에스파냐 간 영토분쟁의 대상이었으
며, 그 과정에서 수없이 많은 피를 뿌리게 되는 곳들이다.

유럽 최고의 신붓감인 '부자' 마리가 후일의 황제 막시밀리안과 결혼하여 그 사이에서 필리프가 태어났다. 똑같은 이름이 많다 보니 구분을 위해 또 다른 별칭이 필요하다. 이 필리프는 생긴 게 훤칠하여 별칭이 미남공이 되었다. 그는 별칭이 광녀인 카스티야 공주 후아나와 결혼해 후일 카를 5세가 되는 아들을 낳는다. 카를 5세는 합스부르크 가문 소유의 땅과 신성로마제국의 영토, 에스파냐 및 아메리카 식민지, 여기에 옛 부르고뉴 영토까지 모두 물려받아 유럽 제국, 더 나아가서 세계 제국을 꿈꾸게 된다. 다른 한편에서는 부르고뉴 가문의 야심을 좌절시킨 프랑스 왕실은 왕권을 강화하고 강력한 중앙집권국가를 건설한다. 신성로마제국과 프랑스라는 두 세력의 충돌이 오랫동안 근대 유럽 국제관계의 가장 중요한 축이라 할 수 있다.

부유하고 교양 있고 용맹하기 그지없던 부르고뉴 가문은 꿈처럼 역사의 뒤안길로 사라져갔다.

3장

카를 5세,
세계 제국을 꿈꾸다

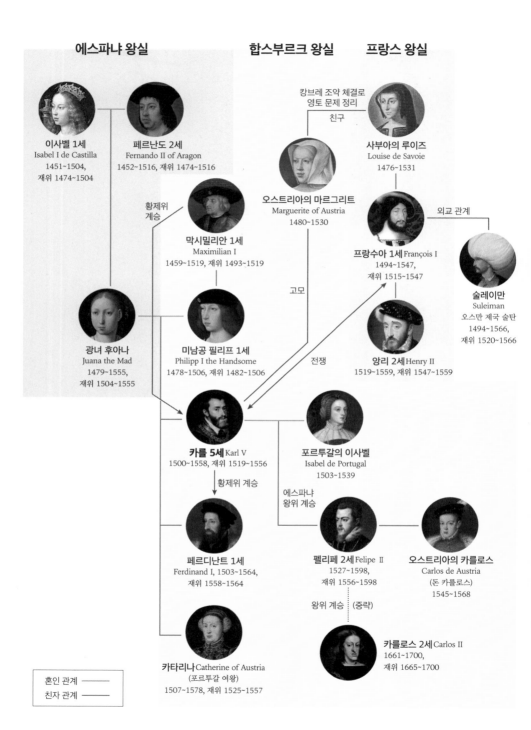

에스파냐 왕실 **합스부르크 왕실** **프랑스 왕실**

이사벨 1세
Isabel I de Castilla
1451~1504,
재위 1474~1504

페르난도 2세
Fernando II of Aragon
1452~1516, 재위 1474~1516

캄브레 조약 체결로
영토 문제 정리
친구

사부아의 루이즈
Louise de Savoie
1476~1531

오스트리아의 마르그리트
Marguerite of Austria
1480~1530

황제위
계승

막시밀리안 1세
Maximilian I
1459~1519, 재위 1493~1519

프랑수아 1세 François I
1494~1547,
재위 1515~1547

외교 관계

술레이만
Suleiman
오스만 제국 술탄
1494~1566,
재위 1520~1566

고모

광녀 후아나
Juana the Mad
1479~1555,
재위 1504~1555

미남공 필리프 1세
Philipp I the Handsome
1478~1506, 재위 1482~1506

전쟁

앙리 2세 Henry II
1519~1559, 재위 1547~1559

카를 5세 Karl V
1500~1558, 재위 1519~1556

포르투갈의 이사벨
Isabel de Portugal
1503~1539

황제위 계승

에스파냐
왕위 계승

페르디난트 1세
Ferdinand I, 1503~1564,
재위 1558~1564

펠리페 2세 Felipe II
1527~1598,
재위 1556~1598

오스트리아의 카를로스
Carlos de Austria
(돈 카를로스)
1545~1568

왕위 계승 (중략)

카타리나 Catherine of Austria
(포르투갈 여왕)
1507~1578, 재위 1525~1557

카를로스 2세 Carlos II
1661~1700,
재위 1665~1700

혼인 관계 ─────
친자 관계 ─────

광녀의 아들, 제국의 상속자

1

중국사와 유럽사의 기본적인 차이는 무엇일까? 제국의 유무라 할 수 있다. 중국에서는 진시황 이후 줄곧 제국의 역사가 이어진 반면 유럽 대륙은 로마제국이 몰락한 뒤 여러 국가로 나뉘어 서로 경쟁하는 흐름을 보였다. 유럽이 다시 하나의 문명, 하나의 종교, 하나의 제국으로 통합되어야 한다는 소망이 제기되곤 했지만, 언제나 꿈에 그쳤다. 다만 유럽 안에 '제국 비슷한' 것이 있었으니, 신성로마제국Holy Roman Empire이 그것이다. 대체로 오늘날 독일과 오스트리아를 중심으로 중동부 유럽의 광대한 지역을 제국령으로 했지만, 그 넓은 땅을 황제가 실질적으로 지배했던 것은 아니고, 그 내부에 대·중·소 규모로 다양한 여러 정치체가 복잡하게 혼재해 있었다. 볼테르의 표현대로 신성하지도 않고 로마와도 무관하고 제국도 아닌 상태였던 것이다. 합스부르크 왕실의 지배력이 직접 미치는 곳은 그야말로 자기 가문 소유 영토에 불과하고 나머지는 명분상의 지배권에 가까웠다.

명분이란 그림자 같은 것. 그렇지만 때로는 그림자가 실체를 움직이기도 한다. 유럽 전체를 하나의 제국으로 통일하고, 더 나아가서 전 세계를 통합하는 대제국 건설을 꿈꾸던 때가 있었다. 16세기 전반 에스파냐 국왕에서 출발하여 신성로마제국 황제에 오른 카를 5세가 그 주인공이다. 결론부터 말하자면 유럽 근대사는 그 같은 원대한 꿈을 실현하지 못하고 산산조각 남으로써 본격적으로 시작되었다.

미남과 광녀의 아들

우선 주인공의 이름부터 정리하고 넘어가자. 그의 이름은 영어로는 찰스, 에스파냐어로는 카를로스, 독일어로는 카를, 프랑스어로는 샤를, 네덜란드어로는 카렐이라고 부르지만, 여기서는 혼란을 피하기 위해 일관되게 '카를'이라 칭하고자 한다. 카를은 1500년 2월 24일 오늘날 벨기에의 도시인 강에서 태어났다. 그의 아버지는 필리프 막시밀리안으로 별칭은 '미남공the Fair'이고, 어머니는 카스티야의 후아나로 별칭은 '광녀the Mad'이다. 이 미남과 광녀의 결합은 유럽 역사에 심대한 영향을 끼친 세기의 결혼이지만 그 자체로는 비극적이다.

중세에 이베리아 반도에는 카스티야, 아라곤, 카탈루냐 같은 소왕국들이 형성되었다가 이 나라들이 연합하여 에스파냐가 탄생한다(포르투갈은 일찍이 별도의 왕국으로 성립되었다). 결정적 계기는 아라곤 국왕 페르난도와 카스티야 여왕 이사벨의 결혼이었다. 어렵사리 통합 국가를 이루었지만 곧 계승 문제가 제기되었다.

카를 5세의 아버지 미남공 필리프(왼쪽)와 어머니 후아나(오른쪽).
두 사람의 결혼은 유럽 역사에 큰 영향을 끼친 세기의 결혼이었다.
〈브뤼셀 성 정원의 필리프와 광녀 후아나〉, 산 호세, 1506년경.

이 부부 사이에 일곱 명의 아이가 태어났으나 그중 일부는 유아기에 사망하고, 일부는 결혼 후 후손을 보지 못한 채 일찍 죽거나 후손을 보더라도 곧 죽는 사태가 일어났다. 그 결과 유일한 왕위 계승자는 딸 후아나뿐이었다. 카스티야와 아라곤 등의 왕위들, 혹은 차후 그것들이 통합된 에스파냐 왕위가 후아나에게 돌아가게 된 것이다. 그런데 일찍부터 그녀의 정신 상태가 불안정한 징조를 보였다. 그렇다면 결국 사위가 왕위를 차지한다는 말인데, 이를 어쩐단 말인가. 죽 쒀서 개 주듯 페르난도와 이사벨이 평생 기울인 노력의 결과를 사위가 다 차지하는 것은 생각할수록 가슴이 아팠을 것이다. 그 사위가 바로 합스부르크 가문의 필리프이다.

1500년에 장남 카를을 낳은 후 후아나는 신경증과 기절 등의 증세를 보였다. 그중 하나가 남편에 대한 한도 끝도 없는 애정이었다. 아내가 남편을 사랑하는 것이야 좋은 일이지만 필리프에 대한 후아나의 사랑은 아름답다기보다는 끔찍한 집착에 가까웠다. 에스파냐 통치는 물론이고 심지어 자기 아들에게도 전혀 관심이 없었다. 오직 잘생긴 남편에 대한 끈질긴 애정공세만 계속했다.

네덜란드 지방에 머물던 필리프와 후아나 부부는 1501년 에스파냐를 방문했다. 이때 어린 아들 카를을 네덜란드에 남겨놓고 온 것만 보아도 후아나가 아들에게 관심이 없었다는 것을 알 수 있다. 카를은 네덜란드에서 자라고 그곳의 문화 속에서 성장했으며, 언어도 프랑스어와 네덜란드어를 쓰고 독일어와 라틴어도 배웠지만 에스파냐어는 전혀 못했다.

당시 기록에 의하면 이사벨 여왕은 딸과 사위에 대한 걱정으로 폭삭 늙었다고 한다. 딸은 매우 불안정한 증세를 보였다. 암만해도 왕위가 사위에게 넘어가는 게 분명했다. 사실 필리프도 에스파냐가 영 맘에 들지 않았다. 그가 보기에 에스파냐 문화는 너무 칙칙하고 풍경도 황량했다. 에스파냐 각 지역의 코르테스(의회)는 후아나를 계승자로 인정하고 의식을 집전했지만 필리프는 들러리 취급을 하며 거들떠보지도 않았다. 잠깐의 방문 후 필리프가 본국으로 떠나고 후아나는 에스파냐에 남았는데, 여기에서 둘째 아들 페르디난트를 낳았다. 국왕 부부로서는 멀리 네덜란드에 있는 장손 카를보다는 당장 자기 눈앞에 보이는 둘째 손자가 더 예쁠 수밖에 없다. 이 아이는 에스파냐에서 태어나서 에스파냐 아이로 자라나고 있지 않은가.

남편이 살아나기를 손꼽아 기다린 카를의 어머니

1504년 후아나는 이번에는 둘째 아들 페르디난트를 에스파냐에 남겨두고 브뤼셀로 가서 남편을 만났다. 이제 그녀의 광기는 본격적으로 폭발했다. 남편과 어느 궁정 여인의 관계를 의심해서, 자기가 없는 동안 무슨 일이 있었냐고 따졌다. 남녀 관계에서 그런 의심이야 다반사라고 해도 그 정도가 심했다. 그 여인의 머리를 밀어버리고 할퀴고 물고 급기야 가위로 찔러대는 것을 보고 남편은 공포심을 느끼지 않을 수 없었다. 더구나 후아나가 에스파냐에서 데리고 온 모리스코 노예들의 얼굴을 도려내는 걸 본 필리프는 질겁하고 그녀를 방에 가두었다. 그러자 그녀는 식음을 전폐한 채 밤새 막대기로 바닥을 두드리거나 어두운 방에 꼼짝 않고 웅크리고 앉아 웅얼웅얼 노래를 불렀다. 다행인지 불행인지 그녀는 아들에게는 관심이 전혀 없어서 카를은 어머니에게서 떨어져 다른 사람들의 손에서 자랐다. 모친의 그런 모습을 보지 않는 것이 차라리 낫겠다고 생각한 게 틀림없다. 필리프와 후아나는 그런 와중에도 1505년 셋째 딸 마리, 1507년 넷째 딸 카타리나를 낳았다.

1504년 11월, 카스티야 여왕 이사벨이 사망했다. 이제 후아나가 어머니의 뒤를 이어 카스티야의 왕위를 물려받았으나, 물론 통치 능력이 전혀 없었으므로, 아버지 페르난도가 섭정 자격으로 카스티야를 통치했다. 그는 카스티야의 왕위를 사랑하는 둘째 손자 페르디난트에게 물려주고 싶어 하는 게 분명했다. 이를 감지한 필리프가 그런 사태를 막으려고 1506년 후아나와 함께 에스파냐로 찾아갔는데, 여기에서 이상한 사건이 벌어졌다. 그는 부르고스에 머물던 중 카드놀이를 한 후 물 한 잔을 마셨는데 다음날 고열과 심한 구토 증세를 보였다. 필리프는 그렇게 엿새를 앓다가 울부짖는 후아나의 품에서 죽었다. 당시 카스티야 궁정에서는 부검을 하지 않고 바로 방부 처리를 한 채 내장을 끄집어낸 뒤 매장하기로 결정했다. 이 모든 것이 독살설을 퍼뜨렸다. 특히 그를 탐탁지 않게 여기던 장인 페르난도가 의심의 대상이었다. 그러나 오늘날 역사가들은 독살설을 부인하고 있으며, 필리프가 티푸스로 죽었으리라고 추측한다.

후아나는 남편의 관에서 떨어지려 하지 않았다. 그리고 부르고스는 장지로 맞지 않으며, 그라나다의 왕실 지하 묘에 묻어야 한다고 고집을 부렸다. 에스파냐 지도를 보면 알겠지만, 부르고스는 에스파냐 가장 북쪽에 위치해 있고 그라나다는 가장 남쪽에 있는데, 당시 교통 상황에서 시체를 끌고 그라나다까지 간다는 것은 말이 되지 않았다. 게다가 필리프는 에스파냐 왕도 아니니 왕실 지하 묘에 묻힌다는 것은 격에 맞지 않는다고 주변에서 말렸다. 그러나 후아나의 고집을 꺾을 수 없었다. 이듬해

1월, 후아나는 기어이 관을 끌고 어린 아들과 함께 그라나다까지 먼 길을 여행했다. 과부는 영혼의 빛을 잃어 낮에 움직이면 안 된다며 밤에만 이동했다. 그리고 어떤 여자든 관 가까이 오지 못하게 막았다. 당시 그녀는 임신 중이었는데, 이 여행 중에 막내딸 카타리나를 낳았다. 장례식 후에는 끊임없이 기도만 했다.

이런 상황에서도 국제정치의 논리는 냉혹하게 돌아갔다. 잉글랜드에서 그녀에게 재혼을 요청한 것이다. 물론 그 의도는 에스파냐를 먹겠다는 것이다. 후아나는 청혼을 거절했는데, 옛날 한 기사가 땅에 묻힌 지 14년 만에 살아 돌아왔다는 어느 수사의 말을 듣고 자기 남편도 언젠가 부활하여 돌아올 거라고 믿었기 때문이다. 그 후 그녀는 토르데시야스의 산타클라라 수녀원에 평생 유폐되었다. 노예의 얼굴을 도려내는 잔인한 짓은 더 이상 하지 않았지만, 씻지도 않고 옷도 안 갈아입고, 그릇을 바닥에 놓고 밥을 먹었다. 빛을 막기 위해 검은 천으로 얼굴을 가린 채 움직이지도 말을 하지도 않고 왼종일을 보냈다. 참으로 애달픈 일이라 하지 않을 수 없다.

카를, 에스파냐의 지배자가 되다

카를은 부모에게서 엄청난 유산을 물려받았다. 친할아버지가 황제이니 합스부르크 왕실이 소유한 중동부 유럽의 광대한 영토를 물려받게 되고, 친할머니는 부르고뉴 가문의 유일한 상속자(부르고뉴의 마리)여서 유럽 중심부의 알짜배기 땅들을 받게 된다. 외가 쪽으로는 앞서 말했듯이 에스파냐의 페르난도 2세와 이사벨 1세가 외조부모이므로 카스티야와 아라곤, 그리고 광대한 아메리카 식민지를 물려받는다. 이 모든 유산이 한 인물의 수중에 들어오게 된 것이다.

카를은 광기에 싸인 어머니의 손에서 벗어나 고모인 오스트리아의 마르그리트에게 맡겨져 루뱅에서 자랐다. 1515년 카를이 15세가 되자 브뤼셀 신분의회는 그가 성인임을 선포했다. 성년 선포를 했으니 이제 카스티야 왕위를 공식적으로 인계받을 수 있었다. 하지만 섭정을 맡고 있는 페르난도는 아직 손주에게 왕위를 물려줄 생각이 없어, 카를이 25세가 될 때까지 기다리라는 소식을 전했다.

사람의 운명은 한 치 앞을 모르는 법. 10년 후를 이야기하던 외할아버지 페르난도가 이듬해인 1516년에 사망하자 카를은 카스티야뿐 아니라 아라곤까지 물려받게 되었다. 사실 법적으로 보면 어머니 후아나가 엄연히 살아 있으므로, 그녀가 광기로 인해 직접 통치를 하지 못한다면 누군가 대리 통치를 할 수는 있어도 왕위를 아들에게 넘길 수는 없었다. 이 문제를 해결하기 위해 꼼수를 썼다. 1516년 3월 13일, 브뤼셀의 생트 귀딜Sainte-Gudule 성당에서 카를은 어머니 후아나와 함께 카스티야와 아라곤의 '공동 왕'으로 선포되었다. 말이 공동 왕이지, 실제로는 수도원에 유폐된 어머니는 배제하고 아들 혼자 왕권을 행사하는 것이었다.

이듬해인 1517년 9월 카를은 처음으로 에스파냐에 갔다. 에스파냐는 통합 왕국으로 발전하고 있었다고 하지만 각 지역은 여전히 지역 정체성이 강했다. 이들의 복종을 얻으려면 일일이 찾아가서 의회의 충성 맹세 의식을 치러야 했다. 문제는 당시의 열악한 교통 사정이었다. 국왕이 탄 배는 폭풍우 때문에 원래의 목적지였던 라레도가 아니라 아스투리아 해안에 상륙했다. 이곳 주민들은 해적의 침입으로 착각하여 무장하고 달려 왔다가 왕의 행차라는 걸 알고는 기쁨에 겨워 소리를 질러댔다. 카를이 자신의 신민으로 처음 접한 에스파냐 농민들은 네덜란드의 고상한 문화적 기준에서 보면 꽤나 야만적이었다. 국왕을 만날 기회라고는 영영 없을 것 같은 이 변두리 지방에 실제 국왕이 등장하자 주민들은 곧 소와 양을 잡아서 대접하고 황소 달리기 대회를 열어 열렬히 환영했다.

의회의 충성 맹세를 받다

이제 국왕 일행은 바야돌리드 방향으로 길을 떠났는데 도로 사정이 안 좋아 아주 느릿느릿 이동했고, 혹시 무슨 일이 일어날지 몰라 대도시를 우회했다. 또한 여행 중에 침대를 사용하지 않는 지역도 있던 터라 왕을 비롯한 모든 사람이 헛간의 짚 위에서 자야 하는 일도 있었다.

카를은 중간에 토르데시야스에 들러 어머니를 만나기로 했다. 오래 못 뵌 어머니께 문안인사를 드리는 의미도 있지만, 사실 확인해 둘 사안이 있었기 때문이다. 에스파냐에 남아 자신보다 더 총애를 받고 있던 동생 페르디난트가 혹시 어머니와 모종의 합의를 해서 에스파냐 왕위를 차지하려는 것은 아닌지 의심이 들었던 것이다. 다행히 그런 낌새는 없었다. 어쨌든 어머니로부터 왕권을 양위한다는 내용의 문건에 서명을 받고자 했다.

수녀원에 유폐된 어머니는 한심한 상태였다. 오랜만에 이루어진 모자 상봉은 애처롭기 짝이 없었다. 카를이 프랑스어로 말을 건넸다.

16세에 어머니 후아나와 함께 카스티야와 아라곤의 공동 왕으로 선포된 카를 5세. 베르나르 반 오를레이, 1516년경.

"건강하신 걸 보니 저희들은 행복합니다."

어머니는 한참 말이 없더니, 불현듯 답했다.

"오, 네가 정말 내 아들이냐? 그동안 참 많이 컸구나. 오래 여행하느라 피곤할 테니 가서 쉬려무나."

오랜만에 보는 아들에게 한 말이 이게 전부다. 이제 아들이 원하는 것은 어머니의 서명이다. 카를이 정식 국왕이 되어 단독 통치하는 것을 인정한다는 내용이 적힌 문서에 서명을 받아야 한다. 그런데 여태 누구도 여왕의 서명을 받은 적이 없고, 사실을 말하자면 10년 전부터 여왕은 펜을 잡아본 적이 없다. 하지만 생각이 있는 것인지 없는 것인지 이때 후아

훗날 포르투갈 국왕의 왕비가 되
는 필리프와 후아나의 막내 딸 카
타리나. 그녀는 결혼 전까지 수녀원
에 유폐된 어머니와 함께 지냈다.
안토니스 모르, 1552년경.

나는 아들이 내민 문서에 바로 서명했고, 이제 카를은 단독으로 왕권을
행사하게 되었다.

주변을 둘러보니 카를의 막내 여동생 카타리나가 있었는데, 미친 엄
마가 머무르는 방 바로 옆방에서 함께 기거하느라 상태가 말이 아니었
다. 카타리나는 후아나가 필리프의 장례식을 치르러 여행하던 도중에 낳
은 바로 그 딸이었다. 열 살 먹은 공주는 머리를 땋고 농민 옷을 입고 있
어서 그냥 시골 계집애 같았다. 공주의 방은 따로 문이 없어 반드시 후아
나의 방을 거쳐야만 들어갈 수 있어 공주를 빼돌릴 방도가 없었다. 할 수
없이 벽에 구멍을 뚫어 공주를 빼돌렸지만, 다음 날 후아나가 이를 알고

패닉 상태에 빠졌다. 그래서 결국 공주를 도로 돌려보내되 왕족답게 제대로 살도록 배려하는 수밖에 없었다. 카타리나가 이 감옥에서 벗어난 것은 결혼할 때가 되어서였는데, 그때도 후아나는 소란을 피웠고 죽을 때까지 고통스러워했다.

이제 카를은 바야돌리드에 도착하여 멋진 입성식을 하고 자신이 국왕임을 선포했다. 그리고 차례로 1518년 2월에 카스티야, 1519년 2월에 카탈루냐, 그해 5월에 아라곤의 코르테스로부터 충성 맹세를 받았다. 아라곤 의회의 충성 맹세를 보면 이들의 자긍심과 지역의 독립성이 얼마나 강한지 알 수 있다.

> 당신과 다를 바 없이 진실한 우리는, 우리보다 우월하지 않은 당신이 우리의 푸에로스fueros(특권과 자유)를 지킨다고 하면 당신을 우리의 국왕으로 받아들이기로 맹세하지만, 만일 당신이 그렇게 하지 않으면 우리도 맹세하지 않겠노라.

이건 충성 맹세가 아니라 '불충성 맹세'처럼 보인다.

'해가 지지 않는 제국'을 향하여

 카를이 에스파냐 왕권을 장악하는 일은 무난히 마무리되었다. 그의 유산 상속은 이제 다음 단계로 넘어간다. 1519년 1월 12일, 친할아버지 막시밀리안이 사망하자 합스부르크 가문의 유산이 카를에게로 넘어오게 되었고, 그는 동시에 강력한 황제 후보가 되었다. 신성로마제국 황제는 법률적으로 선출제였다. 다만 1438년 이후에는 예외 없이 합스부르크 가문의 후보자에게 황제위가 돌아갔으므로 카를이 황제가 되는 것이 순리였다. 그렇지만 원칙적으로 황제는 선제후選帝侯(황제를 선출할 수 있는 투표권을 가진 7명의 제후)의 선거로 결정되기 때문에 이론상으로는 전혀 엉뚱한 인물이 선출될 가능성도 배제할 수 없었다.

카를 외에도 작센의 현명공 프리드리히, 잉글랜드 국왕 헨리 8세, 프랑스 국왕 프랑수아 1세 등 3명의 후보가 더 나섰다. 일찌감치 헨리 8세가 기권하고, 현명공 프리드리히 역시 현명하게 자리를 떴지만 프랑수아

1세는 강력한 도전자로 남았다. 24세의 혈기왕성한 프랑스 왕은 당시 마리냐노 전투의 승리로 힘이 잔뜩 들어가 있었고, 이참에 황제 자리에 대한 욕심을 드러냈다. 에스파냐 국왕이 동시에 황제로 등극하면 프랑스가 동서 양편으로 포위당하므로 이를 사전에 막으려는 의도도 있었을 터이다. 이러저러한 이유로 이번 선거는 꽤나 가슴 졸이는 선거가 될 것 같았지만, 역시나 선제후들은 이변을 만들지 않았다. 1519년 6월 28일, 선제후들은 만장일치로 카를을 황제로 선출했다. 만 19세였던 그는 '카를 5세'라는 이름으로 유럽의 절반을 지배하는 황제의 자리에 오른 것이다.

"이 너머로 나아가라."

카를이 에스파냐의 왕이 되고 합스부르크 가문의 영토를 물려받고 또 신성로마제국의 황제가 되는 과정을 살펴보았다. 그렇다면 이제 카를은 중국 황제처럼 드넓은 땅을 강력하게 통치한다는 말인가? 그렇게 간단히 말할 수 있는 일이 아니다. 지배하는 지역마다 카를의 자격이 제각각이었다. 어떤 곳은 왕으로서, 어떤 곳은 공작으로서, 또 어떤 곳은 백작으로서 다스리되, 이 전체를 황제라는 이름으로 보유하고 있었다. 그러니까 그는 에스파냐 왕으로서는 카를로스 1세, 제일란트 백작으로는 카렐 2세, 플랑드르 백작으로는 샤를 3세, 나폴리 왕으로는 카를로 4세, 황제로서는 카를 5세가 된다. 비유하자면, 주경철 씨가 A 재벌그룹 회장이며, 또 다른 회사 B의 사장이며, C 병원 이사장이며, D 학교법인 실소유주이며, 동시에 우리 동네 슈퍼 사장까지 겸하는 식이다. 그러다 보니 직위가 엄청나게 많고 그의 머리에 있는 왕관만 17개였다. 공식 직함을 전부 열거하면 이렇다.

신의 은총을 입은 장엄하신 황제, 독일의 왕, 이탈리아의 왕, 전 에스파냐, 카스티야, 아라곤, 레온의 왕, 헝가리, 달마티아, 크로아티아, 나바라, 그라나다, 톨레도, 발렌시아, 갈리시아, 마요르카, 세비야, 코르도바, 무르시아, 하엔, 알가르베, 알헤시라스, 지브롤터, 카나리아 제도의 왕, 두 시칠리아, 사르데냐, 코르시카의 왕, 예루살렘의 왕, 서인도와 동인도의 왕, 대양의 섬들과 본토의 왕, 오스트리아 대공, 부르고뉴, 브라반트, 로렌, 슈타이어, 카린티아, 카르니올라, 림뷔르흐, 룩셈부르크, 헬더란트, 네오파트리아, 뷔르템베르크 공작, 알자스 변경백, 슈바벤, 아스투리아와 카탈루냐 공, 플랑드르, 합스부르크, 티롤, 고리시아, 바르셀로나, 아르투아, 부르고뉴, 팔라티나, 에노, 홀란트, 제일란트, 페레트, 키부르크, 나뮈르, 루시용, 세르다뉴, 드렌터, 쥐트펜 백작, 신성로마제국, 부르가우, 오리스타노와 고치아노 변경백, 프리즐란드, 벤트 변경령, 포르데논, 비스케, 몰린, 살린스, 트리폴리, 메헬렌 경인 카를.

카를 5세의 공식 직함을 모두 나타내는 문장(紋章)도 보통 복잡한 게 아니다. 전통적인 쌍두 독수리의 제국 문장을 기본 틀로 하고 그 안에 각 지역의 작은 문장들을 중요도에 따라 배치했다. 그래서 플랑드르의 사자, 예루살렘의 십자가, 부르고뉴의 백합, 카스티야의 탑 같은 수많은 요소가 복잡하게 그려져 있다. 여기에서 한 가지 특기할 점은 양쪽에 서 있는 기둥과 그 위에 옛 프랑스어로 쓴 '플뤼주트르Plus oultre' 혹은 라틴어

카를 5세의 공식 직함을 모두 나타낸 문장.

로 번역한 '플루스 울트라Plus ultra'라는 말이다. 이 두 기둥은 '헤라클레스의 기둥'을 의미한다. 고대 그리스인들이 볼 때 지브롤터 해협은 세상의 끝이며, 그래서 헤라클레스가 해협 양쪽에 기둥을 세우고 여기에 '논 플루스 울트라Non plus ultra, (이 너머에는 아무것도 없노라)'라는 말을 썼다는 이야기가 전해온다. 그런데 카를 5세는 그 말에서 'Non'을 지우고 'Plus ultra(이 너머로 나아가라)'를 자신의 모토로 삼은 것이다. 헤라클레스의 기둥은 고대 로마제국의 경계이기도 했으므로 이 기둥 너머로 나아가겠다는 말은 로마제국을 넘어서겠다는 당찬 의지의 표현이다. 카를 5세 개인의 모토였던 이 말은 현재 에스파냐의 국가 모토로 사용되고 있다.

사실 당시 사정으로 보면, 이 이상 영토를 확장하기는커녕 현재의 땅을 제대로 지키는 것조차도 지극히 힘든 일이었다. 제국의 영토는 광대하지만 분산되어 있고 제각기 독립성이 강해서 통치하는 게 쉽지 않았다. 독일 지역의 경우 그 안에 7개 선제후령, 33개 독일계 주권 왕조, 약 30개의 비독일계 왕조, 107개의 백작령, 4개의 대주교령, 46개의 주교령, 63개의 수도원령, 13개의 수도원, 85개의 자유도시가 포함되어 있었다. 이 지역들 가운데 정말로 그의 권력 기반이 되는 곳은 원래 자기 가문 재산으로 소유하는 곳들이다. 나머지 지역은 이 허깨비 같은 제국 놀이에 충성을 다할 이유가 없었고, 자신들과 상관없는 머나먼 곳의 정치나 전쟁에 왜 신경 쓰고 돈을 내야 하는지 모르겠다고 생각했을 것이다. 이런 점에서 차라리 프랑수아 1세가 통치하는 이웃 프랑스 영토가 탄탄하게 응집되어 있는 내실 있는 땅이었다.

이런 상태에서도 카를 5세는 과거 로마제국을 넘어 세계 제국 건설의 꿈을 키우고 있었다. 이 시기부터 그의 정치적 상징에서 지구orbs가 중요해진다. 지구 모양은 그가 전권을 쥐고 있다는 상징이다. 카를 5세야말로 '해가 지지 않는 제국'을 처음 꿈꾼 인물이다.

그렇다면 유럽을 전부 지배하고 나아가서 세계 제국을 이루기 위해서는 구체적으로 어떻게 해야 하는가? 우선 프랑스를 복속시켜야 한다. 그리고 물론 이탈리아도 차지해야 한다. 이탈리아 없는 로마제국이란 이상하지 않은가. 내부적으로는 루터파 등 신교 세력을 억압하여 가톨릭 제국의 순수성을 지켜야 한다. 그러고 나서 힘을 모아 기독교 신앙의 적인 오스만 제국을 누르고, 더 나아가서 아메리카와 필리핀의 식민지를 굳건히 한 뒤 나머지 세계를 마저 복속시켜야 한다. 쉬운 게 하나도 없다. 이 과업을 다 이루겠다는 것은 과대망상이다. 플루스 울트라! 얼마나 아름다운 꿈인가. 그리고 얼마나 허황된 계획인가.

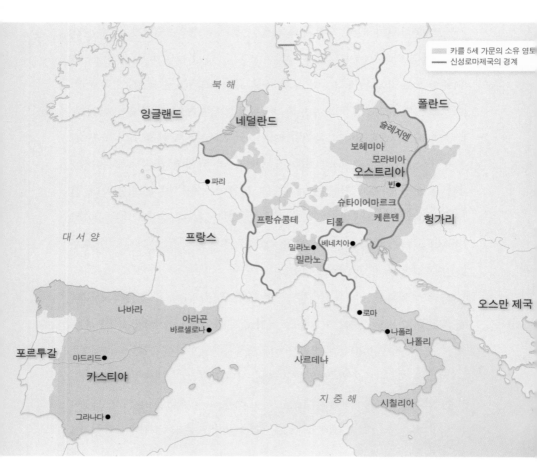

카를 5세가 소유한 영토.

두 개의 지역으로 양분되는 제국

그 광대한 땅을 통치하는 데 어디에선가 사고가 안 나면 그게 더 이상한 일이다. 거의 매일 무슨 일인가 터지는 것이 제국의 운명이었다. 이 엄청난 일을 황제 개인의 책임하에 운영하다니 실로 초인에 가깝다. 중국에서도 만기친람萬機親覽(임금이 모든 정사를 친히 보살핌)이라고 하지 않던가. 카를 5세 역시 마찬가지였다.

이 시기에는 국정을 운영할 관료제가 발달하지 않았다. 그는 우선 국정 전반을 도와줄 '비서'를 한 명 두었다(비서라고 해도 오늘날 국무총리 수준의 관료이다). 그리고 주요 현안들을 처리하는 몇몇 위원회를 두고 명망가들에게 조언을 구했다. 겨우 이런 수준의 조직으로 제국을 운영한다는 게 어불성설로 보일 수 있다. 핵심은 각 지역의 기존 제도를 그대로 둔 채 과거 방식대로 돌아가도록 두고, 다만 그 제도의 수장만 장악한다는 점이다. 제도 전체를 잘 돌아가게 하려면 황제가 제국 전역을 순방하는 것이 무엇보다 중요하다. 그의 동선을 보면 쉬지 않고 유럽 전역과 아프리카 북부 지역을 돌아다닌 것을 알 수 있는데, 평생 길 위에서 지낸 것과 다름없었다.

사실 아무리 카를이 전심전력 통치에 매진한다 해도 광대한 영토 전체를 홀로 다스린다는 것은 무리였다. 그래서 친족들에게 일부 지역의 통치를 위임했다. 특히 동생 페르디난트에게 많은 권한을 양도하여 독일-오스트리아 지방을 담당토록 했다. 이렇게 해서 합스부르크 가문의 제국은 크게 에스파냐 지역과 동유럽 지역으로 서서히 분할되는 과정을 밟았다.

앞서 이야기했듯이 신성로마제국 황제 선출은 선제후 7명의 투표를 통해 이루어진다. 그런데 선거로 결정되면 곧바로 황제가 되는 게 아니라 일단 '로마인의 왕'이라는 칭호를 부여받는다. 말하자면 황제 '당선인' 신분이다. 물론 이때부터 실질적인 권력을 행사하지만, 최종적으로 교황이 주재하는 축성식을 치러야 공식적으로 황제가 된다. 카를은 당선 이후 여러 사정으로 10년 이상 지난 1530년에야 교황 클레멘스 7세의 주례로 축성식을 올렸다. 그리고 이때 동생 페르디난트를 다음 번 로마인의 왕으로 선출했다. 아예 다음 황제 계승자를 선출해둔 것이다. 후일 카를 5세가 양위하면서 동생 페르디난트가 다음 황제가 되었고, 카를의 아들은 펠리페 2세라는 이름으로 에스파냐 국왕이 되었다. 그 결과 합스부르크 영토가 에스파냐권과 독일권으로 완전히 나뉘게 된다. 동쪽에서는 합스부르크 왕실이 독일-오스트리아와 헝가리 등을 포함하는 제국을 유지했고, 서쪽에서는 합스부르크 왕실이 에스파냐 본국과 유럽 내외의 에스파냐령과 식민지를 지배했다.

근친결혼이 낳은 '합스부르크 턱'

합스부르크 가문은 다른 집안과 결혼하기에는 자신들이 너무나도 고상하다고 느꼈는지 자기 가문 내 사람들끼리 결혼하는 일이 많았다. 즉, 에스파냐의 공주가 오스트리아로 가서 황태자와 결혼하고, 거기서 나온 자손이 에스파냐로 가서 왕자와 결혼하고, 다시 여기에서 나온 아이가 오스트리아에 가서 황태자와 결혼했다. 능히 짐작할 수 있듯이 이런 식의

'합스부르크 턱'과 벌어진 입이 강조된 카를 5세의 초상(왼쪽). 에스파냐 국왕
카를로스 2세(오른쪽)는 연속된 근친결혼으로 유전자 폭발이 일어난 사례다.

근친결혼은 유전적으로 심각한 문제를 안고 있다. 이 가문에서 여성들이
수도 없이 사산을 하고, 육체적·정신적 장애가 있는 아이를 낳은 건 이
때문이었다. 합스부르크 가문 사람들에게 나타나는 대표적인 '형질' 중
하나가 턱이 튀어나오는 것이다. 이를 '합스부르크 턱'이라고 부른다. 카
를 5세 궁정을 방문한 베네치아 대사 가스파로 콘타리니가 황제에 대해
묘사한 기록을 보자.

> 황제는 키가 크지도 작지도 않고, 피부는 붉기보다는 하얀 편이며, 눈은
> 근시이고, 태도는 엄중하지만 잔인하거나 엄격하지 않은 편이다. 유일한
> 단점은 턱이다. 턱이 너무 크고 길어서 자연스럽지 않고 어색하다. 입을

다물면 윗니가 아랫니와 잘 맞지 않는다. 그래서 황제가 말을 하면, 특히 문장 끝부분이 혀 짧은 소리를 내어 알아듣기 힘들다.

언어도 문제였지만 음식을 씹는 것도 힘들어했다. 그래서 음식을 포도주와 함께 삼키다 보니 소화 장애도 생겼다. 후손들은 하나같이 이런 턱을 가지고 태어났다. 근친결혼의 폐해는 결국 에스파냐 국왕 카를로스 2세(재위 1665~1700)에 와서 유전자 폭탄이 터지는 결과를 낳았다. 지적으로 심각한 문제가 있고 열 살이 되도록 업혀 다닐 정도로 몸이 약한 데다가 두 번의 결혼에도 후손을 보지 못해 끝내 이 시기에 합스부르크 왕가가 단절되었다(이로 인해 에스파냐에는 후일 프랑스계 부르봉 왕가가 들어선다).

카를 5세는 대단히 종교적이고 자신의 일에 열심이었다. 그래서인지 여성 편력은 그리 심하지 않았다. 잉글랜드의 헨리 8세나 프랑스의 프랑수아 1세가 천하의 바람둥이였던 것과 비교하면 카를 5세는 점잖은 편이었다. 그래도 사건이 전혀 없지는 않았다. 황제가 플랑드르를 방문했을 때 아우데나르더라는 곳에서 축제를 맞았다. 여기서 요한나라는 한 여인을 보았는데, 이날의 에피소드는 약간 버전이 다를 수 있지만 대개 이런 식으로 묘사되었다. 황제가 그 여인이 사는 곳까지 따라갔는데, 집 안에 들어가 보니 여인이 옷을 벗고 침대 위에서 눈을 감고 있는 게 아닌가. '그렇게 수줍은 척, 잠자는 척하는 걸 보니 더 귀엽구먼, 허허.' 그렇게 생각하고 동침했는데, 알고 보니 그 여인은 정말로 잠이 들어 있었던 것이다. 아마 시종이 황제의 뜻을 받잡고 미리 잘 준비한답시고 진정제 성분이 들어간 음료를 마시게 해서 그렇게 된 것으로 보인다. 아무튼 여자는 한참 일이 진행된 다음에 깨어나 고래고래 소리를 지르며 울었다. 이 짧은 연애의 결과, 1522년 8월 1일 마르가레트가 태어났다. 그녀는 후일 네덜란드의 총독을 지냈다. 이 사건 이후 황제는 한동안 별다른 사생활 문제 없이 국정에 더욱 매진했다.

종교 문제 수습하랴, 전쟁 비용 마련하랴

제국의 통치는 난제의 연속이었다. 공식적인 통치 기구는 제국의회다. 카를 5세는 1521년 1월 27일, 보름스Worms에서 첫 번째 제국의회를 개최했다. 프랑크푸르트 남서쪽 약 60킬로미터에 위치한 이 도시에 전 유럽의 내로라하는 인물들이 직접 오거나 대리인을 보낸 대규모 회의였다. 첫 제국의회부터 세계사적인 사건을 다루었으니 다름 아닌 마르틴 루터 문제였다. 당시 루터는 이미 교황으로부터 파문당한 상태였지만, 카를은 그에게 안전통행증을 발행해주고 보름스에 와서 의견을 개진하라고 명했다. 안전통행증이 결코 안전을 보장해주지 않는다는 것은 누구나 아는 일. 친구들도 만류했지만 루터는 용기를 내어 "그곳에 지붕의 기왓장만큼 악마가 많더라도 가겠다" 하고는 제국의회에 참석해 자신의 종교적 신념을 설파했다.

그렇지만 황제는 애초에 루터의 신념을 듣고 감복하여 가톨릭을 저버리고 루터파를 용인할 생각은 추호도 없었다. 가톨릭은 황제 개인의 종교 신념이었을 뿐 아니라 제국의 기반이었고, 현실적으로 교황의 지지가 정국 운영에 지극히 중요하므로 신교를 수용할 여지라고는 전혀 없었다. 회의가 끝난 후 루터는 변장을 하고 용케 빠져나가 목숨을 구했지만, 이

후 황제는 루터를 파문하고 차후 루터파를 제거하는 일에 전념하기로 작정했다. 종교 문제는 갈수록 더 심각해져서 제국의 안정을 해치는 결정적 계기가 될 터였다. 곧 신교도들이 봉기하는 독일농민전쟁이 터지고, 네덜란드 지역도 종교 문제가 발단이 되어 동요하게 된다.

내부적으로는 종교 문제로 인한 혼란을 잠재워야 했는데 동쪽에서 오스만 제국의 공세가 갈수록 심해져 방어에도 신경 써야 했다. 이런 상황에서 이탈리아를 놓고 당장 프랑스와 전쟁에 돌입하게 되었다. 전쟁을 하려면 돈이 필요한데, 당장 쉽게 돈을 얻어낼 데가 없었다.

흔히 아메리카 대륙에서 금은이 엄청나게 쏟아져 들어왔다고 생각하지만, 사실 모든 문제를 해결할 정도의 거액이 아닌 데다가 들어오는 것도 들쭉날쭉 불규칙했다. 자금 부족으로 인해 제국이 만들어지자마자 해체되는 게 아닌가 할 정도로 위태로웠다. 돈이 급할 때 군주가 생각할 수 있는 방안은 결혼이다. 카를 5세는 이미 일곱 번이나 정략적인 약혼을 했다가 파혼한 상태였는데, 이제 최종적으로 포르투갈 국왕 마누엘의 딸 이사벨과 결혼하기로 하고 90만 두카트를 받았다. 그는 이처럼 힘겹게 돈 문제를 해결하며 여러 전선에서 전쟁을 이어갔다.

카를 5세와 프랑수아 1세의 공방전

이런 때에 희소식이 들려왔다. 그의 일생에서 극적인 사건들 중 하나일 것이다. 1525년 2월 24일 파비아 전투에서 제국 군대가 프랑스군을 대파한 데다 국왕 프랑수아 1세까지 포로로 잡은 것이다. 프랑스 국왕은 전쟁이 일어나면 전방에 직접 나가 군을 지휘하는 전통이 있었는데, 이처럼 최전선까지 나갔다가 적에게 포로로 잡히는 일은 흔치 않은 일이다. 아마도 이 일을 계기로 카를은 콘스탄티노플과 예루살렘을 탈환하고 세계 제국을 만들겠다는 꿈을 다시 키웠을 것이다.

프랑수아는 마드리드의 한 성에 갇혔다. 그가 머무르는 방은 길이가 다섯 걸음, 폭이 다섯 걸음 크기로 아주 비좁은 데다가 문 하나, 높은 창 하나만 나 있고, 엄청나게 덥고 먼지가 가득했다. 혈기 왕성한 청년인 데다가 온갖 영화를 누리며 살았고 사냥과 전쟁으로 사방을 휘젓고 다녔으며, 또 엽색에 일가견을 자랑하던 국왕이 이런 곳에 갇혀 있었으니 탈이 날 수밖에 없었다. 결국 머리에 종기가 생겨 쓰러졌다. 이러다가 진짜 프랑수아 국왕이 죽으면? 쓸모없는 시체에서 얻어낼 것은 아무것도 없는 데다가, 카를은 프랑스 국왕을 감옥에 가두어 죽게 한 자라는 오명을 뒤집어쓰게 된다. 프랑수아가 중병에 걸려 쓰러졌다는 소식을 접한 카를은 세 시간 말을 달려 성으로 찾아왔다. 그 좁은 방에서 두 군주가 만나는 장면은 세기의 코미디였다. 두 사람은 서로 껴안고 프랑스어로 대화를 나누었다.

프랑수아 폐하, 당신의 포로이자 당신의 노예가 여기 있습니다.
카를 내 형제이며 친구인 당신, 당신은 곧 자유를 찾을 거요. 나는 오직 당신의 건강만 바랄 뿐이오, 당신도 오직 건강만 생각하세요. 그 나머지 일들은 당신이 원하는 대로 이루어질 거요.
프랑수아 당신이 명령하는 대로 따르리다.

포로로 잡힌 프랑수아 1세가 병으로 쓰러지자 카를 5세가 급히 달려왔다.
두 군주가 만나는 장면을 묘사한 상상화. 리처드 보닝턴, 1827.

　이런 코미디가 조금 도움이 되었는지 종기는 곧 완치되었다. 양측은
담판을 벌여 마드리드 조약(1526년 1월 14)을 체결했다. 프랑스가 나폴리,
밀라노, 아르투아, 플랑드르, 부르고뉴 등의 지배권을 포기한다는 내용
이었다. 이 조약을 지키기 위해 프랑수아의 두 아들이 대신 마드리드에
인질로 잡혀 있고, 또 만일 이 조약을 프랑스 삼부회가 승인하지 않으면
국왕이 다시 돌아와 포로 생활을 한다는 내용도 포함되어 있었다. 프랑
수아는 과연 이런 약속을 지킬 것인가? "폐하, 그를 모르십니까? 그는 다
시 사냥터로 나가는 순간, 맹세도 아들도 다 잊어버릴 인간입니다. 그러
니 부르고뉴를 완전히 차지할 때까지 그를 석방하지 말거나, 아니면 차

라리 아무것도 받지 않고 지금 당장 석방하는 게 낫습니다." 카를의 서기 가티나라의 말이 훨씬 더 타당성이 있다. 그러나 이 시대 인물들은 아직 명예와 영광 같은 고귀한 가치를 가지고 있거나 혹은 그런 척 했다. 프랑수아는 미사에서 예수의 복음을 걸고 자신의 약속을 지키겠다고 철석같이 맹세했다. 그뿐 아니라 며칠 후, 프랑수아는 황제의 누나 엘레아노르와 약혼까지 했다. 그리고 2월 19일, 두 사람이 헤어지는 마지막 날, 카를이 프랑수아에게 다짐을 받았다.

카를 형제여, 당신의 약속을 기억하시지요?
프랑수아 물론이지요. 꿈속에서도 반복할 수 있소이다. 반드시 약속을 지킬 테니 아무 걱정 마십시오.

에스파냐와 프랑스 국경 가까이 흐르는 비다소아 강에 '꿩섬'이라 불리는 곳이 있다. 여기에 두 척의 뗏목이 오갔다. 하나는 프랑수아를 태우고 이쪽으로 넘어오고, 다른 하나는 왕자 두 명이 타고 저쪽으로 건너갔다. 프랑스 땅에는 국왕을 위한 말 한 마리가 준비되어 있었다. 그 말을 타고 국왕은 신나게 달리며 이런 말을 했다고 한다. "하느님, 감사합니다. 이제 내가 다시 왕이다!" 그날 밤 꿈속에서 그가 한 약속을 반복했을 것 같지는 않다.

프랑수아 1세는 풀려나자마자 카를에게 다시 도전해왔다. 상상 이상으로 충격적인 사태가 벌어졌다. 프랑수아가 오스만 제국의 술탄 술레이만과 협상을 벌여 동맹을 맺으려 한 것이다. 당시 오스만 제국은 동유럽으로 쳐들어와 빈을 위협하고 있던 때였다. 이 와중에 이탈리아에 있는 제국 군대가 난동을 부리며 로마를 약탈하는 사건까지 일어났다. 황제로서는 교황에게 정말 면목이 없었을 것이다.

제국과 프랑스 사이의 문제를 푼 것은 마담들이었다. 프랑수아의 어머니 루이즈와 카를의 고모 마르그리트가 협상을 벌여 캉브레 조약(1529)을 맺었다. 두 사람은 어릴 때 친구였다. 그래서 이 조약을 '부인들의 평화Paix des Dames'라고 부르기도 한다. 인질로 잡고 있던 프랑스의 두 왕자를 돌려보내고 대신 200만 에퀴 도르라는 거액을 지불했다. 영토 문제도 정리해서 프랑스가 이탈리아 영토에 대한 주장을 철회하는 대신 카를은 아쉽게도 부르고뉴를 얻겠다는 꿈을 일시적으로 접었다.

오스만 제국의 군사 침공이 갈수록 위협적이었다. 이미 3년 전 모하치 전투에서 기독교권은 엄청난 패배를 겪었다. 오스만군에 밀린 헝가리군은 늪지로 내몰려 대부분 목숨을 잃었고 헝가리 국왕 루이스 역시 이곳에서 목숨을 잃었다. 무려 30만 명의 주민이 노예로 끌려갔고, 헝가리 영토 태반이 오스만 제국 아래로 들어갔다.

1529년 술레이만이 다시 대군을 헝가리로 파견하자 프랑스만 빼고 전 유럽이 긴장했다. 카를이 어렵사리 방어에 성공을 거두었고, 10월 14일에 술레이만은 퇴각을 결정했다. 최고 수준의 위험을 물리친 이 무렵이 아마 카를의 전성기였을 것이다. 교황이 그에게 수그리고, 프랑스는 기운 빠져 있고, 영국은 국왕 헨리 8세의 이혼 문제로 바빠 대륙 문제에 대한 간섭을 중단한 상태인데, 막강한 오스만군이 최초로 원정 실패를 겪은 것이다.

3

제국의 황혼이 시작되다

 카를의 제국 운영은 고통의 연속이었다. 모든 문제가 하나같이 그의 뜻대로 되지 않았다. 무엇보다도 종교 문제가 계속 미해결 상태였다. 황제는 아우크스부르크 제국의회를 소집하여 최종적으로 구교와 신교 간 교리 통합을 시도했다. 각 종파들에 모두 자신의 교리를 정리하여 제출하라고 명령했다. 신교도 중에서도 멜란히톤 같은 사람은 아직 타협 가능성이 있다고 보고 루터 분파가 생각하는 내용이 기존 가톨릭 교리와 완전히 다른 게 아니라는 주장을 펴고자 했지만, 이럴 때 대개 그렇듯 가톨릭 측에서도 그를 받아들이지 않았고 루터파 역시 그를 배신자라고 비난했다. 신·구교 통합은 이제 불가능한 방향으로 가고 있었다. 앞으로 장구한 기간 양자 간의 죽기 살기식 싸움이 지속될 터였다.

끝없는 갈등과 전쟁의 소용돌이 속으로

오스만 제국 문제 역시 보통 심각한 게 아니었다. 북아프리카를 근거로 하는 해적 바르바로사 형제는 오스만 제국의 신하가 되어 기독교권의 전초 기지들을 공격했고, 때로는 이탈리아를 공격하여 주민들을 잡아다가 노예로 팔았다. 바르바로사는 알제와 튀니스를 점령하며 세력을 키워갔다. 프랑스는 이 이슬람 해적들까지 끌어들이려 했다. 튀니지에 대사를 보내 해적과 군사 전략을 논의했고(프랑스군이 사부아를 공격하는 동안 바르바로사가 코르시카와 리구리아를 공격한다는 작전이었다), 그다음에는 아예 그 두 사람이 술레이만을 찾아가 공동 전쟁을 논의했다. 기독교권 군주가 이런 식으로 이슬람 국가와 정식 외교•군사 관계를 맺은 것은 역사상 처음이다. 이는 세기의 스캔들이 되어 전 유럽의 양식 있는 사람들의 분노를 샀지만, 다른 시각으로 보면 근대적 국제관계가 이런 식으로 형성되고 있었던 것이다. 프랑스는 동시에 교황에게도 접근해 지지를 구했다. 합스부르크 세력이 프랑스를 포위하는 형국에서 이제는 반대로 프랑스 주도하에 여러 세력이 카를의 제국을 둘러싸기 시작한 것이다. 카를로서는 이를 끊어야 했다.

카를은 기독교권을 지키고 지중해권을 장악하기 위해 북아프리카 방면으로 선제공격을 했다. 1534년에는 제노바의 안드레아 도리아 제독의 지휘하에 에스파냐와 포르투갈 선박을 합쳐 412척에 3만 2,000명의 병사를 북아프리카 해안에 상륙시켜 튀니지를 정복했다. 이 전투에는 황제 자신이 직접 참여했다. 그 결과 최소한 오스만 제국의 팽창을 저지하는 데에는 성공했다.

프랑수아 1세는 이슬람 군주인 술레이만과 외교·군사 관계를 맺어 전 유럽을 경악시켰다.
근대 정치 외교는 그렇게 발전하기 시작했다. 티치아노 베첼리오, 1530년경.

그러나 그에게는 한숨 돌릴 여유조차도 없었다. 밀라노의 지배자 스포
르차가 갑자기 사망하여 후계 문제가 생겼다. 프랑수아가 다시 자기 연
고권을 주장하자 제국과 프랑스는 다시 본격적인 갈등에 들어갔다. 격분
한 카를이 프랑수아에게 차라리 둘이 일대일 결투를 벌이자고 요청했다.
그러나 양국 간의 실제 전투는 그런 시시한 싸움이 아니었다. 카를은 6
만 명의 군사를 모아 남부 프랑스를 공격했다. 프로방스에서 100여 곳의
읍과 시를 완전히 파괴하고, 물레방아를 부수고 밭에 불을 지르고 우물
에 독을 타고 포도주를 버려놓고 가는 방식으로 초토화했다. 이 공격에
서 아를, 타라스콩, 마르세유 같은 성곽 도시들만 무사했다. 곧 프랑스가
반격을 가하여 카를 측 역시 3만 명의 사상자를 내고 퇴각했다.

통풍과 천식, 그리고 사랑하는 아내의 죽음까지

그러는 동안 카를은 개인적으로도 아주 힘든 삶을 살고 있었다. 통풍은 죽을 때까지 그를 괴롭혔고 천식도 심했다. 몸이 계속 아프다는 것은 괴로운 일 아닌가. 통풍으로 병원에 가면 "맥주와 등 푸른 생선, 어묵 등은 피하고 ……" 하는 의사의 권고를 듣게 된다. 그렇지만 당시 의사는 오히려 정어리를 많이 먹으라고 지금과는 정반대의 처방을 내놓았다. 황제에게 남은 쾌락 중 하나인 대식을 중단할 수는 없었으니 상태가 좋아질 리 없었다. 게다가 그의 유명한 턱 문제도 심각해져서 소화도 잘 안 되었다. 그의 웅대한 계획은 여기저기서 문제가 터져 차질을 빚고 있는 데다 몸까지 아프니 괴로웠을 것이다. 이 상황에서 그를 더 불행하게 만든 사건이 일어났다.

1539년 이사벨 황후가 둘째 아이를 낳았는데 아이는 태어난 지 몇 시간 만에 죽고 아름다운 황후도 며칠 후 36세의 나이로 사망했다. 애달픈 장례식이었다. 문제는 그다음이었다. 황제의 명령에 따라 시체를 방부 처리 하지 않고, 톨레도에서 그라나다의 왕실 묘까지 운구했다. 에스파냐의 더운 날씨에 열흘 동안 운구하느라 시체 썩는 냄새가 진동하고 사람들이 모두 병에 걸렸다. 일은 여기에 그치지 않았다. 왕실의 정해진 의례 절차에 따라 관을 열고 수의를 벗긴 다음 아들이 마지막으로 어머니의 모습을 확인했는데, 이미 알아볼 수 없을 정도로 부패한 얼굴을 본 어린 아들은 그 자리에서 기절했다. 펠리페 2세가 된 아들은 이때 받은 정신적 충격에 평생 시달렸다.

이후 카를은 수도원에 들어갔다. 궁신들이 걱정할 정도로 황제는 수도원에서 오래 머물렀다. 결국 다시 돌아와 국정을 수행했으나 이제 여러 병으로 고통 받는 데다가 턱은 더 벌어져 아예 다물어지지 않았고, 머리는 벌써 하얗게 세고, 표정은 한없이 어두웠다. 또 검은색 옷만 고집해 귀족들도 할 수 없이 모두 검은 옷을 입어야 했다. 이후 에스파냐 왕실 그림들을 보면 하나같이 검은색 옷을 입고 있다.

그 후에도 힘든 과업의 연속이었다. 황제가 태어난 고향 강에서 봉기가 일어나 주민들이 세금 납부를 거부했다. 자기 고향에서 이런 일이 일어나자 카를은 엄청나게 분노한 모양이다. 그는 프랑스의 허락을 얻어 군사를 이끌고 프랑스를 가로질러가 무자비하게 응징했다. 결국 시의 주요 인사들이 맨발로 목에 밧줄을 걸고 나와 무릎을 꿇고 용서를 비는 의식을 해야 했다(로댕의 작품 '칼레의 시민'이 그와 같은 항복 의식이었다고 전한다).

북아프리카의 알제 공격에 다시 나섰지만 이번에는 폭풍우 때문에 최악의 실패를 겪었다. 그러는 동안 평생의 라이벌인 프랑스의 국왕 프랑수아가 죽었다. 그는 죽기 직전에 한숨을 푹 쉬면서 이렇게 말했다고 한다. "주님, 제게 주신 왕관이 선물인 줄 알았더니 너무 무겁습니다." 맞는 말이다. 그런데 그 무거운 왕관을 물려받은 앙리 2세는 아버지로부터 카를에 대한 증오도 똑같이 물려받아 계속 싸움을 걸어왔다. 오스만 제국과도 전쟁을 계속했다. 북아프리카 해적이 니스를 공격하고, 술레이만은 다시 헝가리를 공격해왔다. 영국은 이 상황을 교묘하게 이용하여 때로는 프랑스 편으로, 때로는 제국 편으로 옮겨 다니며 염장질을 해댔다. 종교 갈등도 계속 고조되었는데, 이 상황에서 1545년 교황이 트리엔트 공의회를 소집했다. 이제 가톨릭 교리를 재정비하는 작업은 교황이 주도하게 되었다.

'운명의 여신은 늙은이를 좋아하지 않는다네'

카를에게는 개인적으로 중요한 일들이 있었다. 우선 손주 돈 카를로스가 태어났고, 그 사이에 자신도 새로이 아들을 하나 만들었다. 라티스본 제국의회를 소집하고 그곳으로 가던 중 한 여인을 만났다. 아마도 황후가 죽은 뒤 어떤 여인과도 만나지 않은 것 같은데, 주변에서 이 아름다운 여인을 주선한 것으로 보인다. 바바라 블롬베르크Barbara Blomberg라는 미모의 여인은 원래 도시 장인의 딸이었다. 그런데 황제의 아이를 가졌으니 약간 미화할 필요가 있었는지, 귀족 이름을 나타내는 폰von을 붙여 바바라 폰 블롬베르크Barbara von Blomberg로 이름을 바꾸고 귀족 출신 시장의 딸이라고 소개했다.

그런다고 뭐가 크게 달라지진 않겠지만, 중요한 것은 1547년 2월 24일 아들을 낳았다는 사실이다. 이 아이가 나중에 유명한 레판토 해전 승리의 주역이 되는 오스트리아의 돈 주앙Don Juan이다. 드라마틱한 이야기가 전한다. 먼 훗날 모자가 재회했을 때 어머니가 '사실 너는 황제의 아들이 아니고, 당시 내가 만나던 말 사료 상인이 네 진짜 아버지야'라고 말했다는 것이다. 유전자 검사를 할 수도 없는 일이니 사실 여부는 알 수 없다. 생김새로 보면 말 사료 상인 쪽에 한 표!

카를은 통풍 때문에 말을 탈 수가 없어서 발을 싸매고 가마에 반쯤 누운 채로 이동했는데, 그 상태에서도 군을 지휘했다. 힘겹게 모든 일을 추진하여 1550년경에는 한때 승리의 느낌도 받았다. 가톨릭과 신교 모두 약간씩 양보를 해서 아주 미약하나마 신·구교가 다시 통합될 가능성도 생겼다(사제의 결혼안도 포함되어 있었으니, 만일 이 교리로 굳어졌다면 신부도 결

카를 5세와 바바라 폰 블롬베르크 사이에서 태어나 훗날 레판토 해전의 영웅이 되는 오스트리아의 돈 주앙. 알론소 산체스 코엘료, 1567.

혼 생활을 했을 터이다). 보헤미아에서도 공세적으로 압박을 가했다. 1547년 오스만 제국과 평화조약을 체결했고, 신교도 영주들의 동맹인 슈말칼덴 동맹과 싸운 뮐베르크 전투에서 승리를 거두었다. 이제 해피엔딩으로 갈 것인가?

그러나 신은 카를 황제에게 행복한 결말을 약속하지는 않은 것 같다. 카를의 생의 종반부에 다시 반전이 일어났다. 1550년 새 교황 율리우스 3세는 그에게 호의적이지 않았고 이탈리아 문제도 다시 혼란에 빠졌다. 독일에서는 루터파에 대한 호의가 늘어나던 반면에 카를의 아들 펠리페 2세에 대한 저항은 커져갔다. 프랑스의 앙리 2세가 로렌 쪽으로, 오스만 제국의 육군은 크로아티아 방면으로, 해군은 이탈리아 연안으로 공격해왔다. 카를 5세는 마지막 힘을 모아 메스를 공격했지만 실패로 끝났다. '운명의 여신도 여자야. 늙은이는 좋아하지 않는다네.' 그는 이렇게 자조했다. 이제 그의 나날은 확실히 저물어가고 있었다. 종교적 타협안도 신·구교 양측이 모두 반대해 결국 1555년 아우크스부르크 제국의회에서 어정쩡한 타협에 이르는 데 그쳤다. 각 지역 영주가 가톨릭이든 루터파든 하나를 정하면 그곳 신민들은 영주의 종교를 따라야 한다는 것이다. 가톨릭을 옹호하겠다는 황제의 평생의 종교정책 역시 최종적으로 실패로 끝나고 말았다.

이 세상의 영광이여, 얼마나 빨리 지나가버리는가!

1548년에 카를 5세를 그린 그림이 둘 있다. 티치아노 베첼리오Tiziano Vecellio는 1518년 이래 황제의 화가로서 뛰어난 재능을 유감없이 발휘했다. 〈카를 5세 기마상〉이라는 그림은 로마제국의 황제 마르쿠스 아우렐리우스를 모델로 한 기마 초상화로, 스토아적이고 장엄한 인상을 주려고 했다. 말도·무장을 했다. 그는 창을 들고 먼 곳을 응시한다. 이는 용(이단)을 죽이는 조지 성인을 연상케 한다. 그러나 이는 연극에 불과하다. 말이 검은색이어서 마치 죽음을 연상시킨다. 이해 황제는 아우크스부르크에서 제국의회를 소집했고, 그곳에 가면서 티치아노를 불러 또 다른 그림을 그리게 했다. 〈카를 5세 초상〉에서 황제는 단순한 의자에 앉아 창 대신 지팡이를 짚고 있다. 이때 나이는 48세, 그러고 보면 그는 겉늙었다. 이미 수도원에서 은퇴한 노인의 모습을 연상시킨다. 마치 그의 지친 심사를 전하듯 시선은 우리를 향해 있다. 황제라는 직위 뒤에 가려진 실제 인간의 모습이다. 같은 해인데 하나는 승리하는 황제이며 이교도를 진압하는 용사이고, 다른 하나는 피곤하고 실패로 인해 좌절, 실망한 인간의 모습이다.

아픈 몸을 이끌고 평생 격무에 시달렸으니 끝내 지쳤음이 틀림없다. 그는 황제위를 양위하겠다는 파격적인 결정을 내렸다. 살아 있는 황제가 양위한 것은 고대 로마제국의 디오클레티아누스 황제 이후 처음이다. 1555년 10월 25일 금요일 오후 3시, 브뤼셀의 왕궁에 카를 5세가 노새를 타고 와서 장엄하게 양위를 선언했다. 왜 이런 방식을 취했을까? 예수가 금요일 오후 3시에 노새를 타고 예루살렘에 들어와 마지막 말을 전하고 죽은 것을 흉내 낸 것이다. 자신이 곧 인민을 위해 죽는다는 정치적·종교적 메시지였다. 그의 고별 연설은 이러했다.

나는 독일을 아홉 번 갔고, 에스파냐에 여섯 번을 건너갔으며, 이탈리아에 일곱 번, 네덜란드에 열 번, 전시와 평화 시 합쳐서 프랑스에 네 번, 그리고 영국에 두 번, 아프리카에 두 번, 이렇게 모두 40번 여행을 했습니다. 그 외에 더 짧지만 아주 자주 다른 섬이나 영토를 방문했습니다. 이를 위해 지중해를 여덟 번 넘었고, 에스파냐 쪽 대서양을 세 번 넘었습니다. 이제 나는 그곳에 묻히기 위해 네 번째로 그 바다를 넘어가게 될 것입니다.

그는 평생의 여정과 자신이 후회하는 것을 이야기했다. 영국 대사의 말에 따르면 황제가 울기 시작하자 그곳에 있던 모든 사람이 따라 울었다고 한다. 이제 황제는 자신이 쥐고 있던 것들을 아들과 동생에게 물려주었다. 에스파냐와 네덜란드, 해외 영토를 아들 펠리페에게 주고, 제국

용을 죽이는 조지 성인을 연상케하는 장엄한 인상의 〈카를 5세 기마상〉,
티치아노 베첼리오, 1548.

티치아노 베첼리오가 〈카를 5세의 기마상〉과 같은 해에 그린 〈카를 5세의 초상〉.
황제의 지친 심사가 역력하게 드러난다.

은 동생 페르디난트에게 주었다. 세계 제국의 꿈은 영영 사라졌다. 신성로마제국이라는 것은 여전히 남아 있고, 나폴레옹에 의해 붕괴될 때까지 앞으로도 250년 더 존속하겠지만, 사실 실체가 모호하고 분열된 상태였다.

그는 모든 것을 버리고 에스파냐 에스트레마두라의 산 헤로니모 데 위스테San Jeronimo de Yuste 수도원으로 들어갔다. 그가 원한 것은 '완벽한 이탈'이었다. 권력에 지친 현인, 고독으로 돌아가는 현자 이미지가 만들어졌다. 오렌지 향기가 창에까지 풍겨오는 소박한 집에 살며, 산보와 승마를 즐길 뿐……. 그의 마지막 오락은 수많은 진자형 시계를 가져다 놓고 시간을 맞추는 일이었다. 모든 시계의 시각이 다 맞는 일은 끝내 없었으니, 이건 제국 운영만큼이나 어려운 일이었으리라.

생의 마지막 고통은 손자 돈 카를로스를 만난 일이다. 당시 열한 살짜리 손자가 그에게 인사하러 찾아왔을 때 카를은 이 아이를 처음 보았다. 그가 바로 모든 유산을 물려받고 제국을 다시 일으켜 세워야 하는 계승자가 아닌가. 그런데 그 귀한 손자는 수두증과 곱사등에 다리까지 절었다. 한마디로 모든 게 정상이 아니었다. 지난 몇 년간 그가 겪은 모든 실패보다 더 가슴 아픈 일이었을 것이다. 베르디의 오페라 〈돈 카를로〉에서는 그가 제법 멋진 청년으로 그려져서 아버지 펠리페 2세와 같은 여인을 두고 경쟁하는 것처럼 그려졌지만 실제로는 어림없는 일이다.

황제가 마지막으로 행한 극적인 일은 자신의 장례 미사에 참석한 것이다. 살아생전에 자기 장례식을 참관하는 느낌은 어떨까? 그는 미리 장례 미사를 드려달라고 부탁했다. 모든 하인이 검은색 상복을 입고 성당에 모였다. 그 역시 검은 옷을 입고 참석하여, 자신의 관을 묻고 장례식을 치르는 것을 지켜보았다. 참석한 모든 사람이 오열하는 가운데 그는 자신의 영혼을 드리는 것처럼 사제 손에 초를 전달하는 의식을 했다.

그로부터 몇 주 뒤 그는 이 세상을 완전히 떠났다. 1558년 9월 21일의 일이다. 죽기 전에 그가 들은 소식은 생캉탱 전투에 관한 것과 바야돌리드에서 루터파가 잡혀 처형된 일이었다. 파리에 사흘거리까지 가까이 공격해 들어갔다가 전략적 실수로 프랑스 정복에 실패했다는 것이나, 에스파냐는 '이단'에 오염되지 않은 순수한 땅이라고 믿었는데 신교도가 생겨났다는 것이나 모두 충격적인 일이었다. 그가 영고성쇠의 삶을 마쳤을 때 그와 함께 세계 제국이라는 원대한 희망도 스러져갔다. 죽을 때 그의 심정은 토마스 아 켐피스의 《그리스도를 본받아De imitatione Christi》에 나오는 말 같지 않았을까?

"이 세상의 영광이여, 얼마나 빨리 지나가버리는가O quam cito transit gloria mundi."

4장

헨리 8세,
근대 영국을 출범시킨 호색한

헨리 7세 Henry VII
1457~1509,
재위 1485~1509

요크의 엘리자베스
Elizabeth of York
1486~1503

아서 Arthur
1486~1502

초혼·사별

아라곤의 캐서린
Catherine of Aragon
1485~1536, 재위 1509~1533

재혼·이혼

헨리 8세 Henry Ⅷ
1491~1547,
재위 1509~1547

메리 튜더
Mary Tudor
1496~1533

초혼·사별

루이 12세 Louis XII
1462~1515,
재위 1498~1515

느슨한 동맹

파혼

카를 5세
1500~1558,
재위 1519~1556

재혼

찰스 브랜든
Charles Brandon
1484~1545

메리 1세 Mary I
1516~1558,
재위 1553~1558

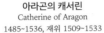

앤 불린 Anne Boleyn
1501/1507?~1536,
재위 1533~1536

처형

재상

처형

토머스 울지 Thomas Wolsey
1473~1530

엘리자베스 1세
Elizabeth I
1533~1603,
재위 1558~1603

제인 시무어 Jane Seymour
1508?~1537, 재위 1536~1537

사망

처형

토머스 모어 Thomas More
1478~1535

에드워드 6세
Edward VI
1537~1553,
재위 1547~1553

클레브의 앤 Anne of Cleves
1515~1557, 재위 1540

이혼

처형

토머스 크롬웰 Thomas Cromwell
1485~1540

캐서린 하워드 Catherine Howard
1523~1542, 재위 1540~1541

처형

토머스 크랜머 Thomas Cranmer
1489~1556

캐서린 파 Katherine Parr
1512~1548, 재위 1543~1547

| 혼인 관계 | ——— |
| 친자 관계 | ——— |

1

강력한 왕권을 구축하다

 18세에 잉글랜드의 왕위를 차지했을 때 헨리 8세(재위 1509~1547)는 매력적이고 지적이고 세련된 젊은 국왕이었다. 그러던 그가 점차 비대하고 못생긴 데다가 악의 가득한 늙은 이로 변모했고, 부인들을 차례로 죽이거나 내쫓는 동화 속 '푸른 수염' 같은 인물이 되었다. 그는 평생 985명을 사형에 처했는데, 그 가운데에는 왕비 두 명, 추기경 한 명, 대법관 한 명, 공작 12명, 남작 18명, 수도원장 77명이 포함되어 있다. 이런 가공할 폭력을 통해 그는 절대주의 체제를 이루어갔고 국제적으로는 프랑스와 신성로마제국 간 중재자 역할을 수행했으며, 영국 국교회를 만들어냈다. 무지막지한 폭군이 근대 영국사를 주조한 것이다.

헨리 8세는 1491년 그리니치에서 선왕 헨리 7세의 둘째 아들로 태어났다. 헨리 7세는 튜더 왕조를 개창하여 영국 근대사를 연 인물이다(잉글랜드와 웨일스, 북아일랜드, 1707년 이후에는 스코틀랜드까지 합쳐진 연합왕국을 가리킬 때 영국이라는 말을 사용하기로 한다). 멀리 거슬러 올라가면 잉글랜드는 백년전쟁을 치른 후 곧 장미전쟁(1455~1485)이라는 내전을 겪으며 지독한 혼란기를 보냈다. 왕권을 놓고 귀족들끼리 격돌한 이 전쟁에서 랭커스터 가문이 붉은 장미, 요크 가문이 흰 장미를 문장紋章으로 삼았기 때문에 '장미전쟁'이라는 멋진 이름이 붙었지만 사실은 의미 없는 살상의 연속에 불과했다. 대학 시절 영국사를 배울 때 교수님은 장미전쟁의 의미를 이렇게 설명하셨다. "백년전쟁 때 채 안 죽은 귀족들이 서로 싸우다가 마저 죽은 게 이 전쟁이여. 장미는 무슨 얼어 죽을……."

극렬한 폭력이 난무하고 무정부 상태의 혼란이 지속되자 국민들은 차라리 강력한 국왕이 나타나 질서를 잡아줄 것을 고대했다. 전쟁 말기에 리처드 3세는 조카인 에드워드 5세를 투옥하고 왕권을 찬탈했는데, 당시 대륙에 망명해 있던 랭커스터 가의 리치먼드 백작 헨리 튜더가 1485년 웨일스에 상륙하여 보즈워스 전투에서 리처드 3세를 물리치고 헨리 7세라는 이름으로 왕위를 차지하며 튜더 왕조를 열었다. 그 후에도 헨리 7세는 귀족들의 힘을 성공적으로 통제하여 정치적 안정을 확립했다.

헨리 7세가 귀족들을 다스린 것과 관련하여 이런 일화가 있다. 어느 날 그가 옥스퍼드 백작의 저택을 방문했는데, 제복을 입은 많은 하인이 국왕을 영접했다. 융숭한 대접을 받고 돌아가는 길에 국왕은 백작에게 이렇게 말했다. "경의 대접에는 감사한다. 그러나 짐의 법률이 면전에서 위반되는 것은 참을 수 없다. 짐의 대리인이 곧 당신을 조사할 것이다." 하인들이 제복을 입었다는 것은 언제든지 병사로 전환할 수 있는 강력한 사병私兵 집단을 키우고 있다는 의미다. 헨리 7세는 국가 질서를 유지하기 위해 이런 사병 집단을 금지하는 법령을 반포했던 것이다. 옥스퍼드 백작으로서는 1만 파운드라는 거액의 벌금을 무는 조건으로 목숨을 구한 것이 천만 다행이었다. 헨리 8세는 부왕의 이런 강력한 조치로 평화와 안정을 되찾은 잉글랜드를 물려받았다. 이 나라를 더 강력하게 발전시키는 것이 그의 시대적 임무였다.

형수님마저 물려받은 국왕

헨리에게는 아서라는 형이 있어 원래 왕위를 물려받을 처지는 아니었다. 어린 시절, 최고 수준의 튜터들에게서 좋은 교육을 받아 라틴어와 프랑스어에 능통했고, 이탈리아어도 웬만큼 했다는 사실이 알려져 있을 뿐, 그 밖의 별다른 기록이 없는 이유도 장남만큼 주목받지 못했기 때문일 것이다. 1501년 11월, 아서가 에스파냐의 공주 캐서린과 결혼했다. 캐서린은 근대 에스파냐를 만든 아라곤 국왕 페르난도와 카스티야 여왕 이사벨 사이에 태어난 막내딸이다. 그러나 이 결혼은 오래 가지 못했다. 결혼 후 고작 5개월밖에 지나지 않은 1502년, 아서가 당시 유행했던 열병에 걸려 15세의 나이로 죽었기 때문이다. 이제 열 살의 헨리가 왕세자가 되었고, 형에게 부과되었던 모든 것을 물려받았다. 심지어 '형수님'까지!

잉글랜드 왕실과 에스파냐 왕실은 상호 군사 동맹을 강화하려는 의도로 아이들의 결혼을 추진했던 터이다. 그런데 뜻하지 않게 신랑이 죽자 양측은 결혼을 통한 동맹의 강화를 지속하자고 합의했다. 그래서 동생인 헨리를 다시 캐서린과 결혼시키기로 조약을 맺었다. 다만 신랑이 너무 어려서 약혼식만 하고 결혼식은 미루었다. 어른들은 헨리가 무럭무

럭 자라 형수님을 아내로 맞아 결혼할 날을 기다렸다. 물론 그러기까지 아무런 문제가 없었던 것은 아니다. 헨리 7세와 페르난도 국왕의 관계가 악화되기도 하고, 약혼자인 헨리가 신붓감이 맘에 안 든다고 투정을 부리기도 했다. 신심 깊은 신부 캐서린만이 헨리와의 결혼이 하느님의 섭리라 믿으며 기다렸다.

1509년 부왕이 죽고 헨리가 왕위를 물려받았다. 그리고 아버지의 유언을 따른다며 캐서린과의 결혼을 선언했다. 우리나라 역사에서는 고구려 때 형사취수혼이 있었다. 197년 고국천왕이 죽자 왕비인 우씨于氏가 선왕의 아래동생인 발기發岐를 제쳐두고 그 아래동생인 연우延優와 혼인함으로써 연우(산상왕山上王)가 왕위에 올랐다는 내용이 《삼국지》〈동이전〉에 전한다. 그로부터 1,300여 년의 세월이 흐른 후 잉글랜드에서 이런 일이 일어난 것이다. 헨리는 여섯 살 연상의 캐서린과 결혼식을 치른 후 화려한 즉위식을 거행했다.

국왕이 된 후 헨리가 첫 번째로 한 정치 행위는 부왕의 대신 중 두 명을 대역죄로 몰아 체포한 일이다. 즉위식 이틀 후의 일이다. 두 사람은 다음 해에 처형되었다. 평생 헨리가 수행한 방식, 곧 자신의 앞을 가로막는 사람은 누구든 대역죄로 몰아 제거해버리는 행위는 이렇게 시작되었다. 헨리는 자신이 늘 옳고 또 절대 권위를 가졌다고 확신했다. 용서하든지 처형하든지 자신이 판단한다는 것이다. 이런 사례가 있다. 과거에 잉글랜드 왕위의 경쟁자 가문 출신이었던 서포크 백작 에드먼드 드 라 폴은 대륙에 망명해 있었는데, 헨리 7세와 신성로마제국의 황태자 필리프가 목숨을 살려주기로 합의했다. 그는 이 약속을 믿고 1513년에 귀국했으나, 헨리는 그 약속은 자기 부친이 했지 자기가 한 게 아니라면서 그를 처형했다. 그는 이런 식의 태도를 치세 내내 견지했다.

국왕이 된 다음 우선적으로 신경 쓸 일 중 하나는 후계자 문제다. 왕비는 튼튼한 아들을 낳아야 마땅하다. 헨리는 그렇게 생각했지만, 세상만사가 자기 뜻대로 되는 건 아니다. 캐서린은 첫 번째 딸을 사산한 후 아들을 낳았으나 생후 몇 주 만에 죽었다. 그 후 두 번 연거푸 아들을 사산하더니 1516년에 메리를 낳았다. 이 딸은 후일 잉글랜드의 여왕으로 재위하는 동안(1553~1558) 자신과 종교가 다른 개신교도들을 무수히 죽여서 블러디메리Bloody Mary라는 별명을 얻었다(토마토 주스와 보드카를 섞어 만드는 칵테일의 이름이 이 여왕과 관련이 있는지는 불분명하다).

캐서린은 그 후 한 번 더 딸을 사산했을 뿐(1518), 끝내 아들을 얻지 못했다. 그러는 동안 헨리는 여러 여인과 깊은 관계를 가졌고, 그중 한 명인 엘리자베스 블라운트Elizabeth Blount가 1519년에 아들을 낳았다. 헨리 피츠로이Henry FitzRoy라는 이 아이는 1525년 6월 리치먼드 공작이 되었고, 1533년 메리 하워드라는 여인과 결혼했다. 당시까지도 후계자 문제가 풀리지 않은 상황이어서, 그가 적자로 인정받고 왕위를 이어받을 가능성도 있었다. 그렇지만 결혼 후 3년 만에 그가 후사 없이 사망하여 계속 국왕의 성 추문과 정치·종교 문제가 얽혀 돌아갔다.

르네상스 군주

헨리의 치세는 크게 전반기와 후반기로 나눌 수 있다. 전반기의 헨리는 '르네상스 군주'라는 말이 딱 어울린다. 예술과 문예를 보호하고, 여러 악기 연주에 능했으며, 용맹한 기사를 자처하며 직접 전쟁에 참여했다. 이와 달리 후반기의 헨리는 폭군 성격이 훨씬 강해진다. 의회를 장악하여 종교 문제에 깊이 관여하고 정적들을 처단하면서 자신의 뜻이 관철되는 국가 체제를 만들어갔다. 과정이 좀 징그러워서 그렇지 결과적으로 보면 강력한 군주권을 확립하여 국가를 탄탄하게 세운 셈이다.

그는 자신이 원하는 인물들로 이루어진 자문위원회에서 국사를 논의하는 한편, 왕권에 도전하는 자들은 성실청星室廳, Star Chamber을 이용하여 처치했다. 천장에 별들이 그려져 있어서 이런 이름이 붙었다고 전해지는 이 법정은 14세기부터 존재했으나 헨리 7세와 8세 시절부터 왕권에 도전하는 정치범들을 직접 재판에 회부하는 특수 법정 역할을 했다. 지방에는 점차 치안판사 제도가 정착해갔다. 20파운드스털링 이상의 소득이 있는 사람들 중 국왕이 임명하는 인사들이 자기 관할 지역의 행정과 사법을 담당하는 외에 도로와 교량 관리, 빈민 구호, 가격과 임금 통제 등 지방의 공적 업무를 수행했다. 치안판사는 명예직이어서 국가로서는 비용을 들이지 않으면서도 비교적 효율적으로 지방행정을 운영할 수 있었다.

상원과 하원으로 구성된 의회는 조세와 입법 문제를 다루었다. 상원은 고위직 성직자와 대귀족의 장남 중 국왕이 지명한 자들로, 하원은 각주와 시에서 선출된 대표들로 구성했다. 의회는 이론상으로는 신민들의 대표로서 국왕과 마주하는 기관이지만, 사실 왕이 의회를 만날 일은 대개 통치에 필요한 자금이나 전비를 마련해달라고 요청하는 때였다. 의회가 순순히 말을 듣지 않고 꼬치꼬치 따질 가능성이 높으니, 군주는 필요한 경우 외에는 이 기관을 피하려 했다. 헨리는 재정적으로 여유가 있던 1515~1521년에는 아예 의회를 열지 않았다.

헨리의 대외 정책은 유럽의 중재자 역할을 하는 것이었다. 프랑스와 신성로마제국의 대립이 근대 유럽의 국제관계에서 가장 중요한 축인데, 이때 잉글랜드는 어느 한쪽으로 기울지 않도록 주의를 기울였다. 이처럼 강대국 사이를 오가며 균형을 맞추는 것이 영국 정책의 큰 흐름이었다. 유럽 국가들 입장에서 보면 결정적일 때 발을 빼서 상대편으로 넘어가는 영국이 못마땅했을 터이다. 프랑스는 영국을 두고 '배신을 밥 먹듯이 하는 나라', '등 뒤에서 칼을 꽂는 놈들'이라고 비판하곤 했다. 그렇다고 프랑스가 꼭 의리를 잘 지킨 나라는 아니지만…….

강대국 사이를 왔다 갔다 하며 남의 등에 칼을 찌르는 정책을 주도한 인물은 토머스 울지 추기경이었다. 그는 헨리 8세 통치의 전반기를 보좌한 강력한 재상이었다. 울지는 이념적으로는 만국의 평화를 위해 노력한다고 주장했지만, 그것은 물론 잉글랜드에 유리한 만국평화를 의미했다. 필요할 경우 평화적인 대화를 중단하고 칼부림을 하는 것은 아주 당연한 일이다.

1512년, 헨리 8세는 그동안 유지하던 친불정책을 버리고 반불동맹에 참여하여 프랑스를 공격했다. 이때 헨리 8세는 대륙 내 옛 잉글랜드 영토를 되찾고, 더 나아가서 프랑스 국왕 루이 12세의 군을 격파한 후 파리에 입성하여 교황으로부터 프랑스 왕위를 인정받으려는 허황한 욕심까지 드러냈다. 그는 직접 군대를 끌고 프랑스로 넘어가 신성로마제국의 황제 막시밀리안과 함께 프랑스군을 기습 공격했다. 패배한 프랑스군이 엄청난 속도로 도망간 것으로 유명한 이 전투를 '박차 전투battle of spurs, bataille d'éperons'라 부른다. 도망가는 프랑스 기사들의 뒷모습에서 햇빛에 반짝이는 박차만 보였다는 조롱 섞인 이름이다. 한편, 헨리가 외국에서 전투에 몰두해 있는 동안 프랑스의 동맹국인 스코틀랜드가 이 틈을 노리고 공격해왔다. 그러나 잉글랜드군은 플로든 전투(1513년 9월 9일)에서 완벽한 승리를 거두었고, 스코틀랜드 국왕 제임스 4세가 전사했다(이는 영국 제도에서 국왕이 전사한 마지막 전투다).

골칫거리 여동생 메리 튜더

헨리는 전쟁을 치르며 훌륭한 기사로서 자부심을 가지기는 했지만 사실 기대했던 성과는 거의 거두지 못했다. 에스파냐와 제국을 재정적으로 원조하는 일 역시 큰 성과를 내지는 못하고 공연히 자금만 축내는 게 분명했다. 헨리는 칼부림을 멈추고 대화로 다시 방향을 바꾸었다. 프랑스와 종전 조약을 맺으면서 평화를 확고히 정착시키기 위해 자기 여동생 메리 튜더를 프랑스 국왕 루이 12세와 결혼시켰다. 이는 토머스 울지의 외교 작품이지만 이를 위해 메리가 희생되었다.

메리는 어릴 때부터 유럽에서 가장 아름다운 여인으로 불렸다. 에라스뮈스가 '자연이 이토록 아름다운 존재를 빚은 적은 없었다'고 말했을 정도로 미모가 대단했던 모양이다. 원래 그녀는 1507년에 후일 황제 카를 5세가 되는 합스부르크 가문의 왕자와 약혼했다. 이 혼약이 지켜졌다면 그녀는 황비가 되었을 터인데, 프랑스와 관계 개선을 해야 했기에 울지가 이 약혼을 깨고 대신 프랑스 국왕 루이 12세에게 결혼을 주선했던 것이다. 천하제일의 미녀였던 18세 메리는 52세 루이의 세 번째 부인이 되었다. 루이는 이전 두 번의 결혼에서 아들을 얻지 못했기 때문에 이 아름

메리 튜더와 찰스 브랜든. 프랑스 국왕 루이 12세와 정략결혼을 한 메리는 루이 12세가 죽자 사랑하던 찰스 브랜든과 결혼했다. 얀 호사르트, 1516년경.

다운 영국 공주와의 사이에서 꼭 아들을 얻고자 했다. 너무 무리했던 것일까. 결혼하고 3개월이 채 안 된 1515년 1월 초하루에 국왕이 사망했다. 모두들 국왕이 침실에서 어린 신부에게 너무 힘을 쏟아서 진이 빠져 죽었다고 수근 댔다. 국왕은 임종하기 직전에 메리에게 '사랑하는 당신께 내 죽음을 새해 선물로 주리다Mignonne, je vous donne ma mort pour vos étrennes'라고 말해 아재 개그의 진수를 보여주었다.

헨리 8세는 청상과부가 된 여동생을 고국으로 데리고 오도록 서포크 공작 찰스 브랜든을 보냈다. 이게 또 사달을 일으켰다. 루이 12세와 결혼하기 전에 메리가 브랜든을 사랑했다는 것은 공공연한 비밀이었다. 왜 굳이 그를 골라 보냈는지는 모르겠지만, 국왕은 프랑스로 떠나는 브랜든에게 자기 여동생에게 프러포즈 하지 않겠다는 서약을 하라고 요구했다. 그러나 국왕의 명령보다는 사랑의 힘이 더 컸다. 브랜든과 메리는 프랑스에서 비밀 결혼식을 올렸는데, 열 명에 불과한 하객 중에 프랑스의 신왕 프랑수아 1세가 있었던 것으로 보아 이 국왕이 배후에서 두 사람의 결혼을 주선했을 가능성이 크다. 이 소식을 접한 헨리 8세는 길길이 뛰었고, 주변에서는 브랜든을 처형하라고 주장했지만, 국왕은 여동생에게 벌금을 물리는 선에서 두 사람을 놓아주었다. 한편, 프랑스에서 메리의 시녀로 일하던 궁정 여인이 있었으니, 그녀가 곧 헨리 8세의 두 번째 왕비가 되는 앤 불린이었다.

다시 찾아온 평화, 하지만…

토머스 울지의 외교정책이 빛을 발하여 유럽에 비교적 긴 시간의 평화가 찾아왔다. 울지는 자신이 영국의 정책을 주도할 뿐 아니라, 더 나아가서 유럽 전체의 평화를 위해 매우 중요한 임무를 수행하고 있다고 생각했음이 틀림없다. 그는 내심 차기 교황이 되리라는 희망도 품고 있었다. 그런 자만심 때문이었을까? 그는 공식 문서에서 '나와 나의 국왕께서는 ……' 하는 문장을 쓰기도 했다. 분명 신하가 쓸 문장은 아니다. 울지는 점차 심각한 위협으로 떠오르던 오스만 세력에 대항하여 모든 유럽 국가가 공동 대응하자고 제안하여 런던 조약을 체결했다. 그리고 영국과 프랑스의 국왕이 직접 만나 평화 방안을 모색하기로 했다. 1520년 6월, 양국 군주가 칼레에서 회동했는데, 이는 두 국왕 모두 상대방에게 자신의 위엄과

헨리 8세와 그의 치세 전반기에 강력한 권력을 가졌던 토머스 울지 추기경.
〈나와 나의 왕(Me and My King)〉, 존 길버트, 1887년경.

사치를 과시하는 호기였다. 헨리는 이때 문자 그대로 금박 직물로 성을 만들어 사람들을 깜짝 놀라게 했다. 헨리는 곧이어 브뤼주에서 황제 카를 5세, 교황 레오 10세와도 회담을 열었다.

그러나 이런 식의 조약들을 체결한다고 완전한 평화를 이룰 수는 없다. 프랑스의 프랑수아 1세와 신성로마제국의 카를 5세는 그야말로 견원지간으로, 서로 물고 할퀴는 전투를 재개했다. 그러자 헨리 8세와 울지는 양국 사이에서 파트너를 바꾸어가며 균형 정책을 추구했다. 헨리는 처음에는 카를 5세 편을 들었으나, 파비아 전투(1525)에서 프랑수아 1세가 포로가 되고 전세가 신성로마제국 쪽으로 기울어지자 프랑스 편으로 돌아섰다. 그 후 카를 5세의 군대가 로마를 약탈하는 사건이 일어나자(1527) 이번에는 교황을 편들고 나섰다. 이 마지막 일은 균형외교 정책 때문만이 아니라 자신의 신상 문제도 고려한 결과였다.

2

헨리 8세의 여섯 왕비

 국왕 개인의 일은 단순히 사적인 문제에 그치지 않고 국가 전체의 문제로 비화할 수 있다. 헨리 8세의 이혼 문제가 바로 그런 사례로, 영국과 유럽 전체의 정치와 종교 문제에 지대한 영향을 미쳤다. 1528년부터 헨리는 캐서린과의 이혼을 고려하고 있었다. 사산을 하거나 혹은 아이가 태어난 뒤 얼마 안 되어 죽는 일이 이어졌고 남은 건 딸 메리뿐 아닌가. 왕위를 노리는 친척들은 우글거리는데, 캐서린은 이제 늙어서 더 이상 아이를 낳는 게 불가능해 보였다.

추기경 울지는 처음부터 헨리와 캐서린의 결혼에 반대했다. 형수와 결혼한다는 것은 누가 보아도 인륜에 어긋나며, 성경에도 명백히 금지되어 있다. "누구든지 그의 형제의 아내를 데리고 살면 더러운 일이라 그가 그의 형제의 하체를 범함이니 그들에게 자식이 없으리라"(〈레위기 20 : 21〉). 울지는 이 구절을 들이대며 국왕의 결혼을 만류했다. 헨리는 특히 마지막 구절 '자식이 없으리라' 하는 부분을 듣고 무서워했다고 한다. 그런데

0

정말로 일이 그렇게 되지 않았는가?

국왕은 캐서린에게서 아들을 얻을 수 없으니 다른 여인과 혼인하여 아들을 얻고 싶었다. 문제의 여인은 앤 불린이었다. 앤 불린의 아버지 토머스 불린은 전왕 헨리 7세 시대부터 외교관 역할을 해온 귀족이었다. 그가 프랑스에서 활동할 때 헨리 8세의 여동생 메리 튜더가 루이 12세와 결혼했고, 앤 불린이 바로 그녀를 위해 시녀 역할을 했다. 프랑스 궁정에서 살아가는 동안 앤 불린은 고급스러운 프랑스 궁정 문화를 익혔다. 잉글랜드에 돌아왔을 때 그런 '우아하고 도도한' 자태가 사람들을 매료시켰고, 급기야 헨리 8세의 눈에도 띄었다.

왕이 대역죄라고 하면 대역죄

헨리가 이 아름다운 여인을 왕비로 맞이하여 아들을 얻고자 한다면 우선 캐서린과 정식으로 갈라서야 했다. 가톨릭 교리상 이혼은 불가능하므로(이혼이 합법화된 것은 프랑스 혁명 당시의 일이다) '혼인 무효' 방식을 취해야 했다. 결혼하고 보니 원래 우리 두 사람은 친족이어서 결혼해서는 안 되는 관계라는 사실을 알게 되었으니 결혼 자체를 무효화한다는 것이다. 물론 누가 봐도 말이 안 되는 주장이다. 결혼할 때 상대방이 형수였다는 것을 몰랐단 말인가?

국왕이나 고위 귀족들은 흔히 이런 식으로 꼼수를 써서 문제를 해결해왔다. 왕실의 혼인 무효 조치를 취해줄 수 있는 사람은 교황밖에 없다. 그런데 문제는 당시 교황 클레멘스 7세로서는 헨리의 주장을 받아주기가 쉽지 않았다는 데 있다. 캐서린은 현 황제 카를 5세의 이모이다. 헨리의 혼인 무효를 허락해주면 황제와의 관계가 틀어지게 된다. 이 문제로 교황도 꽤나 골치 아팠을 터이다.

교황은 잉글랜드 내에 일종의 교회법정을 열어 이 문제를 처리하려 했다. 이 법정을 주관할 교황 특사로 우선 잉글랜드 현지의 추기경 울지를 선정하고, 또 한 명의 특사로 로렌초 캄페지오를 파견했다. 두 사람이 왕과 왕비의 의견을 청취하고 해결 방안을 찾아보라는 것이다. 그런데 캐서린은 모든 조정안을 거부하고 바로 교황에게 탄원을 올렸다. 세상에 이런 법이 어디 있냐며 강력하게 항의하고 나선 것이다. 정식으로 결혼식을 올리고 20년 넘게 함께 살며 아이까지 낳았는데 이제 와서 그 결혼이 무효라는 게 말이 되느냐고 주장하는데, 사실 누가 봐도 캐서린의 말이 타당하지 않은가. 그녀가 이렇게 강경하게 나오면 달리 방법이 없다. 두 달이 채 안 되어 교황은 법정을 닫고 문제를 교황청으로 이송했다. 말하자면 교황은 헨리가 바라는 걸 들어주지 못하겠다고 판단한 것이다.

실망과 분노에 휩싸인 국왕은 울지에게 책임을 물었다. 1529년 울지는 '교황존신죄(교황이 국왕보다 높은 지위라고 판단하고 실행한 죄)' 혐의를 쓰고, 이제까지 누리던 모든 국왕의 신뢰와 은총을 '갑자기 그리고 완전히' 상실했다. 다음 해에는 죄상이 대역죄로 한 단계 업그레이드되어 재판에 회부될 참이었다. 헨리 8세는 걸핏하면 대역죄를 무기로 들고 나왔다. 울지가 외교 문제를 해결하지 못한 것은 맞지만, 그렇다고 그게 어떻게 대역죄일까? 묻지 마라, 국왕이 대역죄라고 하면 대역죄인 것이다.

헨리는 한번 무슨 생각을 하면 그것으로 끝이었다. 이와 관련하여 울지는 죽기 전에 핵심을 잘 요약했다. "국왕의 머리에 어떤 것을 집어넣을 때 잘 생각하고 조심스럽게 하라. 두 번 다시 그것을 빼낼 수는 없다." 사형 집행인의 도끼가 울지를 기다리고 있었지만, 그는 사형 판결이 나기 전에 병사했다. 사람 일은 정말 모르는 법. 그가 죽었을 때 세속적 야심만 가득해 보이던 그가 법의 속에 고행복苦行服을 입고 있었던 게 밝혀졌다.

이제 헨리의 치세 전반기가 종료되고 후반기가 시작된다. 영국사는 본격 막장 드라마로 치닫는다.

나의 문제는 내가 결정한다!

헨리 8세 치세 전반기의 국정 파트너가 토머스 울지였다면 후기에 그 역할을 맡은 인물은 토머스 크롬웰이었다. 헨리 8세를 보좌하는 인물들은 이상하게도 하나같이 이름이 토머스였다. 토머스 모어가 대법관, 토머스 하워드Thomas Howard가 자문위원회 위원으로 중요한 역할을 했고, 사망한 캔터베리 대주교 자리를 토머스 크랜머가 차지했다. 교황은 앞으로 종교개혁의 거친 흐름에서 크랜머가 어떻게 나올지 예상하지 못하고 그를 추기경으로 비준했던 것이다.

다른 나라와 마찬가지로 잉글랜드 교회도 당시 부패 문제가 심각했다. 이 때문에 1512년 성직자 총회에서 존 콜레트가 강력하게 비판한 적이 있다. 성직자들이 세속 일에만 몰두하는 데다가, 카바레에 들락거리며 춤추고 첩을 거느리며 살고 있다는 지적이다. 그러나 이는 교회 내부에서 개혁을 촉구하는 목소리지, 판을 갈아엎자는 건 아니다. 헨리 8세 역시 애초에는 전통적인 가톨릭 신앙에 철저했다. 대륙에서 루터의 종교개

헨리 8세 치세 후반기의 국정 파트너 토머스 크롬웰(왼쪽)과
캔터베리 대주교로 임명된 토머스 크랜머(오른쪽).

혁이 일어났을 때 그는 아주 비판적인 태도를 취했다. 1521년에 그가 쓴
논설 〈7성사의 옹호Assertio septem sacramentorum〉는 기존 가톨릭 교리를 강
력히 옹호했고, 무엇보다 교황의 절대우위권을 주장했다. 당시 교황 레
오 10세는 "선하도다, 헨리여" 하며 그에게 '신앙의 옹호자Fidei Defensor'라
는 칭호까지 하사했다. 이때까지만 해도 바로 그 헨리가 가톨릭 교리를
부인하고 새로운 신교 교회를 만들 거라고는 아무도 예상하지 못했다.

　잉글랜드 왕은 교회와 관련해서 선발허가권을 가지고 있었다. 고위
성직자들에 대한 추천권으로, 그가 원하는 인물을 교황청에 '강추'하
면 대개 그대로 추인되었다. 이렇게 인사권을 쥔 헨리는 비판적인 인문
주의자들과 협력하고 개혁적인 인사들을 중용하며 교회의 부패 문제를

극복할 수도 있어서 잉글랜드 교회는 굳이 로마 교황청과 관계를 끊을 이유가 없었다. 그런데 국왕의 이혼 문제가 판을 뒤집는 결정적 계기가 되었다.

우선 성직자들이 국왕에게 비굴할 정도로 저자세를 취했다. 성직자 총회는 울지가 국내 문제를 교황에게 소청한 것은 영국법을 어긴 것이라며 스스로 13만 파운드의 벌금을 물기로 결정했다. 의회는 성직자 16명, 의회 대표 16명으로 구성된 특별위원회를 꾸려 여기에서 국왕의 이혼 문제를 다루기로 했다. 사태를 빨리 해결해야 했기 때문이다. 국왕의 '여친' 앤 불린이 임신한 상태라 지체할 시간이 없었다. 캔터베리 대주교가 된 크랜머가 교황의 명령서를 겨우 받아내 캐서린을 소환했다. 그녀의 진술을 들어보고 최종 결정을 내리겠다는 것이었다. 그러나 국왕이 원하는 대로 혼인 무효 조치를 내릴 게 불 보듯 뻔했으므로 캐서린이 응할 이유가 없었다. 캐서린이 소환을 거부하자 궐석 판결로 혼인 무효를 선언했다.

"오늘은 저를 순교자의 반열에 올려주시는군요."

그렇다면 이제 어떻게 할 것인가? 이럴 때는 사고의 전환이 필요하다. 종교 문제에서 잉글랜드 국왕은 더 이상 교황의 지배하에 있는 게 아니라 그 스스로 최고 존재라고 선언하면 된다. 교황의 파문을 두려워할 필요도, 교황의 허락을 받을 필요도 없다. 크랜머는 국왕의 혼인 문제는 로마 교황청에 기댈 필요 없이 저명한 신학자 몇 명의 증명만 있으면 충분하다고 설명했다. 그 정도야 어려운 일이 아니다. 옥스퍼드 대학과 케임

브리지 대학에서는 약간의 위협과 회유를 통해 국왕에게 유리한 의견을 얻어냈을 뿐만 아니라, 카를 5세에 적대적인 파리 대학과 이탈리아 대학에서도 국왕이 원하는 의견을 구할 수 있었다. 이를 정리한 의견서를 잉글랜드 의회에 제출하자 의회 또한 맞장구를 쳤다. 1534년에는 수장령이 의회에서 통과되었다. 국왕은 잉글랜드 교회의 최고 '수장首長'이 되었으니, 자기 문제도 자기가 정하면 그만이었다.

이렇게 혼인 무효 문제는 일단락되었다. 캐서린을 궁에서 내쫓은 다음 앤 불린에게 왕비의 방을 주었다. 1532년 국왕과 앤 불린은 비밀 결혼식을 올렸고, 이제 남은 건 앤 불린이 아들을 낳는 일뿐이었다. 그러나 앤 불린이 낳은 아이는 딸이었다. 이 아이가 후일 엘리자베스 1세 여왕이 된다. 그러까지 그녀와 그녀의 어머니는 기구한 운명을 맞았다. 똑똑하고 자존심 강한 여인 앤 불린은 헨리에게 맹목적으로 순종하지 않았다. 때로 그녀의 가문과 관련된 정치 문제에서도 압력을 행사하려 해서 (예컨대 그녀는 친불정책을 유도하려 했다) 많은 적을 만들었다. 이 모든 문제를 덮어버리려면 하루라도 빨리 아들을 낳아야 한다.

1536년 캐서린의 사망 소식이 전해졌을 때, 국왕은 크게 기뻐했다고 한다. 아무리 그래도 전처 사망 소식에 그렇게 기뻐하다니……. 사람이 마음을 이렇게 쓰면 안 되는 법이다. 앤 불린은 두 번째 임신을 했고, 이번에도 아들을 못 낳으면 목숨이 위태롭다는 것을 잘 알고 있었다. 그런데 국왕이 창 시합에 나갔다가 크게 다쳤다는 소식이 들려왔다. 너무 놀란 앤 불린은 유산을 했다. 약 4개월 된 태아는 아들이었다! 이날은 마침 캐서린의 장례식 날이었다.

앤 불린은 죽음을 피할 길이 없었다. 그녀가 정말로 다른 남자와 간통

대역죄로 체포되어 런
던 탑에 갇힌 앤 불린,
에두아르 시보, 1835.

을 했는지는 알 수 없지만, 결국 아들 생산의 실패가 그녀의 운명을 결정
지은 것이 분명하다. 다섯 사람이 앤 불린과 간통을 했다는 죄로 체포되
었다. 그중에는 친오빠도 포함되어 있었다. 이왕 꾸밀 거면 확실하게 '나
쁜 년'을 만들 작정이었던 것이다. 고문 끝에 모두 왕비와 간통을 저질렀
다고 자백했으니, 앤은 꼼짝없이 간통죄, 근친상간, 대역죄(왕을 성적으로
배신한 것은 단순 간통죄가 아니라 대역죄에 해당한다)를 뒤집어썼다. 평소 똑

똑하고 말도 똑 부러지게 잘했던 앤 불린은 죽기 전에 이런 말을 남겼다고 한다. "국왕은 제게 너무나도 잘해주셨습니다. 미천한 소녀를 후작 부인으로, 왕비로 만들어주셨지요. 오늘은 저를 순교자의 반열에 올려주시는군요." 프랑스 물을 먹어서 그런가, 앤 불린은 프랑스의 처형 방식대로 바른 자세로 무릎 꿇고 앉아 참수를 당했다.

국왕의 사랑을 받는 누이

국왕의 결혼과 이별은 점차 가속화되었다. 앤 불린이 처형되고 바로 다음 날, 헨리는 그동안 사귀어오던 궁정 여인 제인 시무어와 약혼했고, 열흘 뒤에 결혼했다. 누구도 말리거나 다른 말을 할 수 있는 분위기가 아니었다. 1537년 10월 12일, 그녀는 기다리고 기다리던 아들을 낳았다. 그가 나중에 헨리의 뒤를 이은 에드워드 6세이다. 그러나 불행히도 산모는 회복하지 못하고 10월 24일에 사망했다.

국왕은 충격을 받았지만, 이제는 충격에서 헤어 나오는 것도 빨라졌다. 헨리는 자신의 통치 30주년과 득남을 함께 기념하기 위해 거대한 궁전 건설에 착수했다. 프랑스의 국왕 프랑수아 1세가 파리 근교와 루아르 지방에 웅대한 성들을 짓고 으스대는데, 나라고 왜 못할쏜가. 서리Surrey 지역에서 보상금을 주어 교회와 주택 들을 부수고 그 자리에 성을 지었는데, 조만간 사람들 사이에 논서치Nonsuch라는 이름이 등장했다. '그와 같은 것은 예전에 없었던' 웅대한 궁이라는 것이다. 이 성은 17세기 말, 찰스 2세의 애첩 바바라가 노름빚을 갚기 위해 건물을 부수고 그 자재들을 팔아먹는 통에 사라져버려서 지금은 그 웅장한 모습을 볼 수 없다.

왕비가 사망했으니 다시 다음 왕비를 간택해야 했다. 이는 물론 국왕의 사생활 문제지만 동시에 국가 정책과도 관련이 깊었다. 이즈음 잉글랜드와 웨일스가 합병되었고(1535), 대륙에서도 카를 5세와 프랑수아 1세가 전쟁을 멈추고 평화 상태에 있었다. 그런데 유독 헨리 8세만 스파이들이 보고하는 위험 요소들에 대해 일종의 편집증이라 할 정도로 긴장하고 있었다. 대륙에서 신붓감을 구하려 했던 것도 이런 사정과 무관하지 않았다. 혹시 대륙의 가톨릭 세력이 잉글랜드를 공격해올까 봐 필요한 동맹을 구하려 했던 것이다.

크롬웰은 25세의 클레브의 앤을 천거했다. 클레브는 오늘날 독일의 라인란트 지방에 있는 작은 공국이다. 크롬웰은 국왕에게 이 여인의 모습을 보이기 위해 한스 홀바인을 파견해서 초상화를 그리도록 했다. 홀바인이 그녀를 너무 미화하여 그렸다는 이야기도 전하지만 사실 완전히 왜곡해서 그린 정도는 아니었다. 오래 전 루브르 박물관에 걸려 있는 이 그림을 유심히 들여다보았는데, 천하의 미녀는 아니지만 그렇다고 아주 못생긴 것도 분명 아니다. 개인마다 취향은 다르니까.

49세의 '돌싱' 헨리는 앤의 초상화를 볼 때에는 아주 흡족해했는데, 정작 실물을 보자 아예 결혼을 포기해버렸다. 곧 의회는 이 결혼을 무효화해주었다. 이때쯤이면 의회도 이런 일에 능숙하게 처신했다. 사실 앤도 크게 항의하지 않았다. 도끼에 목이 잘리지 않는 것만 해도 어딘가. 그녀는 '국왕의 사랑받는 누이The King's Beloved Sister'라는 희한한 칭호를 얻고 집 두 채에 많은 돈을 받고 물러났다. 한 재산 받고 안정된 삶을 살게 된 이 여인은 헨리의 다른 어느 여인들보다 오래 살아남았다.

"제 목이 충분히 길지 않답니다."

한편 국왕께서는 이미 다음 작업을 진행 중이셨으니, 17세의 어여쁜 소녀 캐서린 하워드에 푹 빠져 있었다. 그녀는 크롬웰의 정적인 노포크 공작의 질녀였으므로, 크롬웰의 걱정이 이만저만이 아니었다. 국왕이 자신이 구해온 신붓감은 퇴짜를 놓고 자기 정적의 조카를 사랑하지 않는가. 과연 그는 이 시기에 졸지에 국왕의 은총을 잃었고, 갑자기 대역죄 혐의로 참수되었다. 이런 식으로 누군가를 대역죄인으로 몰아 처형하는 것을 보면 묘한 기시감이 느껴질 정도다. 국왕은 자신에게 그토록 충성을 바친 신하를 몇 가지 사소한 고발 내용을 근거로 잔인하게 처형한 다음 '거참, 괜찮은 인간이었는데' 하고 후회했다고 한다. 크롬웰의 대역죄 역시 여자를 잘못 소개한 것과 관련이 깊다.

젊은 여자와 다섯 번째 결혼을 한 국왕은 아주 흡족했음이 틀림없다. 국왕은 신부에게 죽은 크롬웰에게서 빼앗은 방대한 토지에다가 많은 보석을 선사했다. 그런데 이게 웬일인가, 이 왕비는 나이가 어려 정말 세상 무서운 줄 몰랐는지 토머스 컬페퍼라는 궁정인과 연애 행각을 벌이는 것도 모자라 예전에 연애하고 약혼까지 했던 프랜시스 디어럼을 개인 비서로 채용했다. 세상에 비밀은 없는 법, 곧 크랜머가 조사를 벌여 왕비가 이전에 약혼한 적이 있으며, 그 약혼남이 지금 왕비의 비서로 있다는 사실을 국왕에게 보고했다. 왕비를 지극히 사랑한 헨리는 차마 그 사실을 믿으려 하지 않았는데, 당사자들이 죽음을 자초하고 있었다. 이전에 약혼 관계였다는 사실만 말했다면 국왕은 이번에도 결혼을 무효화하고 멀리 추방하는 정도로 그쳤을 것이다. 그러나 젊은 왕비는 굳이 디어럼이

헨리 8세의 여인들.
1 아라곤의 캐서린
2 앤 불린
3 제인 시무어
4 클레브의 앤
5 캐서린 하워드
6 캐서린 파

자신을 강간했다고 말했고, 디어럼은 왕비가 컬페퍼와 연애를 벌이고 있다고 고해바쳤다. 이들은 모두 사형을 피할 수 없었다.

순진한 건지 멍청한 건지, 왕비는 자신이 참수당할 때 머리를 놓을 받침대를 미리 가져다 달라고 해서 머리를 어떻게 놓으면 좋을지 예습을 했다. 다음 날, 선행학습 덕분인지 형리의 탁월한 솜씨 덕분인지 한 번에 그녀의 목이 잘렸다(이게 잘 안 되면 여러 번 칼질을 해야 하고, 특히 실력 없는 자한테 걸려서 목을 자르는 게 아니라 써는 지경에 이르면 최악이다).

다음 왕비는 누가 될 것인가? 이미 다섯 번 결혼하고 두 번이나 왕비의 목을 벤 헨리에게 누가 시집올 것인가. 왕비 후보 명단에 이름이 올라 있다는 이야기를 들은 마리 드 기즈Marie de Guise는 "제 목이 충분히 길지 않답니다Je n'ai pas le cou assez long"라고 답했다.

그래도 왕비가 될 사람을 구할 수는 있었다. 국왕은 1543년 마지막으로 한 번 더 결혼을 했다. 신부는 부유한 과부 캐서린 파였다. 국왕은 4년 후 서거했고, 왕비가 왕보다 오래 살아남는 데 성공했다. 사실 그녀 자신이 남편이 합계 넷이었다. 헨리 8세는 그녀의 세 번째 남편이었고, 국왕 사망 후에도 한 번 더 결혼을 했다.

6명의 왕비의 운명에 대해 영국에서는 이렇게 가르치니 참고하시라.

이혼divorced 참수beheaded 사망died
이혼divorced 참수beheaded 생존survived

잉글랜드를 발전의 도상에 올려놓다

 국왕의 결혼과 이혼 그리고 처형 과정에서 종교가 바뀌고 정치와 외교가 급변했다. 캐서린과의 혼인 무효 문제를 해결하는 과정에서 헨리 8세는 잉글랜드 교회의 수장이 됨에 따라 교회의 인사, 재정, 행정에 제한 없이 관여할 수 있게 되었다. 여기에 의문을 제기하고 도전하는 행위를 처벌하는 법령도 반포되었다. 마치 '이 조치를 위반한 자와 이 조치를 비방한 자는 비상군법회의에서 심판, 처단한다'는 지난 시대 긴급조치와 성격이 비슷하다.

이 법령에 의해 1535년 로체스터 주교 존 피셔John Fisher와 대법관 토머스 모어가 처형되었다. 피셔는 아예 수장령을 거부했고, 모어는 국왕의 이혼 문제에 대해 반대의 뜻을 굽히지 않았다. 현실의 잉글랜드는 그가 쓴 저서 《유토피아》에 나오는 이상국가와는 거리가 멀었다. 쉽진 않겠지만 모어처럼 의연하게 죽음을 맞으면 멋질 것 같다. 모어는 처형대에 올라가며 형리에게 이런 영국식 유머를 날렸다. "올라가는 걸 좀 도와

주게. 내려가는 걸 도와달라고 하지는 않겠네."

　이후 헨리 8세의 종교 정책은 수시로 바뀌어 따라가기 힘들 정도였다. 1536년 7월 11일에 발표된 첫 독트린인 '10개조'의 내용은 루터파에 근접한 내용이었다. 그런데 1539년에 발표된 '6개조'는 보수적 교리로 후퇴하여, 교황을 인정하지 않는다는 것만 빼고 가톨릭 교리와 거의 일치했다. 어떻게 보면 '교황 없는 가톨릭'으로 보일 법도 하다. 성공회 교리는 후일 엘리자베스 시대에 이르러 완성되었다. 1571년의 '39개조'는 다시 개신교 교리에 훨씬 가까워졌다. 다만 조직은 가톨릭 양식을 그대로 차용하여 주교와 대주교 등이 그대로 남았다.

　종교를 장악한 국왕은 신민들의 육체와 영혼을 모두 지배하는 절대군주가 되었다. 국왕의 명칭 변화가 이를 잘 말해준다. 1509년에는 '신의 은총에 의한 국왕 헨리 8세'로, 1547년에는 '신의 은총에 의한 국왕, 신앙의 수호자이며 잉글랜드와 아일랜드 교회 영토의 수장인 국왕 헨리 8세'로 불렸다.

수도원 해산과 교회·성직자 감찰

새로운 교회의 탄생은 이 나라 사람들의 심성에 장기적으로 지대한 영향을 미쳤지만, 헨리 8세 재위 당시에 한정하여 단기적으로 보더라도 엄청난 결과를 가져왔다. 무엇보다 국왕이 기존 교회의 재산을 빼앗아 유용할 수 있게 된 점을 주목하지 않을 수 없다. 소위 '수도원 해산' 움직임이다.

　16세기 초 잉글랜드와 웨일스에 가톨릭 수도원이 800개가 넘게 있었다. 이 수도원들은 모두 상당한 토지를 보유하고 있었다. 돈에 쪼들리는 국왕이 볼 때 얼마나 탐나는 대상인가. 이제 로마 가톨릭과 관계가 끊어진 이상 이 재산을 차지하지 못한다는 법이 없다. 실제로 국왕이 수도원 재산을 빼앗을 의도를 가지고 주도면밀한 계획하에 수도원을 해산시켰는지는 논란거리지만, 결과적으로는 국왕의 재력이 결정적으로 증대된 것은 분명하다.

사실 헨리 8세 시대에 수도원 해산 조치를 처음 취한 것은 추기경 토머스 울지였다. 울지는 수도사 수가 적고 빈곤하여 운영이 어려운 수도원을 해산시키는 조치를 교황에게 요청하여 허락을 받았다. 그리하여 1524~1529년에 29개 수도원을 폐쇄하고 재산을 거둬들였고, 이를 옥스퍼드 대학 내에 새로운 칼리지college를 건립하는 데 사용했다(그가 세운 카디널Cardinal 칼리지는 현재 크라이스트 처치christ church로 불리는데, 옥스퍼드 대학 내에서도 명망이 높고 귀족적인 학부로 꼽는다). 이 과정을 지켜본 헨리 8세는 막대한 재정 수입을 얻을 수 있는 방법을 알게 되었다. 그는 의회에서 정식으로 법령을 통과시켜 공식적으로 수도원을 해산시켰다.

국왕은 교회의 수장이라는 직함을 사용한 첫 포고로서 수도원을 비롯한 모든 교회와 성직자에 대한 감찰을 명령했다. 그리고 곧바로 교회 토지와 관직에 대해 들어오는 수입을 면밀히 조사했다. 비유컨대 국회에서 특별법을 통과시키고 대통령이 명령을 내려 우리나라 전국의 교회와 절에 대해 세무 조사를 수행하여 재산과 소득을 명확하게 파악하고 종교인들의 비리를 캐냈다고 생각해보자. 말하자면 그 비슷한 조치를 취한 것이다.

충분히 예상할 수 있듯이 의회에 제출된 감찰 보고서, 일명 '검은 책

Black Book'에는 수도사들의 비리에 대한 방대한 정보가 들어 있었다. 이 내용을 토대로 수도원 해산 조치를 취했다. 우선 수입 200파운드 이하, 수도사 12명 이하인 소수도원들부터 손을 보았다. 많은 수도원을 해산시키고 재산은 국왕에게 귀속되었다. 이때 매각된 땅은 조사위원회에 참여했던 사람들과 수도원 해산에 찬성했던 유력자들이 아주 유리한 가격으로 구매했다. 그거야 충분히 예상할 수 있는 일이다.

소수도원 다음 차례는 일반 수도원이었다. 같은 일이 반복되었다. 우선 감찰을 하고, 그 결과를 바탕으로 제2차 수도원해산법을 제정했다. 강제로 해산하기 전에 '자발적으로' 해산하면 봐준다는 식으로 압력을 가하고, 응하지 않는 경우 강제 집행했다. 다만 이렇게 해산된 수도원의 수도사들을 아예 내쫓는 게 아니라 살아남은 다른 수도원으로 보낸 것을 보면 종교제도 자체를 부인하기보다는 경제적 요구가 우선이었던 것 같다. 국왕은 짭짤하게 이익을 챙겼고, 이 과정에서 잉글랜드의 풍경은 크게 변모했다.

헨리 8세야말로 '짐이 곧 국가다'

헨리 8세의 치세는 잉글랜드 역사에 막대한 변화를 가져왔다. 그 변화는 어느 정도였을까?

저명한 역사가 제프리 엘턴Geoffrey Elton은 특히 1530년대에 주목하여 이즈음 정치·행정 면에서 혁명이 일어났다고 판단했다. 소위 튜더 혁명론이다. 토머스 크롬웰의 주도하에 이루어진 조치들로 인해 중앙정부의 관료제가 발전하고 전국적 행정 체계가 만들어졌으며, 다시 말해 근대국가로 발전해갔다는 주장이다. 그러나 다른 역사가들은 그보다는 점진적인 성격을 강조한다. 큰 변화가 이루어졌다고는 해도 여전히 구식의 왕실, 궁정, 파당 등이 잔존해 있었다는 것이다.

영국사에서 헨리 8세만큼 국왕 개인의 존재가 결정적 비중을 차지한 인물은 흔치 않을 것이다. '짐이 곧 국가다'라는 말은 루이 14세보다도 헨리 8세에게 더 어울린다고 할 수 있다(실제로 루이 14세가 그런 말을 한 적은 없다). 우선 국왕 자신이 엄청난 위엄을 과시했다. 국왕은 울지나 크롬웰처럼 강력한 재상을 앞세우고 주요 인사들을 소집해 조언을 들었지만, 모든 중요한 결정은 최종적으로 자신이 내렸다. 185센티미터의 거구인 그는 우선 몸집만으로도 궁정에서 다른 사람을 압도했을 것 같다.

그런데 이 점에서도 역사가들의 의견이 미묘하게 엇갈린다. 한쪽에서는 헨리 8세는 폭군이며 그가 모든 것을 실제로 다 결정했다고 본다. 또 다른 사람들은 표면적으로는 그렇게 보인다 하더라도 사실 국왕은 여러 사람에 둘러싸여 꼼짝 못하고 묶인 존재였다고 해석한다. 그 두 가지 요소가 다 있다고 말하면 다소 치사해 보이지만 가장 안전한 어법이다. 국왕과 그를 둘러싼 무리가 함께 강력한 군주제를 만든 셈이다. 국왕은 심리적으로 강인하면서도 불안정하고 동시에 편집증적이고 모순에 빠진 인간이다. 그를 둘러싼 싱크탱크는 그의 눈치를 안 볼 수 없는 처지여서 국왕이 바라는 바를 짐작하고 그가 원하는 바를 제시하지만, 바로 그 때문에 헨리 8세는 결과적으로 주변 사람들의 수중에 들어가게 되고, 때로는 원래 자기 생각보다 훨씬 더 나아가게 된다. 그러면서도 그는 늘 신하들 간에 경쟁을 부추기고 승진을 미끼로 통제하려 했다. 이 복잡한 게임

에 참여하는 사람들은 많은 희생자의 피를 흘리게 하고, 때로 그들 자신
도 피를 흘려야 했다.

　그 엄청난 폭력을 통해 평화를 지켰으니 실로 큰 모순이다. 결과적으
로 헨리 8세의 노력 덕분에 잉글랜드는 침략과 종교전쟁을 피할 수 있었
다. 만일 그가 국정을 완전히 지배하고 국체를 탄탄히 만들지 않았더라
면 내란이나 더 큰 유혈 사태가 일어났을 수도 있다. 그런 정도의 공헌을
했다면 앤 불린을 비롯하여 많은 여인을 울리고 죽음에 빠뜨리게 한 죄
는 다소 완화시켜 볼 수도 있지 않겠냐는 역사학자들의 견해도 있다.

세계의 패권 국가로 가는 길을 닦다

헨리는 말년에 허리둘레가 54인치나 될 정도로 몸집이 아주 비대했고,
고름이 잡힌 종기가 가득했으며, 통풍 증세도 심했다. 그의 몸매로 보건
대 당뇨병도 심했을 것이다. 또 과거에 창 시합에서 부상을 당했는데 그
후유증도 컸다. 결국 그의 몸이 버티지 못했다. 1547년 1월 28일, 그는
요즘 기준으로는 매우 이른 나이인 55세로 사망했다.

　사후 재산 목록inventory after death이라는 자료가 있다. 사망 직후 망자의
모든 재산 목록을 상세하게 정리하여 기록한 공증 문서이다. 어떤 인물
을 연구하려는 역사가들에게는 매우 중요한 자료다. 중소 상인들을 연구
하면서 내가 보았던 사후 재산 목록이 기껏해야 10쪽 내외였던 데 비해
헨리 8세의 재산 목록은 무려 2만 쪽에 달한다. 그가 남긴 왕관은 순금
3킬로그램에 340개의 보석이 박혀 있다. 금과 은으로 만든 샹들리에는

PARVVLE PATRISSA, PATRIÆ VIRTVTIS ET HÆRES
ESTO, NIHIL MAIVS MAXIMVS ORBIS HABET.
GNATVM VIX POSSVNT COELVM ET NATVRA DEDISSE,
HVIVS QVEM PATRIS, VICTVS HONORET HONOS.
ÆQVATO TANTVM, TANTI TV FACTA PARENTIS,
VOTA HOMINVM, VIX QVO PROGREDIANTVR, HABENT
VINCITO, VICISTI, QVOT REGES PRISCVS ADORAT
ORBIS, NEC TE QVI VINCERE POSSIT, ERIT.

1 헨리 8세와 캐서린 사이에서 태어나 후일 잉글랜드
  여왕이 되는 메리 1세. 마스터 존, 1544년경.

2 헨리 8세와 앤 불린 사이에서 태어난 딸로, 후일 엘리
  자베스 1세가 된다. 작자 미상, 1575년경.

3 헨리 8세와 제인 시무어 사이에서 태어난 유일한 아
  들 에드워드. 손에 쥔 것은 장난감이지만 국왕의 홀
  을 연상시킨다. 한스 홀바인(아들), 1539.

250킬로그램에 달하고, 태피스트리 100여 개, 금박 직물은 수천 야드에 달한다. 그의 재산에 대한 소유욕을 보여주는 또 다른 증거는 그가 물려받은 성이 13채였는데, 아들 에드워드에게 물려준 것은 60채에 이르렀다는 것이다. 이 중에는 짓기만 하고 한 번도 방문하지 않은 곳도 있다.

그가 평생 그토록 소망했던 귀하디귀한 아들이 에드워드 6세로 왕위를 이어받았다. 그러나 그는 당시 9세에 불과했으므로, 헨리는 죽기 전에 유서 형식으로 섭정을 맡아서 행사할 위원회를 구성해두었다. 그리고 자기의 경험에서 살펴보았을 때 아들이 없을 경우 계승 순서를 미리 정해두는 게 중요하다고 판단했을 것이다. 만일 에드워드가 자손 없이 사망하면 다음 왕위는 캐서린에게서 낳은 딸 메리와 그녀의 후손에게 돌아가고, 또 만일 메리에게 후손이 없으면 앤 불린에게서 낳은 딸 엘리자베스에게 돌아간다는 계승 순서도 정해놓았다. 실제 왕위 계승은 이 순서대로 이루어졌다.

튜더 왕조 이전의 잉글랜드는 유럽의 중심지에서 멀리 떨어진 주변국으로서 기껏해야 양이나 쳐서 양모를 대륙에 파는 가난한 국가였다. 그런데 16세기 이후 잉글랜드는 일취월장하여 18~19세기가 되면 세계의 패권을 차지하는 중심국가로 떠오른다. 잉글랜드가 그 찬란한 발전의 도상에 오르게 한 선구자가 폭군이자 편집증 환자이자 호색한인 헨리 8세다. 별로 기분 좋은 말은 아니겠지만, 역사의 발전은 반드시 선한 인물에 의해 이루어지는 건 아니다.

5장

콜럼버스, 에덴동산의 꿈으로
근대를 열다

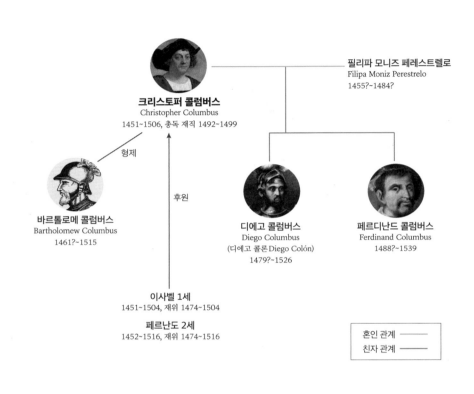

필리파 모니즈 페레스트렐로
Filipa Moniz Perestrelo
1455?~1484?

크리스토퍼 콜럼버스
Christopher Columbus
1451~1506, 총독 재직 1492~1499

형제

후원

바르톨로메 콜럼버스
Bartholomew Columbus
1461?~1515

디에고 콜럼버스
Diego Columbus
(디에고 콜론·Diego Colón)
1479?~1526

페르디난드 콜럼버스
Ferdinand Columbus
1488?~1539

이사벨 1세
1451~1504, 재위 1474~1504

페르난도 2세
1452~1516, 재위 1474~1516

| 혼인 관계 ——— |
| 친자 관계 ——— |

1

신화가 된 콜럼버스

크리스토퍼 콜럼버스를 모르는 사람이 있을까? 그는 1492년 아시아로 가는 신항로를 개척하겠다며 배 세 척을 지휘하여 서쪽 바다로 항해했고, 그 결과 자신도 모르게 아메리카 대륙을 '발견'했으나, 죽을 때까지 자신은 일본이나 중국 어딘가에 갔다 왔다고 믿었다. 이것이 대개 우리가 아는 콜럼버스의 이야기이다. 여기에 더해 지난 시대의 콜럼버스 전기에서는 그를 매우 과학적인 인물로 그렸다. 사람들 대부분은 지구가 평평해서 너무 멀리 항해해가면 배가 낭떠러지로 떨어진다고 믿었는 데 반해, 콜럼버스는 지구가 둥글다는 사실을 알았던 선구적 인물이라는 것이다. 이는 결코 사실이 아니다. 그 시대에 웬만큼 지식이 있는 사람들에게 지구구형설은 상식에 속했다. 사람들 대부분이 미신적인 사고를 가지고 있었는데 콜럼버스만 예외적으로 깨어 있는 선구자라는 식의 신화를 만들어낸 사람은 19세기 미국 작가 워싱턴 어빙Washington Irving이다. 이처럼 콜럼버스는 수많은 신화적 요소가 덧씌워져서 실제 면모는 짙은 어둠 속에 가려져 있다. 최근 연구를 통해 지금까지 몰랐던 콜럼버스의 새로운 모습이 많이 밝혀졌다. 여기서는 중세적 종말론에 경도된 신비주의자였던 콜럼버스의 이야기를 풀어내려고 한다. 우리가 지금까지 알고 있던 콜럼버스와 너무나 달라서 다소 당혹스러울지도 모르겠다.

콜럼버스는 누구인가

사실 우리는 콜럼버스에 대해 너무나 많은 사실을 모르고 있다. 콜럼버스는 어떻게 생겼을까? 오른쪽의 초상화 중 누가 진짜 콜럼버스일까? 여러 책에서 이 모습들을 콜럼버스로 소개하고 있지만 사실 이것들은 하나같이 진짜 콜럼버스의 모습이 아니다. 사실 우리는 콜럼버스의 얼굴을 영원히 알 수 없다. 콜럼버스는 살아 있을 때 초상화를 그린 적이 없기 때문이다. 그의 초상화라고 알려진 것들은 모두 그가 죽고 나서 상상으로 그린 것이다.

　콜럼버스는 어느 나라 사람일까? 이 단순한 문제도 오랫동안 풀리지 않는 난제였다. 이제는 그가 이탈리아의 제노바 출신이라는 사실이 분명해졌지만, 이렇게 밝혀진 것도 그리 오래전 일이 아니다. 역사가들이 제노바에서 콜럼버스 관련 문서들을 찾아낸 것은 20세기에 들어와서다. 과거에는 영국, 프랑스, 에스파냐, 포르투갈, 그리스 등 여러 나라에서 콜럼버스를 자기 나라 인물이라고 주장했다. 지중해에 있는 섬 코르시카에서는 지금도 여전히 콜럼버스가 그곳에서 태어났다고 철석같이 믿고 있으

콜럼버스 사후에 상상으로 그려진 초상화들. 맨 오른쪽이 가장 오래된 초상화로 콜럼버스가 죽고 얼마 지나지 않아 그렸다고 한다. 따라서 실제 콜럼버스의 모습과 가까울 가능성이 가장 크다. 우리가 상상하는 모습과 많이 다르지 않은가!

며, 이 섬의 칼비Calvi라는 도시에는 콜럼버스의 생가라는 집도 보존되어 있다. 혹시 코르시카에 가면 콜럼버스가 제노바 출신이라고 주장하지는 마시기를……. 이곳 사람들은 친절하긴 하지만 자존심을 건드리면 물불 안 가리는 것으로 유명하다.

콜럼버스는 언제 태어났을까? 사실 누구도 정확하게 알지 못한다. 이렇게 유명한 사람의 생일을 모른다는 게 가능한가? 물론이다. 사실 과거에 귀족이 아닌 일반인의 생일을 모르는 것은 하등 이상한 일이 아니었다. 다만 후대 자료를 가지고 콜럼버스가 언제쯤 태어났는지 거꾸로 계산해보면 1451년 여름일 가능성이 크다. 그리고 혹시 자신이 태어난 날의 수호성인을 이름으로 삼는 관행을 따랐다면 크리스토퍼 성인Saint Christopher의 날인 7월 25일이 그의 생일일 수도 있다. 이 역시 하나의 추론일 뿐이다.

'그리스도를 품에 안고 옮기는 자'

콜럼버스가 실제로 크리스토퍼 성인의 날에 태어났는지는 여전히 의문이지만, 그가 평생 이 성인을 강하게 의식하며 살았던 것은 분명하다.

크리스토퍼 성인은 단순무식하고 체격이 엄청나게 큰 이방인으로 묘사된다. 그는 세상에서 가장 힘센 사람을 모시고 싶다는 소망을 품고 있었는데, 사람들에게 어느 도적 무리의 우두머리가 가장 강하다는 이야기를 듣고 그의 부하가 되었다. 그런데 어느 날 이 도둑 우두머리가 예수 십자가상 앞에서 겁을 먹고 덜덜 떠는 것이 아닌가. 그래서 예수가 훨씬 더 힘이 세다고 판단하고 예수를 찾아나선다. 어떻게 하면 예수를 만날 수 있을까 고민하던 그에게 한 수도사가 방법을 가르쳐준다. 그는 키 크고 힘도 세니 강변에 오두막을 짓고 살면서 냇물을 건너는 사람들을 도와주라는 것이다. 크리스토퍼는 그렇게 선행을 쌓다 보면 언젠가 예수를 만날 수 있으리라는 희망을 품고 살았다.

어느 날 "크리스토퍼, 나 좀 도와줘" 하며 그를 부르는 소리가 들렸다. 나가보니 한 아이가 강을 건너고 싶다고 하는 게 아닌가. 아이를 목말을 태우고 강을 건너는데, 어찌 된 일인지 물속에서 아이의 무게가 점점 무거워졌다. 크리스토퍼는 휘청거리며 간신히 강을 건너 아이를 내려놓으면서 말했다. "애야, 너는 이 세상만큼이나 무겁구나." 그랬더니 그 아이가 "잘 들어라, 이 세상을 만든 이가 바로 나이니라" 하고 말하는 게 아닌가. 그 아이가 바로 아기 예수였던 것이다. 예수를 만나 감화를 받은 크리스토퍼는 여러 이적을 일으킬 수 있는 힘을 얻고, 이방인 나라에 가서 전도하다가 순교했다.

아기 예수를 안고 물을 건너는 크리스토퍼 성인. 작자 미상, 1423. 콜럼버스는 크리스토퍼 성인을 자신과 동일시했다.

이 이야기에서 가장 주목할 특징은 크리스토퍼 성인이 예수를 안고 물을 건너갔다는 점이다. 자신의 이름도 크리스토퍼이고 이 성인을 본받아 산다고 할 때, 콜럼버스가 염원한 것은 강을 건너고 바다를 건너 먼 이국땅까지 예수의 뜻을 전하는 사람, 즉 '그리스도를 품에 안고 옮기는 자'가 되는 것이었다.

제노바를 떠나 포르투갈로 가다

콜럼버스는 제노바의 가난한 직조공 집안에서 태어났다. 후일 각국 왕실에 가서 후원을 요청할 때 귀족 출신이 아닌 콜럼버스가 자기 가문에 대해 떠벌리지 않은 데에는 그런 사정이 있었다. 그 때문에 후대의 사람들로서는 콜럼버스의 어린 시절을 비롯해 가족사를 잘 알 수 없다.

그나마 그의 생애에 대해 어느 정도 알 수 있는 것은 콜럼버스의 아들 페르디난드가 아버지의 전기를 쓴 덕분이다. 그런데 이 책에는 콜럼버스가 당대 최고 명문인 파비아 대학을 나왔다고 쓰여 있다. 과연 사실일까? 이를 확인하기 위해 역사가들이 파비아 대학의 학적부를 샅샅이 뒤져보았지만 콜럼버스에 관한 기록은 찾지 못했다. 사실 콜럼버스의 일생 중 대학에 다녔을 시기가 전혀 없으니, 파비아 대학 졸업을 운운하는 것은 사실이 아닐 가능성이 높다. 아들이 오해한 걸까? 아니면 거짓으로 아버지의 학력을 부풀린 걸까? 명확한 사실을 알 수는 없다.

그런데 한 연구자가 이 문제에 관해 흥미로운 가설을 제기했다. 당시 제노바에는 가난한 직조공 아이들에게 읽기와 쓰기를 가르치는 초급학교가 있었는데, 그 학교가 있는 거리 이름이 비코 데 파비아Vico de Pavia였다고 한다. 그러니까 파비아 거리에 있는 초급학교에 다닌 것을 오해하고 파비아 대학을 나왔다고 말했으리라는 것이다. 이 역시 추론에 불과하지만, 콜럼버스가 이 학교에서 기본적인 라틴어를 배웠을 가능성이 없지 않다. 그 외에 다른 어떤 교육기관에서 공식 교육을 받은 것 같지는 않다. 다시 말해 그는 정식 교육을 받지 않고 독학으로 자신의 사고 체계를 정립했다. 독학으로 자신의 사고체계를 만들어갔다는 점이 그를 이해하는 데에 중요한 요소다.

당시 많은 사람이 그러하듯 콜럼버스 역시 어릴 때부터 생계에 뛰어들었다. 아버지를 도와 직조공 일을 하다가 선원이 되어 지중해 여러 지역, 아이슬란드, 아프리카 해안 등지를 돌아다녔다. 이런 경험이 후일 대서양 항해를 계획하는 데 큰 도움이 되었을 것이다.

1476년 콜럼버스는 돌연 포르투갈에 입국한다. 그의 아들이 쓴 전기를 참고하면, 선원으로 일하며 포르투갈 해안을 항해하던 중 그가 탄 배에 불이 나서 바다로 뛰어들 수밖에 없었고, 수영에 능한 그는 해안까지 꽤 먼 거리를 헤엄쳐갔다고 한다. 일부 학자들은 이 이야기가 사실인지 의심한다. 상황이 너무 상투적이기 때문이다. 이 시대의 문학작품에는 불과 물의 시련을 겪으며 재생再生의 경험을 하는 젊은이 이야기가 자주 나온다. 콜럼버스의 이야기 역시 그의 삶을 극적으로 꾸미기 위해 문학적으로 표현한 것은 아닐까?

1470년대 중반부터 그가 리스본에서 살았던 것은 분명하다. 동생 바르톨로메가 리스본에 이미 정착해 살고 있었기 때문에 동생과 함께 서적과 지도를 판매하는 일을 하다가 다시 선원 생활을 했다. 그리고 그곳에서 펠리파 모니즈 페레스트렐로와 결혼한다.

이 여인은 누굴까? 흔히 이야기하듯 무일푼의 외국인 젊은이가 몰락한 귀족 여인과 우연히 만나 결혼에 이른 것일까? 사실 두 사람이 서로 사랑했는지, 이들의 연애나 결혼 생활이 낭만적이었는지 어떤지는 알 수 없다. 그보다는 신부 측 집안이 여태 알려진 것보다 훨씬 중요한 가문이라는 데 주목해야 한다. 당시 포르투갈은 유럽에서 가장 먼저 해외 식민 개척에 나선 나라였고, 신부는 그 가운데 대서양의 마데이라Madeira 제도의 식민 사업을 주도한 집안 출신이었다. 그러니까 상당히 고위 귀족이었고, 무엇보다 포르투갈 왕실과 연결된 가문이었다. 포르투갈 왕실은 해외 개척 사업 관련 사항을 국가 기밀로 엄중하게 취급했다. 콜럼버스는 아내의 가문을 통해 그런 고급 정보를 많이 얻었을 것이다. 그리고 이런 여인과 만난 콜럼버스 또한 결혼 무렵에는 무일푼의 젊은이가 아니라 선원과 상인으로서 상당한 지위에 올랐던 게 분명하다. 제노바의 고문서 보관소에서 콜럼버스가 지중해 각지와 마데이라를 오가며 설탕(당시 '잘나가는' 사업 품목이었다) 매매 사업을 했다는 증거가 많이 발견되었다.

꿈을 실현하기 위한 준비

 콜럼버스는 포르투갈에서 아시아 항해 계획을 구체화하기 시작했다. 당시 유럽 각국은 어떻게 해서든지 먼저 아시아로 진출하고자 했다. 후추, 도자기, 비단 같은 아시아 물건을 유럽에 가져오면 막대한 부를 얻을 수 있으리라 기대했기 때문이다.

1485년부터 콜럼버스는 포르투갈과 에스파냐 왕실에 아시아 항해 사업을 제안했다. 서쪽 바다를 통해 아시아에 쉽게 갈 수 있는 항로를 개척할 자신이 있으니 배와 선원, 항해 물품 등을 지원해달라고 했다. 그렇지만 선단을 하나 꾸려 내보내는 데에는 거액이 들기 때문에 쉽게 결정할 사안이 아니다. 포르투갈 왕실은 검토위원회를 만들어 그의 사업 제안을 연구해보도록 했다. 학자들과 경험 많은 선원, 법률가 등으로 구성된 위원회가 그의 계획을 꼼꼼히 검토했다. 그러나 심사 결과 그의 제안은 기각되었다. 그의 계획은 실현 가능성이 전혀 없는 허황된 생각이라는 이유에서였다. 아시아까지 항해 거리를 너무 짧게 잡았고, 중간에 '시팡구

(오늘날의 일본)'에 기항한다는 식의 주장은 아예 믿지 않으려 했다. 사실 누가 봐도 콜럼버스보다는 심사위원들의 지리 지식이 훨씬 정확했다. 현재 우리는 유럽과 아시아 중간에 아메리카 대륙이 있다는 것을 알고 있지만 당시에는 그 사실을 몰랐으니, 당대 지리 지식으로 보면 유럽과 아시아 사이에는 실로 엄청나게 큰 바다가 가로막고 있어서 가는 도중 죽을 확률이 높다고 본 것이다.

그때 바르톨로메우 디아스Bartolomeu Diaz가 이끄는 선단이 남아프리카를 돌아가는 아시아 항로를 개척하고 돌아왔다. 1488년 2월의 일이다. 포르투갈의 입장에서는 이제 확실한 아시아 항로가 열린 마당에 미심쩍은 서쪽 항해 사업을 시도할 이유가 없었다. 콜럼버스도 그렇게 생각하고 에스파냐 쪽으로 방향을 틀었다. 경쟁 국가인 포르투갈이 남쪽 항로를 열었으니 에스파냐에 서쪽 항해 사업을 제안하는 편이 낫겠다는 생각에서였다. 콜럼버스는 서쪽 방향으로 훨씬 쉽고 빠른 항로를 개척하겠다는 사업 계획을 에스파냐 왕실에 들이밀었다. 이 역시 위원회가 조직되어 사업안을 검토했으나 실현 가능성이 없다고 결론 내렸다. 이에 굴하지 않고 콜럼버스는 자신을 도와주는 궁정 인사의 힘을 빌려 재차 왕실에 접근했다. 이사벨 여왕은 아주 호의적으로 응답하여, 그에게 상당한 자금을 주면서 궁정으로 오라고 명했다. 이번에야말로 사업 계획이 채택될 것인가?

왕실에서는 다시 위원회를 구성하여 그의 사업안을 재검토하라고 지시했다. 하지만 위원회의 결론은 똑같았다. 몇 년에 걸친 노력이 물거품이 되었다. 이제 에스파냐에서도 지원 받을 가능성이 없자, 그는 영국이나 프랑스 왕실 문을 두드려보기 위해 에스파냐를 떠날 채비를 했다.

서쪽 항로를 개척하는 항해 사업의 지원을 받기 위해
에스파냐의 페르난도 2세와 이사벨 1세 공동 왕 앞에서
자신의 사업을 설명하는 콜럼버스. 바츨라프 브로직, 1884년경.

　이때 다시 한번 드라마틱한 장면이 펼쳐진다. 콜럼버스가 영영 에스
파냐를 떠나려던 찰나 이사벨 여왕이 그를 다시 불러들였다. 회계담당관
루이스 산탄헬이 여왕을 설득한 것이다. 이 사업은 실패 가능성이 높지
만 그렇다고 성공 가능성이 전혀 없지도 않다. 만약에 성공하면 단번에
해외 개척 사업의 선두에 설 기회인데, 우리가 거절한 제안을 혹여 이웃
나라가 받아들여 성공한다면 어쩔 것인가. 사업비용도 감당 못할 정도는
아니니 속는 셈 치고 한번 도와주자 해서 1492년에 콜럼버스의 사업 계
획은 어렵사리 통과되었다.

특별한 1492년

사실 콜럼버스의 사업 계획이 통과된 데에는 다른 요인들도 작용했다. 여기서 1492년이라는 해의 의미를 생각해봐야 한다. 1492년은 콜럼버스의 항해 외에도 에스파냐 역사에서 중요한 사건들이 일어난 해다.

우선 에스파냐 땅에 남아 있던 무슬림 세력을 최종적으로 몰아낸 해이다. 오래전 무슬림은 서아시아에서부터 팽창해와서 아프리카 북부를 완전히 석권하고 8세기에 지브롤터 해협을 건너서 이베리아 지역을 오랫동안 지배했다. 그 후 오랜 세월에 걸쳐 북쪽의 기독교 세력이 무슬림들을 점차 밀어냈는데 이것을 레콩키스타Reconquista(재정복운동)라고 부른다. 15세기에 이르면 무슬림 세력은 에스파냐 남부의 그라나다 지역에만 남아 있는 상태였다. 마지막으로 이마저 몰아낸 것이 바로 1492년이었다.

이와 동시에 국내에 거주하던 수많은 유대인을 축출했다. 무슬림 세력을 몰아내고 카스티야와 아라곤이 통합하여 성립된 에스파냐는 이제 자국을 가톨릭 신앙을 수호하는 마지막 보루로 규정했다. 그런 마당에 유대인을 더 이상 국내에 용인해서는 안 된다고 결정한 것이다. 국왕이 유대인들에게 내린 명령은 몸만 떠나고 그들의 재산은 남겨두라는 것이었다. 국왕은 가톨릭을 지킨다는 명분을 얻는 것과 동시에 엄청난 재산까지 빼앗았다. 1492년에 "콜럼버스는 아메리카 대륙을 발견하고 에스파냐 왕은 유대인을 발견했다"는 말이 나온 연유다.

일련의 사건들은 모두 내적으로 연결되어 있다. 무슬림을 축출하여 영토를 완전히 되찾고, 유대인까지 축출하여 종교적으로 통일된 국가를 건설한 후, 그 힘이 바깥으로 팽창해서 아메리카 대륙을 발견한 것이다. 아메리카에 간 에스파냐 사람들은 현지 주민들을 가혹하게 착취하고 거리낌 없이 살해했다. 그들에게 아메리카 개척 사업은 중세부터 근대 초까지 줄곧 이어진 '이교도와의 전쟁'의 연속이라는 성격을 띠고 있었기 때문이다.

독학으로 만들어낸 세계관

콜럼버스의 항해는 모두 네 차례에 걸쳐 이루어진다. 1차 항해가 1492년 8월부터 1493년 3월까지이고, 2차 항해는 1493년 9월부터 1496년 6월까지다. 그리고 3차 항해는 1498년 5월부터 1500년 8월까지, 그리고 마지막 4차 항해는 1502년 5월부터 1504년 11월까지 이루어진다.

우리는 우선 이 시대의 항해에 대해 다시 한번 생각해봐야 한다. 연안항해는 어느 문명권에서나 다 있었다. 육지 가까운 바다에 나갔다가 폭풍우가 친다든지 위험의 기미가 보이면 얼른 귀환하는 식의 항해는 어디랄 것 없이 발달해 있었다. 문제는 대양 항해다. 이 시대의 선박은 엔진이 아닌 돛을 이용하는 범선인 데다 초보적 관측기구에 의존하여 방향을 잡아야 하는 위험에 놓여 있었다. 이런 상황에서 먼 바다로 나갔다가 바람과 조류를 제대로 타지 못하면 망망대해에서 표류하다 꼼짝없이 죽게 된다. 상황이 이럴진대 대서양을 건너 아시아로 가기 위해서는 확실한 계획과 대비책이 있어야 한다. 무엇보다 유럽과 아시아 대륙의 위치와 크기, 그리고 대서양 전체의 풍향 및 조류 체계를 파악하고 있어야 한다. 말하자면 지구 전체의 형상과 바다에 대한 지식 체계를 갖추어야 한다.

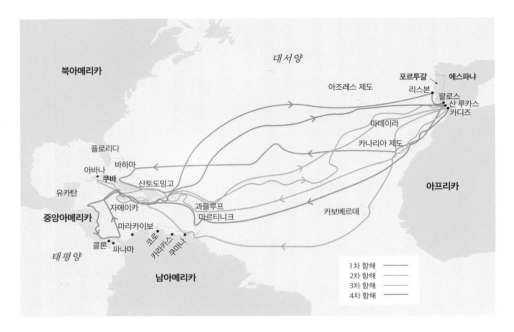

크리스토퍼 콜럼버스의 항해.

그렇다면 콜럼버스는 그런 지식을 어떻게 얻었을까? 앞서 말한 대로 '독학'이다. 그는 선원들 세계에서 여러 정보를 접했을 테고, 또 많은 책을 읽어 지리에 대한 지식도 얻었다. 이것들을 종합하여 나름대로 세계의 대륙과 바다에 대한 지식 체계를 형성해간 것이다. 사실 여기에 문제가 있다. 독학이라는 것은 때로는 기발하고 독창적인 이론을 만들어내지만 그보다는 아집에 빠져 기이한 주장을 펼칠 가능성이 크다.

어쨌거나 콜럼버스가 열심히 공부한 것은 분명하다. 무엇보다 그는 책을 엄청나게 많이 가지고 있었다. 당시는 구텐베르크의 활판 인쇄술의 등장으로 책의 출판이 본격적으로 시작되던 시기다. 대략 1500년까지 출판된 초기 인쇄 서적을 인큐나불라incunabula라고 하는데, 이것은 아무나 가질 수 없는 매우 귀한 물건이었다. 그런 시기에 평민 출신 선원인 콜럼버스가 1만 5,000권의 책을 수장했다고 하니 이는 실로 특이한 일이 아닐 수 없다. 오늘날 그의 보유 장서 가운데 많은 책이 유실되고 현재 2,000권이 남아 세비야 대성당의 '콜럼버스 장서Biblioteca Colombina'를 구성하고 있다(콜럼버스의 후손 가운데 책을 팔아먹은 사람이 있었던 것이다).

콜럼버스는 책 읽는 습관도 남달랐다. 그는 책 여백에 거침없이 자신의 생각을 라틴어로 적어놓았는데, 바로 이 주석이 그의 내면세계의 발전을 이해하는 데에 결정적으로 중요한 자료가 된다. 이를 통해 콜럼버스가 어떤 책을 읽었는지 알 수 있고, 또 그 내용을 어떤 식으로 이해 혹은 '오해'했는지 파악할 수 있기 때문이다.

콜럼버스는 책을 읽을 때 어떤 부분을 주목해서 봤을까? 그는 지구구형설 같은 것에는 별 관심이 없었다. 이미 말했다시피 지구구형설은 그 시대에는 이미 상식에 속했다. 그보다는 지구의 크기가 주요 관심사였다. 책에 '지구가 작다'는 내용이 나오면 그 옆에 많은 주석을 달았다. 지구가 크면 항해 거리가 길어지고 항해의 성공 가능성도 낮아지지만, 반대로 지구가 작으면 항해 거리도 짧아지고 성공 가능성도 높아지는 셈이니 콜럼버스에게 유용한 정보였다. 콜럼버스가 관심을 두었던 또 다른 주제는 육지와 바다의 비율이다. 현재 우리는 육지보다 바다의 면적이 훨씬 크다는 것을 알고 있지만, 당대에는 육지와 바다 중 어느 쪽이 더 큰지 논쟁이 벌어졌다. 책에 '육지가 더 크다'는 내용이 나오면 콜럼버스는 아주 기뻐했다. 항해 거리가 짧아지기 때문이다. 콜럼버스는 책 곳곳에 방대한 양의 주석을 달았다. 그가 보기에 중요한 내용이다 싶으면 특이한 손가락 그림을 그려 넣었다. 이런 부분은 콜럼버스의 사고 형성에 지대한 영향을 끼쳤다.

콜럼버스에게 가장 큰 영향을 끼친 책은 《이마고 문디Imago Mundi》('세계의 이미지' 또는 '세계의 상像'이라는 뜻)다. 이 책은 캉브레 주교이자 추기경이며 파리에서 활동했던 신학자 피에르 다이이Pierre d'Ailly(1350~1420)가 저술한 세계지리책으로, 1480~1483년 사이에 루뱅에서 출판되었다. 이 책은 단순히 세계지리 내용만 기술한 것이 아니라 천문, 점성술, 신학에 관한 내용도 포함된 일종의 백과사전이었다. 콜럼버스는 이 책에 무려 898개나 되는 라틴어 주석을 달았다. 특히 8장에 집중적으로 주석이 달린 것으로 보아 이 부분이 콜럼버스의 사고 형성에 결정적인 영향을 미쳤으리라고 생각한다. 그런데 그 내용은 저자인 피에르 다이이의 독창적인 발상이 아니라 13세기 영국의 철학자인 로저 베이컨Roger Bacon(1214~1294)이 쓴 책 내용을 거의 그대로 옮긴 것이다. 요즘 같으면 표절 혐의로 학계에서 퇴출되었을 테지만, 당시는 사정이 달랐다. 오히려 이런 중요한 내용은 다시 정리해서 세상에 널리 알려야 마땅하다고 판단했을 것이다. 그렇다면 로저 베이컨은 그 내용을 직접 생각해낸 것일까? 그렇지도 않다. 그 또한 9세기 전반에 활약했던 아랍 천문학자 알프라가누스Alfraganus의 책을 보고 베꼈다. 그러니까 콜럼버스의 지구관의 원류는 실상 아랍 지리학에 가서 닿게 된다.

《이마고 문디》에서 콜럼버스를 매료시킨 내용이 바로 "지구가 굉장히 작다"는 것, 그리고 "육지와 바다의 비율이 6 대 1"이라는 것이다. 육지가 6이고 바다가 1이라면 유럽과 아시아 사이에 놓인 바다가 매우 작을 테고, 이 바다를 건너는 것은 생각보다 어렵지 않은 일이 될 터이다. 그는 마르코 폴로Marco Polo(1254~1324)의 《동방견문록》에서 읽은 내용으로 이 주장을 보충했다. 마르코 폴로의 여행 기록을 따라가보면 유럽에서 출발하여 동쪽으로 엄청난 거리를 여행한 것으로 그려져 있다. 이는 아시아 대륙이 아주 크다는 뜻이고, 바꿔 말하면 반대 방향에서 유럽을 출발해 아시아로 가는 항해 거리가 짧다는 의미다. 또 여기에서 콜럼버스가 주목한 것은 아시아 동쪽에 지붕이 황금으로 덮인—혹시 초가집을 멀리서 보고 착각한 것이 아닐까?—부유한 나라 일본이 있고, 그 주변으로 7,000개에 달하는 섬이 산재해 있다는 내용이다. 항해 도중에 물과 식량을 보급 받을 수 있는 섬이 많다는 것은 중요한 요소다. 이런 모든 정황을 놓고 볼 때 서쪽 방향으로 항해해 아시아로 가는 항해가 그리 어려운 일이 아닐 것이라고 판단했을 것이다. 당시 유럽 선원들은 포르투갈 서쪽에 있는 아조레스 제도나 마데이라 제도까지는 비교적 쉽게 항해했다. 그러니 일단 이 지역까지 찾아간 다음 여기에서 필요한 물품을 보급 받은 후 본격적으로 대서양 항해를 하여 우선 일본을 찾아가고 그다음에 중국이나 인도까지 항해하는 계획을 짰던 것이다. 콜럼버스가 아메리카 대륙에 도착했을 때 드디어 아시아에 왔다고 생각했던 것은 당연하다. 자기가 원래 아시아라고 생각했던 바로 그 지점에 도착했기 때문이다.

여전히 중세의 세계관 속에 살다

콜럼버스가 네 번의 항해를 하는 동안 기록한 항해일지는 대부분 사라졌지만, 그 가운데 1차 항해 일지는 일부 남아 있다. 불행하게도 원본 그대로는 아니고 라스 카사스 신부가 자신의 생각을 더해 편집한 형태라 해독하는 데 어려움이 있고, 때로는 왜곡을 피할 수 없지만, 콜럼버스 항해의 실상을 파악하는 데 귀중한 자료이다.

그의 항해일지에는 때로 이해하기 힘든 내용이 있다.

내가 본 지구의와 세계지도에 따르면 일본은 이 지역에 분명히 있어야 한다.

이 말은 암만 생각해도 기이하다. 유럽인 중에 그가 처음으로 이 바다를 항해하고 있는데 어떻게 이 지역의 지도를 본단 말인가? 처음 와보는 곳이지만 그럼에도 훤히 알고 있다는 투다. 그는 당대의 지리 지식을 조합해서 만든 자신의 세계관으로 세상을 보고 있었기 때문에 '지금쯤 일본을 지날 때가 됐는데…' 하고 생각한 것이다. 섬이 나오지 않으니 배가 우연히 섬과 섬 사이의 바다를 통과했다고 판단하고서는 '돌아올 때 일본을 들러야지' 하고 정리한 것이다. 그는 이런 판단을 할 때 세계지도와 지구의를 참고했다고 기록했다. 그가 참고한 지도와 지구의는 무엇이었을까?

현재까지 전하는 가장 오래된 지구의는 독일의 항해가이자 지도제작자인 마르틴 베하임Martin Behaim(1459~1507)이 만든 것으로, 제작연도가 마침 1492년이다. 그러나 연구자들은 콜럼버스와 베하임이 직접 만났을 가능성은 없다고 본다. 이 지구의를 보면 실제로 유럽에서 일본(시팡구 Cipangu)까지 거리가 멀지 않고, 아시아 동쪽 바다에 무수히 많은 섬이 그려져 있다. 베하임이든 콜럼버스든 모두 자신만 홀로 그런 생각을 한 게 아니라 당시 지리 지식의 큰 흐름 속에 있었음을 말해주는 대목이다.

1492년 마르틴 베하임이 만든 지구의의 평면 그림.
콜럼버스가 생각한 것과 마찬가지로 유럽에서 멀지 않은 곳에 일본(시팡구)이 있고,
전설에 나오는 성 브렌단 섬도 표시되어 있다.

한 가지 흥미로운 점은 일본 옆에 성 브렌단Saint Brendan 또는 Brandan의 섬이 표시되어 있다는 것이다. 브렌단은 5~6세기 아일랜드에 살았던 수도승으로, 대서양을 항해하다가 축복받은 영혼들이 사후에 가게 되는 '행복의 섬'을 찾았다는 중세 설화의 주인공이다. 현재 우리가 보기에는 이 이야기 속 섬은 어디까지나 상상의 산물이고, 또 15~16세기 사람들도 의당 그렇게 판단했으리라 믿는다. 과연 그럴까? 당시 유럽인들은 신화와 전설 속 요소들을 실제라 믿었고, 따라서 과거 기록을 통해 브렌단 섬의 위치를 가늠하고 지도에 당당하게 표기한 것이다. 성경이나 설화를 문자 그대로 믿는 것이 콜럼버스만의 순진한 생각이 아니라 많은 사람이 공유하던 사고방식이었다는 것은 당시의 지도를 통해서도 확인할 수 있다.

콜럼버스가 가지고 간 세계지도는 무엇이었을까? 그는 당시 구할 수 있는 중세 지도 중 하나를 가지고 출발했을 것이다. 지금까지 남아 있는 유명한 중세 지도 중 하나인 엡스토르프 지도Ebstorf map(1235)를 살펴보자.

이 지도는 현대의 지도와는 근본적으로 다른 흥미로운 특징을 지니고 있다. 우선 위쪽이 동쪽이고 아래쪽이 서쪽, 오른쪽이 남쪽, 왼쪽이 북쪽을 나타낸다. 동쪽 끝, 그러니까 지도의 가장 위쪽에는 예수의 얼굴이, 가장 아래 서쪽 끝에는 예수의 두 발, 그리고 남쪽과 북쪽 끝에는 예수의 손이 그려져 있다. 즉 이 세상이 예수의 품 안에 있다는 것이다. 지도의 정중앙, 즉 세계의 중심에는 예루살렘이 위치하고 그 외의 부분에는 성경에 나오는 이야기들로 채워져 있으며, 특히 동쪽 끝 예수 얼굴 부근에 에덴동산이 그려져 있다. 성경을 '문자 그대로' 믿던 당시 사람들은 〈창세기〉에 적혀 있는 대로 아시아 동쪽 끝에 에덴동산이 실재한다고 믿고

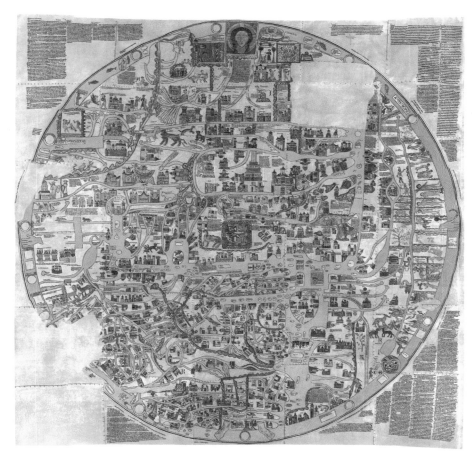

중세에 만들어진 엡스토르프 지도.
지리적 정보를 전달하기 보다는 종교적 의미가 훨씬 강했다.

지도에도 그것을 표시해놓은 것이다. 아담과 이브, 뱀의 모습까지 예쁘게 그려져 있다. 이 같은 중세 지도를 '마파문디Mappa Mundi'라 부른다.

이런 지도는 종교적인 의미가 강했다. 즉, 지리적 공간만 보여주는 게 아니라 성경에 나오는 사건들이 시대별로 그림으로 표현되어 인류가 살아온 시공간을 나타낸다. 이 세상은 단순히 산맥과 강이 펼쳐진 물리적 공간이 아니라 종교적 의미로 충만한 곳이며, 이를 표현한 마파문디는 우리가 어디에서 왔고 또 결국 어디로 돌아가야 하는지 인류 역사의 목표를 제시한다. 이런 지도를 놓고 방향을 잡아가는 콜럼버스의 항해 역시 단순히 바닷길을 따라가는 게 아니라 의미가 가득한 '세계사적이고 우주론적인' 길을 찾아가고 있었다.

당시 사람들은 천국과 지옥 혹은 전설상의 공간 등을 추상적인 개념이 아니라 이 세상에 실재하는 구체적인 장소로 여겼다. 콜럼버스 역시 당대 널리 퍼져 있던 여러 전설과 신화적 내용을 곧이곧대로 믿었다. 콜럼버스가 쓴 항해일지에는 개 주둥이를 가지고 있고 사람을 잡아먹는 식인종이 사는 보이오 섬, 이마에 눈이 하나 달린 사람들이 사는 나라, 여인국女人國 아마존 같은 희한한 내용들이 나온다. 콜럼버스는 여전히 중세의 세계관 속에서 살아가고 있었던 것이다.

새로운 땅에 발을 내딛다

 1492년 8월 3일, 산타마리아호, 니냐호, 핀타호 세 척의 배가 에스파냐 팔로스 항을 떠났다. 이 배들은 카나리아 제도에 들러 수리와 보급을 마치고 본격적인 대서양 항해를 시작했다. 날씨가 생각보다 좋아 항해는 순조로웠으나, 콜럼버스의 예상과는 달리 한 달이 넘도록 섬과 육지가 보이지 않았다. 선원들이 불안을 느껴 뱃머리를 돌려 귀환하자고 주장했고, 급기야 반란에 가까운 사태가 벌어졌다. 서인도 제도에 도착하기 이틀 전의 일이다. 2~3일 더 항해해 보자고 선원들을 가까스로 설득하여 가던 도중에 육지가 가까이 있다는 여러 징조가 보이기 시작했다.

드디어 10월 12일 새벽, 카나리아 제도를 떠난 지 33일 만에 육지를 보았다. 콜럼버스는 일본이나 중국 어딘가에 도착했으리라 믿었지만, 그곳이 바하마 제도의 한 섬이며, 아시아는 훨씬 먼 곳에 있다는 사실은 알지 못했다. 해가 뜨자 콜럼버스는 부하 몇 명과 함께 무장 상륙정을 타고 섬에 상륙했다. '구대륙'과 '신대륙'이 조우하는 역사적인 순간이었다.

대서양을 건너 아메리카에 상륙하다

왕실 깃발을 든 콜럼버스는 상륙하자마자 곧 이 섬을 산살바도르('구세주'라는 뜻)로 명명한 후 에스파냐 왕과 여왕(공동 군주였다)의 소유로 삼는다고 선언하고, 또 이 사실을 증언한다며 서로 선서했다. 곧 벌거벗은 사람들이 몰려와 처음 보는 이상한 사람들의 괴이한 행동을 지켜보았다. 물론 콜럼버스 일행은 현지 주민들의 말을 이해할 수도 없었고, 또 굳이 그들의 의견을 물으려 하지도 않았다. 사실 현지인들의 문화·경제 수준은 극히 낮아 보였다. 이들의 창에는 쇠붙이 대신 생선 이빨이 붙어 있었다. 콜럼버스가 현지인들에게 칼을 보여주자 무기를 모르던 주민들은 칼날을 잡아서 손에 상처가 났다. 마치 유럽의 무력이 장차 신대륙 주민들을 억압하게 되리라는 상징처럼 보인다. 콜럼버스는 이날 일어난 일을 상세히 기록한 뒤 이렇게 정리했다.

> 그들은 훌륭하고 똑똑한 하인이 될 것이다. 우리가 해준 모든 말을 아주 빠르게 따라하기 때문이다. 그리고 종교가 없어 보이므로 아주 쉽게 기독교도가 될 것으로 믿는다. 우리 주님을 기쁘게 해드리기 위해 귀환할 때 그들 중 여섯 명을 잡아다가 국왕 전하께 데리고 가서 말하는 법을 배우도록 할 것이다.

아메리카 대륙에 상륙한 콜럼버스와 선원들. 벌거벗은 현지 주민들이
이들의 행동을 살피고 있다. 존 벤덜린, 1847.

자기네들과 똑같은 말을 하지 않으면 그들에게는 언어가 없는 것이고, 기독교를 믿지 않으면 종교가 없는 것과 같다. 말을 빨리 따라하는 것으로 보아 우리 말을 금방 배울 것이니 곧 좋은 하인이 될 것이다. 그래서 돌아갈 때 본보기로 여섯 명을 붙잡아서 군주께 보여드리면 좋아하실 것이다……. 약 1만 5,000년 정도 서로 격리되어 살아온 사람들이 마침내 만난 첫날, 유럽인들은 곧장 이곳을 지배해 주민들을 노예로 삼으리라 결정한 것이다.

이후 에스파냐인들은 주변 지역을 항해하면서 이곳이 정확히 어디인지 파악하고, 동시에 자신들이 애타게 찾는 금과 향신료가 어디에 있는지 살폈다. 때로 현지 지배자와 친교를 맺기도 하고 때로 꽤 강력한 주민들의 공격에 맞서 전투를 벌이기도 했다. 그런 가운데 핀타호가 제멋대로 이탈했다가 돌아오기도 하고, 산타마리아호가 침몰하는 사건도 발생했다. 이 항해에서 얻은 직접적인 소득은 거의 없지만, 항로를 확인한 것으로 만족하고, 일부 선원들은 현지에 남겨두고 요새를 건설하도록 한 후 나머지 선원들과 함께 에스파냐로 귀환했다(남겨두고 온 선원들은 어찌 된 영문인지 모르겠으나 후일 모두 살해되었다).

항해를 마치고 귀국한 콜럼버스는 영웅이 되었다. 이때가 그의 일생에서 가장 행복했던 시절이었을 것이다. 그는 국왕에게 자신이 보고 온 '아시아' 땅에 대해 보고하고 다시 그곳에서 금과 향신료를 찾아 큰 부를 얻어오겠다고 장담했다. 2차 항해는 '발견'을 넘어 식민 사업의 성격을 띠었다. 17척의 배에 1,000명 이상의 인원이 참여했고, 온갖 가축과 종자, 도구 등을 싣고 다시 대서양 항해를 했다. 그러나 이번 항해 역시 기대에 못 미치는 결과를 얻었다. 금과 향신료는 여전히 찾지 못했다. 그러는 동

1차 항해를 마치고 귀국한 콜럼버스는 영웅 대접을 받았지만,
이후 신뢰를 잃어갔다. 작자 미상, 1870.

안 이 땅은 식민지로 전락하고 주민들은 학살당하거나 노예로 잡혀갔다.
에스파냐 당국도 점차 현지에서 어떤 일이 일어나는지 파악했다. 이사벨
과 페르난도 두 국왕은 콜럼버스에 대한 신뢰를 점차 잃어갔다.

"제가 드디어 에덴동산을 보았습니다."

1, 2차 항해에서 원하던 금광을 찾지 못했지만 콜럼버스는 여전히 하느
님의 뜻을 의심치 않았다. 3차 항해를 준비하면서 콜럼버스의 머릿속에

뭔가 떠오른 것이 있었으니, 바로 '3'이라는 숫자다. 기독교에서 3이라는 숫자는 특별한 의미가 있다. 삼위일체가 대표적이다. 그래서 하느님이 이 세 번째 항해에서는 금광을 열어줄 것이라고 기대했다.

지난 두 번의 항해에서 금을 발견하지 못한 이유는 항해 방향을 대각선으로 잡다 보니 금이 많이 나는 적도 지방까지 찾아가지 못했기 때문이라고 보았다. 그래서 이번 3차 항해에서는 먼저 아프리카 해안을 따라 남쪽을 향해 적도까지 내려간 다음, 그곳에서 우회전해 직진하기로 결정했다. 같은 위도 지역에서는 같은 물질이 날 테니 아프리카에서 금이 나는 지역까지 내려가서 그 위도를 따라 서쪽으로 가면 아시아의 금광을 발견하게 될 것이라고 생각한 것이다.

결과적으로 이번 항해는 위험이 뒤따랐다. 범선의 시대에 무풍無風 지대로 들어가면 곧 죽는 것과 다름없었는데, 콜럼버스는 제 발로 그곳을 찾아 들어간 꼴이었다. 바람이 안 불어 오도 가도 못하는 상황을 맞았지만, 마침 이상기후로 갑자기 폭풍우가 몰아친 덕분에 겨우 그곳을 탈출해서 목숨을 건졌다. 그 후 서쪽으로 항해해서 마침내 다시 육지를 만났다. 자기도 모르게 남아메리카 대륙을 찾아간 것인데, 물론 콜럼버스는 그곳이 어디쯤인지 전혀 감을 잡지 못했다.

오랜 항해 끝에 다시 발견한 육지의 형상이 그에게는 세 개의 봉우리가 연달아 있는 것처럼 보였다. 콜럼버스는 역시 하느님이 3이라는 숫자를 통해 뭔가 징조를 보여준다고 생각했다. 그래서 그곳을 삼위일체를 뜻하는 트리니다드Trinidad, 영어로 trinity라고 이름 붙였다.

이 부근에서 콜럼버스는 이상한 현상을 목도한다. 육지에서 바다로 엄청나게 큰 민물이 내려오고 있는 것이다. 이게 무슨 현상일까 고민하던 그는 이번에도 성경에서 답을 찾았다. 에덴동산에서 네 개의 큰 강—기혼 강, 비손 강, 유프라테스 강, 티그리스 강—이 발원하며, 이 강들이 우리가 살아가는 이 세상 모든 물의 근원이라고 당시 사람들은 굳게 믿었다. 콜럼버스는 바다로 밀려 내려오는 거대한 민물을 보면서 에덴동산이 여기서 멀지 않다고 생각했다. 에덴동산의 네 개 강 중 하나는 바다로 직접 흘러들어간다고 정리한 것이다. 그러나 사실 그 민물의 정체는 홍수 때 큰물이 밀려 내려오는 오리노코 강이었다.

콜럼버스는 드디어 에덴동산 입구에 도달했다고 결론을 내렸다. 그렇지만 자신이 당장 그곳에 들어가는 건 허락되지 않을 것이고, 하느님이 다만 위치만 가르쳐준 것이라고 이해했다. 그곳으로 인류를 인도하는 과업은 마지막 황제라든지 다른 누군가가 맡게 될 것이고 자신은 단지 보조 역할을 한다는 것이다. 에덴동산에서 시작된 인류사가 에덴동산으로 회귀하는 데 이제 거의 막바지 시점에 도달한 것이라 생각하고는 교황 알렉산드로스 6세에게 "제가 드디어 에덴동산을 보았습니다"라고 편지를 보냈다.

그러나 결과적으로 3차 항해에서도, 마지막 4차 항해에서도 금을 찾는 것은 실패했다. 3차 항해 당시 현지에서는 그의 부하가 반란을 일으켰고, 이를 알게 된 국왕은 조사관을 파견했다. 조사관은 콜럼버스를 체포하여 본국으로 소환했다. 1500년 10월, 콜럼버스는 쇠사슬에 묶인 채 압송되었다. 사실 선장은 쇠사슬을 풀어주려고 했으나 콜럼버스는 일부러 그것을 거부함으로써 자신이 부당한 피해자임을 연출했다.

에스파냐 궁정에 나타난 콜럼버스는 바닥에 쓰러져 대성통곡을 했고, 두 국왕은 쇠사슬을 묶은 것은 자신들은 모르는 일이라며 그를 위로했다. 콜럼버스는 다시 한번 자신을 현지에 보내달라고 요청했다. 금광을 찾아 지금까지의 실패를 일거에 만회하겠다는 의도였다. 그러나 이제 두 국왕은 그의 무능함을 알고 있었으므로, 작은 선단을 꾸려서 현지에 가는 것은 허락했지만 식민지를 지배하고 통치하는 실권은 다른 이들에게 맡겼다. 마지막 항해에서 콜럼버스는 새로운 지역들을 탐사하다가 조난당한 후 가까스로 목숨을 구해 에스파냐로 귀국했다. 이것이 그의 마지막 항해였다. 그는 두 번 다시 바다로 나가지 못했다.

신의 계시를 받은 자, 미래를 예언하다

콜럼버스는 모든 특권을 박탈당함으로써 신의 위대한 사업을 수행하지 못한다는 좌절감 속에서 지냈다. 그렇다고 마냥 손 놓고 지낼 수만은 없었다. 그는 자신이 경험한 신의 거대한 뜻을 국왕과 여러 사람에게 설명할 수 있는 작품을 준비했던 듯하다. 그는 말년에 《예언서Libro de las profecías》를 쓰는 데 전념했는데, 이 책은 미완성 자료집이다. 자신이 평생에 걸쳐 읽은 글 가운데 좋은 내용들을 모아 나름대로 제목과 주석을 달아 편집한 것이다. 역사가들은 그가 이 자료를 가지고 인류사 전체를 자신의 시각으로 정리하는 대서사시를 쓰려고 한 게 아니었을까 추정한다.

 이 자료에서 읽을 수 있는 콜럼버스의 세계관은 가히 점성술적이라고 할 수 있다. 점성술은 별의 움직임을 살펴 세상일을 알아내는 것이다. 지상의 일과 천상의 일은 서로 조응하기 때문에 하늘의 별을 관찰하면 지상

콜럼버스의 특이한 심성은 그의 서명에서도 잘 나타난다. 'Christopo Ferens'를 약자로
쓴 것으로, '그리스도를 품에 안고 가는 자'라는 뜻이다. 그 위에 삼위일체를 상징하는
삼각형 모양의 글자들이 무슨 의미인지는 아직까지 밝혀지지 않았다.

의 일들을 예측할 수 있다. 최고 수준의 점성술사라면 인류의 미래를 내
다볼 수도 있을 것이다. 콜럼버스가 추구한 바가 바로 인류사 전체의 향
방을 밝히는 일이었다. 이슬람권이 몰락하고 기독교 세계가 마지막 승리
를 거두는 때가 언제인지, 끝까지 신앙을 지킨 선한 사람들이 언제 천국
으로 돌아갈 것인지를 구체적으로 계산해내는 목표를 가지고 있었던 것
이다.

콜럼버스가 계산에 몰두하여 최종적으로 밝힌 내용은 "무함마드의 시
대는 693년을 버티지 못한다"는 것이었다. 기간을 계산해보니 150년 뒤
인류가 종말한다는 것이다. 그의 계산이 맞다면 1656년이 종말의 해가
되었어야 한다. 이해 조선은 효종 7년, 청나라는 순치제 13년으로 우리
나라나 동서양 어디랄 것 없이 큰 사건 없는 조용한 해였으니, 그의 신통
력이 탁월하지 않은 게 분명하다. 이런 식으로 성경 내용을 이용해 종말

의 시간을 계산하려 했던 인물로는 콜럼버스뿐 아니라 아우구스티누스부터 뉴턴, 케플러, 파스칼에 이르기까지 많다. 이 역시 지난날 서구의 전통이라 할 수 있다.

콜럼버스에 따르면 인류 역사는 이제 마지막 시대로 접어들고 있다. 조만간 마지막 황제가 나타나서 이 세상의 마지막 전투, 즉 이슬람과의 최종 전투를 준비한다는 것이다. 그 전쟁의 영웅인 마지막 황제 혹은 '새로운 다윗'이 에스파냐에서 나온다는 점도 중요한데, 사실 이것은 중세 에스파냐에 널리 퍼져 있던 민간신앙에 연원을 두고 있다. 그 영웅이 새 예루살렘을 건설하리라.

그렇다면 그 군대를 키우기 위한 자금이 필요할 텐데 그것은 구약성서에서 언급된 솔로몬의 금광에서 얻게 될 것이다. 이 금광은 사람 눈에 띄지 않다가 마지막 시대가 되면 드디어 하느님이 선지자들에게 알려준다고 한다. 이 금으로 십자군을 조직해서 이슬람을 공격해야 한다. 그렇다면 하느님이 약속하신 금은 누가 발견하게 될까? 바로 콜럼버스 자신이다! "내가 하느님이 선택하신 도구"라는 게 그가 내린 결론이다. 새로운 항로를 통해 아시아를 다녀온 인물이기 때문이다. 《예언서》에서 그는 "신의 계시를 받을 자를 선택할 때 학식이나 세속적 신분에 상관하지 않으며, 오히려 '파르불리parvuli, 미천한 자'를 고른다"고 밝혔다. 바로 그 자신이 못 배우고 미천하되 신의 선택으로 '영적 이해력'을 얻었으며(이에 대해 자신의 내부에 '불이 있다'고 표현했다), 그래서 모든 것을 볼 수 있게 되었고 진리를 꿰뚫어 알게 되었다는 주장이다.

콜럼버스의 생각을 정리하면, 현재의 에스파냐 국왕(어쩌면 그 후계자)이 마지막 황제이고, 그분이 자신을 선택하고 항해를 지원하여 아시아에

갔으니 약속된 금을 얻게 되리라는 것이다. 생의 마지막 시기에 콜럼버스는 스스로를 거의 모세 수준의 인물로 생각하고 있었다. 다만 그런 생각의 뿌리는 젊은 시절부터 자라나고 있었던 게 틀림없다.

소망이 클수록 좌절의 상처도 큰 법. 말년에 콜럼버스는 자신이 정당하게 누려야 하는 직위와 하사금을 달라는 청원을 끊임없이 올렸다. 그렇다고 해서 지난날 전기에서 이야기하듯 그가 끔찍한 가난 속에서 노년을 보낸 것은 아니다. 그는 돈 자체보다는 자신의 명예 회복을 바랐을 것이다. 자신이 평생 일구어낸 위업을 강탈당했고 자신의 숭고한 꿈을 사람들이 몰라주는 것을 고통스러워했다.

1506년 5월 19일, 성 삼위일체, 성모마리아, 그리고 자신과 부모와 아내, 모든 신실한 신자들의 영혼을 위해 미사를 드려달라는 내용의 유언장을 작성한 후 그는 세상을 떠났다. 오늘날 세비야 대성당에는 콜럼버스의 시신을 안치한 거대한 묘가 조성되어 있다. 그런데 콜럼버스 시신을 서인도 제도에 묻어달라는 후손의 희망에 따라 시신이 대서양을 오간 적이 있다. 후일 도미니카공화국 산토도밍고에서 콜럼버스의 시신으로 보이는 흔적이 발견되어서, 산토도밍고 측에서는 이것이 진짜 콜럼버스의 시체라며 '콜럼버스의 등대'(콜럼버스의 신대륙 발견 500주년을 기념하여 세운 십자가 모양의 등대) 아래 안치했다. DNA 분석으로도 사실을 규명할 수 없어 어느 쪽이 진짜인지는 아직도 명확히 알 수 없다. 죽은 후에도 그는 미스터리를 남겼다.

되돌아보건대, 콜럼버스에게 아시아로 가는 일은 평범한 항해가 아니었다. 단순히 새로운 항로를 발견해서 돈을 벌겠다는 수준의 일이 아니라는 의미다. 아무리 돈에 눈이 멀었다고 해도 목숨을 버리면서까지 돈을 추구할 수는 없는 일이다. 수평선 너머 먼 바다를 항해한다고 했을 때 콜럼버스의 내면에는 분명 세계사적인 과업을 달성하려는 의무감 같은 것이 작용했다. 그가 항해해가는 바다, 그가 도착한 육지는 단순히 물리적인 장소가 아니라 의미가 충만한 공간이며, 그의 항해는 단순한 비즈니스 여행이 아니라 신학적 의미의 순례와도 같았다. 구약성서에서 이미 예언되어 있는 곳, 그 때문에 처음 가보는 곳이면서도 이미 훤히 알고 있는 곳을 찾아가고 있었다. 콜럼버스는 인류의 꿈을 실현하기 위해 아시아로 간 것이다.

여기에서 한 가지 조심할 사항이 있다. 지금까지 콜럼버스의 종교적 성향에 대해 강조했다. 그것이 오늘날 우리에게 잘 알려지지 않은 콜럼버스의 특성인 것은 분명하다. 그렇다면 콜럼버스의 내면에는 오로지 종교적 심성만 있었을까? 아니다. 큰돈을 벌고 신분 상승을 하고자 하는 세속적 열망 또한 강했다. 심지어 첫 번째 항해를 끝내고 와서 왕에게 자기 아들을 추기경으로 만들어달라는 청탁 편지를 쓴 적도 있다. 그동안 알려지지 않았던 흥미로운 사실이다. 그렇다면 신분 상승이라는 세속적 목표와 세계 구원이라는 숭고한 목적이 어떻게 공존할 수 있을까? 지극한 신앙심과 지극한 탐욕이 어떻게 모순 없이 연결되어 있단 말인가?

이처럼 모순적인 성향들이 공존한다는 사실 자체가 당시 사람들과 우리의 다른 측면이라 할 수 있다. 달리 표현하면 영혼과 육체가 분리되지 않고 공존하는 것이다. 신성함은 추상적인 상태로 머무르는 게 아니라 아주 구체적인 현실 속에 구현된다. 에덴동산은 죽은 후 영혼이 찾아가는 곳이 아니라 이 땅에 실재하며, 금은 고가의 물질인 동시에 신령한 기운이 깃든 신의 선물이고, 내가 귀족이 되는 것과 인류 구원의 조력자가 된다는 것이 같은 일일 수 있다는 식이다. 콜럼버스 사례는 그와 같은 중세적 사고의 마지막 정점이라고 할 수 있다. 그는 중세적 꿈으로부터 근대 세계사를 개척하는 강력한 동력을 이끌어냈다.

콜럼버스만 그토록 유별난 사고를 한 것 같지는 않다. 실제 콜럼버스와 마찬가지로 서쪽으로 항해를 하면 아시아에 닿을 수 있으리라고 판단한 사람들이 없지 않다. 하지만 중요한 점은 콜럼버스만이 그런 생각을 체계화하고 실행에 옮겼다는 것이다. 자신의 꿈을 실현하기 위해 계획을 세운 후 끝까지 밀어붙여서 결국 그것을 달성했다는 것이 중요하다. 그의 집요한 노력 덕분에 세계사는 새로운 방향으로 키를 틀게 되었다.

6장

코르테스와 말린체,
구대륙과 신대륙의 폭력적 만남

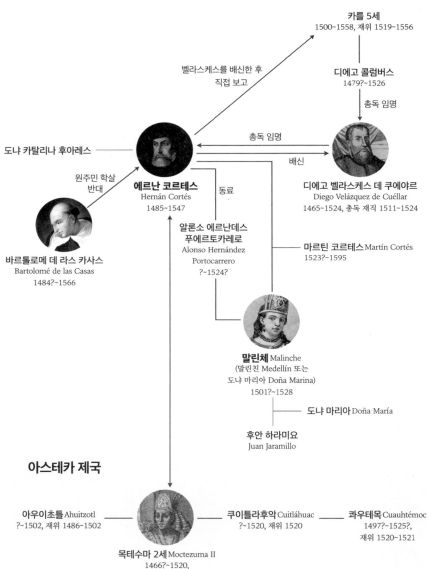

카를 5세
1500~1558, 재위 1519~1556

디에고 콜럼버스
1479?~1526

총독 임명

벨라스케스를 배신한 후
직접 보고

도냐 카탈리나 후아레스 ─

총독 임명

배신

디에고 벨라스케스 데 쿠에야르
Diego Velázquez de Cuéllar
1465~1524, 총독 재직 1511~1524

원주민 학살
반대

에르난 코르테스
Hernán Cortés
1485~1547

동료

알론소 에르난데스
푸에르토카레로
Alonso Hernández
Portocarrero
?~1524?

마르틴 코르테스 Martín Cortés
1523?~1595

바르톨로메 데 라스 카사스
Bartolomé de las Casas
1484?~1566

말린체 Malinche
(말린친 Medellín 또는
도냐 마리아 Doña Marina)
1501?~1528

도냐 마리아 Doña María

후안 하라미요
Juan Jaramillo

아스테카 제국

아우이초틀 Ahuitzotl
?~1502, 재위 1486~1502

목테수마 2세 Moctezuma II
1466?~1520,
재위 1502~1520

쿠이틀라후악 Cuitláhuac
?~1520, 재위 1520

콰우테목 Cuauhtémoc
1497?~1525?,
재위 1520~1521

혼인 관계 ───
친자 관계 ───

1

두 사람의 운명적 만남

 1521년 8월 13일, 에르난 코르테스는 테노치티틀란과 틀라텔롤코를 정복하고 아스테카 제국을 멸망시켰다. 이 정복과 패망 그리고 새로운 출발의 이야기 이면에 코르테스의 정부이자 통역사 역할을 했던 원주민 여인 말린체가 있다. 두 사람 사이에서 메스티소(혼혈인)인 마르틴이 태어났다. 이는 구대륙 유럽과 신대륙 아메리카의 만남을 통한 오늘날 멕시코의 탄생을 상징하지만, 축복받은 탄생이 아니었다. 멕시코의 화가 호세 클레멘테 오로스코는 벽화 〈코르테스와 말린체〉에 아버지 코르테스가 마르틴을 짓밟고 그것을 못 본 척하는 어머니 말린체를 그렸다. 메스티소 민족주의가 멕시코의 정체성이라고 하지만 사실은 가혹한 인권 탄압과 유린이 은폐되어 있음을 고발하는 것이다. 말린체는 배신자인가? 겁탈당한 여인인가? 아니면 건국의 어머니인가? 멕시코는 이 같은 고통스러운 질문을 통해 정체성을 만들어가고 있다.

아들 마르틴을 짓밟고 있는 아버지 코르테스와 그것을 못 본 척하는
어머니 말린체를 그린 벽화. 호세 클레멘테 오로스코, 1926.

에스파냐의 전설, 코르테스

코르테스는 한때 에스파냐의 살아 있는 전설이었다. 아스테카 제국을 정복하고 신대륙 주민들을 기독교화한 그의 업적은 카이사르에 버금간다고 칭송받았을 정도다. 그러나 그는 흑색전설black legend의 주인공이기도 하다. '원주민의 보호자'라 불리는 라스 카사스 신부는 그를 잔혹하고 교활한 정복자, 학살자 그리고 거짓으로 강제 개종을 시킨 악인으로 지칭했다. 양극단을 오가는 코르테스는 역사상 큰 논란의 대상이 된 인물 중 하나다.

에르난 코르테스는 1485년 오늘날 에스파냐의 에스트레마두라 주의 메데인Medellín에서 태어났다. 아버지 마르틴 코르테스 몬로이와 어머니 도냐 카탈리나 피사로 알타미라노는 모두 이달고(하급 귀족) 출신이었다. 어머니 이름 앞에 붙은 경칭인 도냐doña가 그 점을 말해준다. 그러나 귀족이라고는 하지만 빈곤에 시달렸던 듯하다. 여러 정황으로 보건대 코르테스는 변방의 가난한 귀족 출신으로 고향에서는 출세할 가능성이 없어 일찍이 외지로 떠난 것 같다.

가난한 젊은이들이 사회의 상층으로 올라갈 수 있는 방법 중 하나는 법학을 공부하여 관리가 되는 것이었다. 코르테스가 14세에 살라망카로 간 것도 그 때문이었을 것이다. 그렇지만 에스파냐 최고 명문 대학 도시로 갔다는 것과 그 대학을 다녔다는 것은 다른 이야기다. 어떤 자료에서는 실제로 그가 대학을 졸업하여 법학사 자격을 얻었다고 하고, 어떤 자료에서는 삼촌 집에 머물며 공부하다가 중단했다고 한다. 당시 그에 관한 기록들은 내용이 부정확하거나 상반되는 경우가 많다. 다만 그가 바야돌리드로 가서 법원 서기로 일했다는 것은 꽤 신빙성이 있어 보인다. 그가 아메리카에 갔을 때 처음 한 일이 법원 서기직이었기 때문이다.

기회의 땅 아메리카에 가다

1504년 니콜라스 데 오반도Nicolas de Ovando라는 수사가 신대륙의 에스파뇰라 섬의 총독으로 임명되었다. 그는 자기 고향 에스트레마두라에서 정착민 자원자들을 모집했다. 새로운 땅에서 기회를 잡으려고 모여든 많은 젊은이 중에는 코르테스도 끼어 있었다. 이들은 산루카르 데 바라메다에서 배를 타고 대서양을 건너 산토도밍고에 도착했다. 1492년에 콜럼버스가 처음 아메리카 대륙을 다녀오고 10여 년이 지난 이 시기에는 대서양 항해가 일반화되었고, 카리브 해 여러 섬에서 현지 주민들을 무자비하게 축출하거나 복속시키고 그 땅을 빼앗아 식민화하는 일들이 진행되고 있었다. 카리브 제도의 식민화 다음에는 대륙에 대한 정복과 지배 단계가 이어졌다. 코르테스는 이 두 번째 단계를 열어젖힌 주인공 중 한 명이다. 오반도는 도착 직후 코르테스를 신생 도시 아수아Azúa 시의 서기로 임명했다. 코르테스는 생활력이 아주 강했다. 이곳에서 6년을 거주하면서 집과 경지를 장만했고 벌이도 꽤 괜찮았다고 한다.

1511년 디에고 콜럼버스(콜럼버스의 아들) 제독의 지시로 디에고 벨라스케스가 쿠바 섬의 정복과 통치 임무를 수행했다. 그가 꾸린 300명의 정복대에 코르테스도 포함되어 있었다. 쿠바 원정은 식은 죽 먹기였다. 그곳 주민들은 평화롭게 살던 터라 에스파냐인들의 공격에 거의 아무런

라스 카사스 신부가 쓴 《서인도 제도 파괴 소사》에 나오는 쿠바인 학살 장면.

저항도 하지 못하고 터전을 내주었다. 라스 카사스 신부는 에스파냐 정복
자들이 쿠바 주민들을 얼마나 처참하게 살해했는지 고발하는 글을 썼다.

　이번에도 코르테스는 신설 도시 바라코아에 정착하여 무난히 잘 지냈
다. 당시 기록에는 그가 목장을 소유했고, 현지 주민들을 부려 금을 채굴
했으며, 도냐 카탈리나 후아레스라는 여인과 결혼하여 부유한 삶을 살았
다고 한다(이 여인은 후일 독살되었다는 설이 있지만 자세한 사정은 알 수 없다).
이처럼 성공적으로 정착하여 비교적 안락한 생활을 하다 보니 더는 모험
에 끌리지는 않았던 것 같다. 1513년 바스코 누녜스 데 발보아가 파나마
지협을 정복한 이후 아메리카 대륙 본토에 대한 탐험 열풍이 불었지만,

그는 그런 일에 전혀 관심을 두지 않았다.

그런데 그의 직속상관인 디에고 벨라스케스가 본토 탐험을 맡게 되자 상황이 달라졌다. 벨라스케스는 세 번에 걸쳐 탐험대를 유카탄 반도로 보냈다. 1517년 2월 8일, 프란시스코 데 코르도바를 대장으로 한 첫 번째 탐험대가 떠났다. 이들은 처음에는 기세 좋게 진격했지만 곧 마야 부족의 강력한 화살 공격에 50여 명이 사망하는 참담한 패배를 맛보았다. 본토 주민들은 카리브 제도의 유순하다 못해 무능력한 사람들과는 분명 다른 수준의 무력을 보유하고 있었다.

후안 데 그리할바가 이끄는 두 번째 원정대는 1518년 1월 25일 출발하여 코수멜Cozumel 섬을 거쳐 타바스코 해안에 상륙해 인디오들과 대규모 거래를 성사시켰다. 여기에서 내륙 지방에 목테수마가 다스리는 거대하고 풍요로운 왕국, 곧 아스테카 제국이 존재한다는 사실이 알려졌다.

아메리카 식민화의 길에 뛰어들다

두 번째 원정대가 아직 현지에 남아 있는 동안 벨라스케스가 세 번째 원정대를 출발시켰다. 이번 원정대의 대장은 코르테스가 맡았다. 이전의 두 원정에는 참여하지 않았던 그가 이번에 원정대장을 맡게 된 연유가 무엇일까?

벨라스케스가 코르테스를 선택한 이유는 역설적으로 그에게 군사 경험이 없었기 때문이다. 코르테스가 받은 명령서에 따르면, 그는 새 땅에 대한 정복과 정주 권한은 없고 단지 원주민들과 거래할 권리만 있었다.

정복자가 되면 명예, 돈, 영광을 한꺼번에 다 쥐게 된다. 정복 사업은 벨라스케스 자신이 후일 직접 수행하기로 하고, 코르테스에게는 단지 거래 관계만 트고 오도록 시킨 것이다. 군사 경험이 없는 인물을 보내면 딴생각을 하지 않으리라 판단한 것 같은데, 이는 오판이었다. 사실 코르테스로서는 정착해서 잘 살고 있는 마당에 고작 교역권만 바라고 모험에 나설 이유가 없었다. 그러니 내심 정복과 식민화를 직접 시도하겠다는 생각을 품고 있었을 것이다.

원정 준비를 하는 동안 그런 낌새가 보이자 주변 사람들이 벨라스케스에게 코르테스의 대장 임명을 취소하라고 이야기했다. 벨라스케스가 급히 임명 취소 서류를 작성하여 보냈으나 이미 늦었다. 코르테스는 쿠바 남쪽 트리니다드에서 식량 보급과 인력 충원을 서둘러 마친 뒤 출항 중지 명령을 무시하고 떠나버렸다. 1519년 2월 10일, 에스파냐인 600명, 원주민 300명, 말 12필, 대포 10문을 실은 배 11척이 유카탄 반도로 향했다. 코르테스는 직속상관을 배신하고 본토 정복 사업을 시작한 것이다.

원정대는 먼저 코수멜 섬에 도착했다. 그곳 주민들에게서 '이 섬에 당신네들처럼 허여멀끔한 사람들이 있다'는 소식을 들었다. 조사하여 찾아보니 정말로 에스파냐인 둘이 그곳에서 살고 있었다. 예전에 이 근처에서 난파 사고를 당했을 때 헤로니모 데 아길라르Gerónimo de Aguilar와 곤살로 게레로Gonzalo Guerrero가 목숨을 구해 현지에서 살고 있었던 것이다. 코르테스는 마야인 추장에게 아길라르를 풀어달라고 부탁하여 일행에 합류시켰다. 10년 가까이 이곳에 살았던 아길라르는 마야어를 제법 유창하게 할 수 있어서 좋은 통역이 되었다. 반면 게레로는 떠나기를 거부했다. 그동안 그는 마야인 부인과 세 아이를 낳고 잘 살고 있었다(현재까지 알려진 바로 이 아이들이 역사상 최초의 메스티소이다). 그는 마야 사회에 완전히 동화되어 있었으며, 심지어 후일 마야인 편에서 에스파냐 침략군에 맞서 싸우다가 사망했다.

유카탄 반도에 상륙한 후 코르테스는 자신이 이곳을 정복하고 식민화하겠다고 선언했다. 상관의 명령을 공식적으로 거부한 셈이다. 어차피 돌아가봐야 처형될 것이 뻔하니, 끝까지 자신의 계획을 관철시키는 수밖에 없었다. 그렇다 하더라도 자신이 하는 일에 대한 정당성을 확보해야 했다. 그는 반란자라는 멍에를 벗을 수 있는 기발한 방법을 떠올렸다. 형식적이기는 하지만 현지에 시 공동체를 설립하여 베라크루스La Villa Rica de la Vera Cruz라 명명하고, 원정대원들을 이곳 시민으로 만든 다음, 시 의회가 자신을 아델란타도adelantado(재판관 겸 대장) 직위를 부여하는 절차를 밟은 것이다. 새로운 땅에 도시를 건설해서 국왕에게 바치고 시민들은 국왕의 직접 지배를 받는다고 주장함으로써 직속상관 벨라스케스의 통제를 우회하여 회피한 셈이다. 사실 이 꼼수는 다른 사람이 먼저 쓴 적이 있는데, 다름 아닌 벨라스케스가 디에고 콜럼버스의 권위에서 벗어날 때도 써먹었던 방식이었다. 벨라스케스는 똑같은 방법으로 부하가 자신의 뒤통수를 치리라고는 예상하지 못했을 것이다.

이즈음 코르테스는 운명의 여인 말린체를 만났다.

코르테스와 말린체의 운명적 만남

말린체의 어린 시절에 대해 알 수 있는 자료는 거의 없다. 지금까지 알려진 바에 따르면, 말린체는 1501년 무렵 멕시코 만에 위치한 코아트사코 알코스Coatzacoalcos라는 도시에서 약 40킬로미터 떨어진 파이날라Painala 에서 나우아Nahua족 귀족 가문의 딸로 태어났다. 원래 이름은 말리날리 테네팔Malinali Tenepal이다. 나중에 기독교 세례를 받고 마리나Marina 혹은 말린친Malintzin이 되었는데, 에스파냐 사람들이 이를 잘못 들어 말린체 로 불리게 되었다. 그녀는 귀족 신분이었기 때문에 여자 칼메칵(학교)에 서 좋은 교육을 받으며 자랐다. 이것은 후일 그녀가 운명을 개척해나가 는 밑거름이 되었다.

그러나 아버지가 죽고 어머니가 재혼하면서 그녀의 운명이 크게 바뀌 었다. 아스테카판 '아침 드라마'가 펼쳐졌다. 재가한 어머니가 아들을 낳 았는데, 이전 결혼에서 얻은 딸에게 소유권이 상속되는 관습을 피하기 위해 말린체가 죽었다고 헛소문을 퍼뜨리고 노예로 팔아치운 것이다. 말 린체는 타바스코 지방의 토호 수중에 넘어갔다. 귀족의 딸이 창졸간에 종일 고된 노동에 시달리는 노예 신분으로 전락한 것이다. 더구나 이 지 방에서는 나우아틀어가 아닌 마야어를 사용했으므로 말린체는 말도 통 하지 않아 더욱 힘들었을 것이다. 그러나 그녀는 어려서 교육을 잘 받은 데다 언어 능력이 뛰어나서 곧 마야어를 능숙하게 할 수 있었다. 역설적 으로 이것이 훗날 노예 상태에서 벗어나는 요인으로 작용했다.

1519년 3월, 코르테스 일행이 타바스코 연안의 포톤찬Potonchan에 나 타났다. 이미 에스파냐인을 상대로 큰 화를 겪어본 적이 있는 타바스코 인들은 이들을 쫓아낼 요량으로 전사들을 불러 모았으나, 난생 처음 보 는 괴물 짐승인 말을 타고 총을 쏘며 강철 검을 휘두르는 이 이방인들에 게 겁을 먹었다. 1만 명이 넘는 병력이 고작 수백 명의 에스파냐군을 내

정복자들이 탄 말이 현지인에게 엄청난 공포를 불러일으켰다는 이야기는 대체로 인정되지만, 말을 중시하는 에스파냐 기사 문화의 과장이라는 견해도 있다. 마거릿 던컨 콕스헤드의 《멕시코: 역사의 낭만(Mexico: Romance of History)》에 실린 그림, 1909.

쫓지 못해 결국 유화 정책으로 방향을 바꾸었다. 타바스코인들은 이방인들에게 호의를 표하기 위해 음식과 직물, 금 같은 선물에 더해 여자 노예 20명을 제공했다. 적에게 여성들을 바치는 행위는 이 지역의 오랜 관습이었다. 그중에 말린체가 끼여 있었다.

말린체, 코르테스의 통역사가 되다

말린체는 적에게 바쳐진 공물 같은 처지에서 에스파냐인들을 처음 만났다. 그럼에도 그녀의 당당한 태도가 에스파냐인들의 이목을 끌었다. 귀족 출신이라서 그럴까, 더 이상 내려갈 데 없는 인생 밑바닥까지 내려가서 꿀릴 것 없는 처지라서 그럴까, 아니면 천성이 그랬던 것일까. 베르날 디아스 델 카스티요는 자신의 책에서 말린체의 첫인상을 "아주 뛰어나고 말을 잘하는 여성"이라고 묘사했다. 하지만 코르테스가 처음부터 말린체를 가까이 한 것은 아니다. 코르테스는 말린체에게 자신의 친구인 알론소 에르난데스 데 푸에르토 카레로의 시중을 들도록 했다. 다음 날 여자 노예 20명은 모두 올메도Olmedo 신부에게 세례를 받았다. 그러니까 말린체는 적어도 형식적으로는 아메리카 최초의 기독교도 중 한 명이 되었다.

코르테스 일행은 내륙을 향해 행군했다. 그때부터 말린체의 역량이 진가를 발휘했다. 처음에는 아길라르가 에스파냐어와 마야어 사이에 통역을 맡았으나 내륙으로 더 깊숙이 들어가자 말린체의 언어인 나우아틀어를 사용했기 때문이다. 현지인의 말을 말린체가 마야어로 옮기면 아길라르가 다시 그 내용을 에스파냐어로 옮겼다. 또 에스파냐인이 현지인들에게 전하고 싶은 메시지는 역순으로 통역되었다. 말린체는 자신이 노예 신분에서 벗어날 기회가 왔음을 직감했다.

말린체는 중립적인 통역 역할에 그치지 않고 훨씬 더 적극적인 태도를 취했다. 자신이 알게 된 정보를 코르테스에게 전해준 것이 때로는 결정적인 역할을 했다. 무엇보다 이 지역 내 부족들이 아스테카 제국과 심각한 갈등 관계에 있다는 결정적인 사실을 알려주었다. 코르테스는 이를 이용해 여러 부족을 동맹으로 끌어들였다. 아무리 에스파냐인들의 무력이 강하다 해도 고작 수백 명으로 제국을 무너뜨릴 수는 없는 법. 결국

아스테카 제국의 황제 목테수마. 안토니오 데 솔리스의 《멕시코 정복사》에 실린 삽화.

현지 세력 간 분열을 이용한 동맹 전략이 주효했던 것이다.

　토토낙Totonac 지방의 셈포알라Cempoala 사람들을 설득하여 동맹으로 끌어들인 게 대표적이다. 이 지역 사람들은 아스테카 제국이 부과하는 높은 세금과 인신공희人身供犧로 바칠 노예를 요구했기 때문에 제국을 증오했다. 뒤에서 자세히 살펴보겠지만 아메리카에는 신에게 사람의 목숨을 바치는 제의가 널리 퍼져 있었다. 그들은 말이 통하는 말린체에게 자신들의 불만을 토로했고, 말린체는 그 내용을 코르테스에게 전달했다. 코르테스는 이 기회를 적극 이용했다. 목테수마의 세금 징수원들을 감금하거나 인신공희를 금지해 주민들을 자기편으로 끌어들이는 데 성공했다.

이 소식을 접한 목테수마는 토토낙 주민들을 반란자로 규정했다. 그렇지만 이들과 에스파냐인들의 동맹에 맞서 전쟁을 할지 아니면 유화 정책을 펼지 고민하다가 일단 사절을 보내 선물을 제공하고 사태를 지켜보기로 결정했다. 목테수마는 금과 은, 귀금속, 옷감 등을 선물로 보내왔다. 코르테스는 이 선물을 에스파냐 국왕에게 전하기로 결정했다. 사실 엄밀히 말하면 그는 상관의 지시를 어긴 반란자이지만, 유령 도시를 만들고 그것이 국왕 직속이라고 이야기하여 자신의 활동이 합법적이라는 허무맹랑한 주장을 펼치고 있을 뿐이다. 벨라스케스가 코르테스의 명령 거부 사실을 본국에 분명히 통보했을 터이므로, 코르테스는 하루빨리 자신의 업적을 보고하여 국왕의 추인을 받아야 했다. 그래서 현지 상황과 자신의 활동에 대해 작성한 보고서를 비롯해 이와 관련된 물증을 에스파냐로 보내려고 한 것이다. 코르테스에 대해 우리가 아는 많은 사실이 바로 그가 보낸 보고서들에 근거한 것이다.

코르테스는 보고서와 관련 물증을 가지고 갈 특사로 말린체가 시중을 들고 있던 알론소로 정했다. 이때 코르테스는 말린체에게 남아서 일을 하도록 지시했다. 그만큼 통역이 중요했기 때문이다. 이제 말린체는 노예 출신의 시중하는 현지 여성이 아니라 중요한 요원으로 인정받은 셈이다. 이후 말린체는 코르테스를 그림자처럼 붙어 다녔다.

2

말린체는 왜 코르테스를 도왔을까

 당시 멕시코 지역에서는 수많은 부족이 치열하게 전쟁을 벌였다. 그중 세 부족이 동맹을 맺어 다른 부족들을 지배했다. 코르테스가 찾아왔던 당시에는 틀라코판•테츠코코•테노치티틀란 동맹이 가장 크고 강력했다. 피지배 부족들은 때로 끔찍한 살상과 가혹한 착취를 겪었다. 우리가 아스테카 제국이라 부르는 이 지역의 실상은 깊은 원한을 가진 피지배 부족들이 언제든 반란을 일으킬 수 있는 느슨한 동맹에 불과했다. 그 사이를 파고들어 여러 세력을 자기편으로 끌어들인 것이 코르테스가 성공을 거둔 핵심 요인이었다. 여기에는 해당 지역의 정보를 잘 찾아서 알려준 말린체의 공헌이 절대적이었다.

촐룰라에서 벌어진 대학살

말린체가 코르테스의 신뢰를 얻게 된 결정적 계기는 촐룰라Cholula 지역에서 있었던 음모 사건을 해결한 일이다. 촐룰라는 테노치티틀란에 인접한 요충지다. 여기까지 오는 동안 코르테스 일행은 이미 여러 부족과 동맹을 맺어 상당히 강한 세력으로 커졌다. 목테수마로서는 코르테스 일행을 격퇴하려면 촐룰라에서 공격을 가해야 했다. 그래서 이웃 지역에 전사들을 매복시켜 에스파냐인들을 안심시킨 뒤 기습 공격을 하려 했다. 이를 위해 촐룰라 귀족들이 에스파냐인들에게 거짓 환영의 표시를 하도록 지시했는데, 말린체 때문에 모든 계획이 틀어졌다.

촐룰라의 고위 사제 두 명이 말린체에게 매복 사실을 알려주었다. 그리고 한 귀족 부인은 말린체에게 자기 아들과 결혼하라는 제안까지 했다. 말린체는 고맙다는 인사를 하고는 곧바로 이 사실을 코르테스에게 전했다. 코르테스는 곧 대응책을 찾았다. 틀락스칼라인들과 아스테카가 오랜 적대 관계였다는 사실을 알고 이들과 동맹을 맺고 촐룰라인들을 공격한 것이다. 틀락스칼라 자체도 약 200개의 도시와 부족의 연맹체였지만 중앙 정부가 없는 느슨한 상태였는데, 이 연맹체는 오랫동안 아스테카 제국과 전쟁을 벌여왔다. 코르테스는 에스파냐 왕에게 이런 사실을 소상히 적은 편지를 보냈다.

> 저는 이 두 부족 간의 불화와 적대를 보고 내심 적잖이 기뻤는데, 그것은 그들 간의 불화가 저의 목적을 달성하는 데 크게 도움이 된다고 생각했기 때문입니다. 즉, 그들의 불화로 인해 우리가 저들을 정복하는 일이 좀 더

쉬워지리라 생각한 것입니다. '분열시킨 다음 정복하라'는 속담도 있지 않습니까?

그는 3시간의 전투에서 촐룰라인 3,000명을 살해하고 도시를 불살랐다고 보고했다. 또 다른 증인인 바스케스 데 타피아는 심지어 3만 명을 죽였다고 말했다. 콘키스타도르(에스파냐 출신 정복자)는 대개 자신의 공적을 과장하는 버릇이 있어서 틀림없이 부풀려진 수치일 것이다. 그러나 3,000명이든 3만 명이든 엄청난 학살이 일어난 것은 분명하다. 콘키스타도르의 신화적 잔인성이 터져 나온 것이다. 이 소식이 전해지면서 아스테카 제국과 주변 부족들이 두려움에 휩싸였다.

촐룰라 사건을 계기로 코르테스는 말린체를 더욱 신뢰하게 되었다. 이 사건을 보면 말린체는 마음만 먹으면 얼마든지 코르테스에게서 도망쳐 촐룰라 귀족의 며느리가 될 수도 있었다. 그런데도 코르테스의 통역사 겸 정보원 역할을 충실히 수행했고, 결과적으로 그에게 호의를 베풀려고 했던 촐룰라인들을 파멸로 몰아넣었다. 말린체가 '민족의 배신자' 소리를 듣게 된 결정적 계기가 이것이다. 이방인에게 고자질을 하여 동족을 처절한 죽음으로 몰아넣었다는 이런 평가가 과연 맞을까?

말린체에게는 촐룰라인이나 틀락스칼라인이 에스파냐인과는 다른 부류로서 자신과 같은 민족, 같은 동포로 보였을까? 그런 건 우리 생각일 뿐, 500년 전 말린체에게는 전혀 해당하지 않는 일이다. 오늘날의 멕시코 지역에 살고 있는 여러 부족이 같은 민족이라고 하는 개념은 19~20세기에 민족주의를 경험한 현대인들에게나 가능한 일이다. 당시에는 오직 자기 부족이 정체성의 단위였다. 그러니 촐룰라인이 에스파냐인보다

코르테스가 틀락스칼라와 동맹을 맺을 때도 말린체는 통역 이상의 중요한 역할을 했다.
〈리엔소 데 틀락스칼라〉에 실린 '틀락스칼라와 동맹', 1550년경.

더 소중할 이유가 없었다. 더구나 말린체로서는 자신을 노예로 팔아먹은 고향 사람들에게 애정을 느꼈을 리가 없었다. 그녀에게는 자신의 통역 능력을 발휘함으로써 운명을 개선해나가고 있다는 사실이 훨씬 중요했다. 그러니 어떤 의미에서든 자신을 중요하게 여기는 코르테스의 편에 붙는 것이 최선이었을 것이다.

아메리카 인신희생의 진실

말린체가 문화적으로 더 익숙한 아메리카 원주민들 대신 에스파냐인을 선택한 데는 종교적인 이유도 작용했을 것이다. 말린체는 살아 있는 사람을 제물로 쓰는 아메리카 현지 종교에 두려움과 거부감을 느꼈다. 이는 수많은 사람이 아스테카 제국에 포로로 잡혀가든지 희생 노예가 되어 신 앞에 목숨을 바쳐야 했던 피지배 부족들이 공통적으로 느끼고 있던 감정일 수 있다. 이 문제에 대해 살펴보자.

지금껏 정설은 아메리카 원주민이 온화하고 평화적인 사람들이라는 것이었다. 반대로 유럽인들이 아메리카 주민들을 '식인종'이라고 기술한 것은 이들을 악마적으로 각색하여 비난하는 악랄한 왜곡이라고 생각했다. 그러나 최근 연구에서 아메리카 문명권 주민들이 지극히 폭력적이었으며, 종교적인 인신희생과 함께 식인 풍습이 널리 퍼져 있었다는 사실을 밝혀냈다. 정확히 말하면, 그런 관행이 일부 남아 있는 정도가 아니라 사람을 죽이고 심장과 피를 바치는 제의가 아메리카 각 문명의 핵심 요소였다. 신에게 바칠 희생자는 주로 전쟁 포로로 충당했고, 포로가 없는 경우에는 노예로 대신했다. 이 지역에 전쟁이 빈번했던 건 이 때문이다. 전쟁으로 인해 포로가 발생하는 것이 아니라 포로를 만들어내기 위해 전쟁을 하는 편에 가까웠다. 이런 전쟁을 '꽃 전쟁xochiyaoyotl'이라고 부른다.

구체적인 방식은 이렇다. 양측 전사들이 각자 상대편 전사 한 명과 맞붙어 결투를 벌이는데, 상대에게 치명상을 가하는 대신 흑요석 날이 붙은 무기로 부상을 입힌 후 산 채로 끌고 온다. 이렇게 잡은 포로는 사제에게 넘겨서 신에게 제물로 바쳐진다.

인신희생은 상상을 초월할 정도로 규모가 컸다. 예컨대 아스테카의 강력한 왕 아우이초틀이 우아스테카족을 상대로 전쟁을 벌인 후 수천 명의 적군과 아이들을 희생 제물로 바쳤다. 하루에 수십 명 심지어 수백 명

꽃 전쟁을 묘사한 그림들. 종교적 인신희생은 아메리카 각 문명의 핵심 요소였다.
그들은 신에게 살아 있는 인간을 제물로 바치기 위해 전쟁을 벌였다.

씩 죽이는 제의가 무려 20일 동안 지속되기도 했다. 특히 신전의 완공 같은 예외적인 축제 때에는 엄청난 수의 인신희생이 행해졌다. 1487년 멕시코 시의 대신전 완공 축제 때는 2만 명이 희생되었다 하고, 또 그 이전 시대의 기록에 따르면 3일 동안 8만 명을 희생시킨 적도 있다고 한다. 거듭 이야기하지만, 아메리카의 이런 인신공희의 의례는 숨겨야 할 부끄러운 일이 아니라 자연스러운 행사이자 관행이었다.

아스테카 제국의 인신희생은 아주 엄격하게 규정된 절차에 따라 행해졌다. 우선 희생자들을 끊임없이 자극하여 장시간 춤을 추게 하고, 밤샘과 금식을 강요했다. 게다가 종종 고문을 가하는가 하면 마약을 이용해 의식을 흐려놓았다. 산 채로 가슴을 가르는 극단적인 고통을 견디도록 하기 위해서였다.

제의의 날이 오면 희생자들의 몸을 흰색 깃털로 장식한 후 피라미드 꼭대기로 끌고 올라가서 돌 제단에 눕힌다. 그러면 사제는 날카로운 규석으로 만든 칼로 희생자의 옆구리를 째고 아직 펄떡이는 심장을 꺼낸다. 이 심장을 의식용 그릇에 담아 태양신께 바치는 동시에 희생자의 피가 피라미드 계단을 타고 흘러내리게 한다. 피가 다 빠지면 시체를 계단 아래로 집어던지고, 곧바로 다음 희생자를 끌어올린다.

희생자의 시체는 그를 포로로 잡았던 전사에게 주었다. 그러면 전사는 희생자의 머리를 잘라 트로피로 삼았다. 관자놀이 부근에 구멍을 뚫어 긴 장대에 꿰고 이것을 '촘판틀리'라 불리는 기념물 위에 설치한다. 촘판틀리는 거대한 주판처럼 생겼는데, 각각의 가로줄에는 사람의 머리가 염주처럼 꿰어져 있다. 나중에는 돌로 사람의 머리 형상을 만들어 대신하기도 했다. 남은 시체 중 몸통과 내장은 버리고 팔다리만 잘라서 먹었다.

그 가운데 왼쪽 다리는 고귀한 부위라 여겨 군주에게 바쳤다. 사람 고기는 반드시 끓여서 양념 없이 먹어야 했다.

아스테카 유적의 꽃 그림에 담긴 의미

사람의 목숨을 제물로 바치는 이유는 무엇일까? 여기에는 매우 심오한 종교 철학이 있다. 이들의 우주관에 따르면 태양과 달이 돌고 계절이 바뀌는 따위의 모든 우주적인 일에는 에너지가 필요한데, 시간이 가면 에너지가 줄어들고 결국 우주는 종말을 맞는다. 우주의 파멸을 막는 유일한 방법은 사람들이 자신의 에너지를 우주에 공급하는 것이다. 힘이 떨어진 태양과 대지는 기근과 갈증에 시달린다. 이 지역에 널리 퍼진 유명한 표현을 옮기면 "신은 피에 목말라 있다." 그래서 사람의 심장을 꺼내 태양신께 바치고 대지에 피를 흘려주는 것이다.

더 간단히 정리하면, 내가 100년을 살 운명이었는데, 서른 살에 죽는다면 70년 삶에 해당하는 에너지를 아껴 우주에 바치는 것이다. 잔인해 보이는 이 행위 이면에는 자신의 죽음으로 우주를 살린다는 심오한 철학이 숨어 있다. 이러한 사상을 나타내는 데에는 꽃 이미지가 자주 사용된다. 이처럼 아스테카 유적의 꽃 그림은 서정적인 아름다움의 표현이 아니라 우주를 살리기 위한 '꽃 같은 죽음'을 의미한다. 사람의 목숨을 바쳐 우주를 살린다는 의미는 표현이 조금씩 다르지만 아메리카 거의 전 지역에 퍼져 있었던 기본적인 종교 철학이었다.

이처럼 잔인한 희생 의례와 식인 풍습이 통상 생각하는 것과 달리 매

피라미드에서 대지로 인간의 피를 흘리는 것은 우주에 에너지를 공급한다는
의미를 담고 있다. I'm your energy! 마글리아베치아노 코덱스(Magliabechiano Codex)에
묘사된 인신공희 장면. 작자 미상, 16세기.

우 고상하고 존엄한 의미를 띤다는 점은 인정할 수 있을 것이다. 그렇다
해도 사람의 목숨을 제공해야 하는 피지배 지역에서는 공포에 떨 수밖에
없다. 아스테카와 틀락스칼라는 오랫동안 '꽃 전쟁'을 벌여왔고, 그로 인
해 수많은 인명 피해를 감내해온 틀락스칼라 사람들은 아스테카 제국에
깊은 원한을 품고 있었다.

틀락스칼라에 에스파냐인들이 손을 내밀자 쉽게 동맹을 맺은 이유도
여기에 있었다. 코르테스는 그런 인신공희의 종교를 버리고 기독교로 개
종하라고 권했다. 이런 끔찍한 일들을 지켜본 말린체로서는 사람의 피를

요구하지 않는 에스파냐의 신이 더 진정한 신이라고 생각했던 것 같다. 사실 그렇게 엄청난 인간의 피를 받아먹은 수호신 케찰코아틀이 촐룰라 인들을 전혀 지켜주지 못하지 않는가. 그러니 차라리 에스파냐인들의 신을 받아들이고 자신을 맡기는 것이 낫다고 생각했을 터이다.

3

두 문명의 폭력적인 결합으로
얼룩진 라틴아메리카

 1519년 11월 코르테스 일행이 테노치티틀란에 도착했다. 테노치티틀란은 텍스코코라는 큰 호수 안에 위치한 도시국가다. 사아군Sahagún이 기록한 아스테카 연대기에 따르면 목테수마는 호수를 가로지르는 둑길에까지 나와 코르테스 일행을 영접했다고 한다. 그 이유가 무엇일까?

하얀 피부의 신이 먼 곳에 있다가 때가 되면 바다를 건너 돌아온다는 신화를 갖고 있던 아스테카 사람들이 코르테스 일행을 귀환한 신으로 착각했다는 것이다. 목테수마가 코르테스를 처음 만났을 때 했다는 말은 이렇다.

> 신이시여, 당신은 지치고 피곤한 채 이 땅에 오셨습니다. 당신의 도시인 멕시코에 오셔서 그 자리에 앉으실 것입니다. 이곳은 잠시 당신이 기거하시다가 곧 다른 사람들이 차지했던 자리입니다. … 이곳을 통치하던 분들

은 당신이 다시 와서 왕좌를 요구할 것이라고 말했습니다.

또한 아스테카 사람들은 조만간 제국이 붕괴하리라 생각했다는 주장도 있다. 에스파냐인들이 오기 전에 이미 불길한 징조들이 여러 차례 나타나 아스테카 사람들이 불안해했다는 것이다. 한밤중에 하늘에 불기둥이 치솟고, 신전에 불이 나고, 호수가 넘치고, 머리가 두 개 달린 사람이 나타나 길거리를 내달렸다는 식이다.

이런 이야기들은 모두 정복 후에 기록된 것인데, 기원이 다른 여러 이야기가 각색된 것으로 보인다. 이런 것들은 에스파냐 측에서 자신들의 승리를 신화적으로 정당화하는 데 이용했거나 혹은 패망한 아스테카 유민들이 자신들의 슬픈 운명을 애도하는 문학 장치라는 것이 연구자들의 일반적인 해석이다. 목테수마는 이방인을 친절하게 맞이했을 뿐 신으로 영접한 것은 아니다.

아스테카 제국에 들어온 에스파냐인들은 곧 권력을 탈취한다. 해안 지역에 남아 있던 에스파냐 병사들을 현지인들이 살해한 것이 계기가 되었다. 코르테스는 무력을 행사해 11월 14일 목테수마를 포로로 잡았다. 황제를 통제하에 둔 상태에서 에스파냐인들은 에스파냐 국왕에게 보낼 공물로 많은 금과 은을 바치라고 아스테카인들에게 요구했다.

'슬픈 밤' 사건

이런 상태가 상당 기간 지속되다가 1520년 4월 중대한 변화가 생겼다.

쿠바에서 벨라스케스가 코르테스를 잡기 위한 진압군을 파견한 것이다. 배 19척에 1,400명의 병력을 이끌고 온 지휘관 나바레스는 코르테스를 생포하든지 살해하라는 지시를 받았다. 코르테스는 이들이 상륙했다는 소식을 목테수마에게서 들었다. 그는 목테수마를 감시할 병력을 일부 남겨놓고 나머지 전원을 이끌고 진압군과 싸우기 위해 해안 지역으로 달려갔다. 그러고는 야간 기습 공격으로 진압군을 격파하고 적장 나바레스를 생포했다. 코르테스는 진압군 병사들을 모아놓고 자기에게 충성하면 부자로 만들어주겠다는 약속을 하고 대다수를 자기편으로 끌어들였다. 병사들로서는 어차피 전투에서 진 이상 다른 선택의 여지가 없었을 것이다. 이렇게 해서 오히려 병력을 더욱 증강한 코르테스는 서둘러 테노치티틀란으로 돌아갔다.

5월에 도착해보니 그사이에 큰일이 터져 있었다. 남아 있던 병력이 축제 기간 중에 아스테카 귀족들을 공격하여 살해한 것이다. 이들의 설명으로는 아스테카 측이 축제를 계기로 자신들을 죽이려는 낌새가 있어서 선제공격을 했다는 것인데, 코르테스가 보기에 이건 사실이 아닌 것 같았다. 그들이 금과 은을 독차지하기 위해서였는지 단순히 두려워서 그랬는지는 알 수 없다.

이유야 어쨌든 이 일이 변고를 일으켰다. 지금껏 참고 있던 현지 주민들이 봉기하여 목테수마의 동생 쿠이틀라후악을 새 황제로 세웠다. 코르테스는 목테수마에게 왕궁의 발코니에 나가서 연설로 사람들을 진정시키라고 명령했지만 헛일이었다. 아스테카 사람들이 야유를 보내고 돌을 던졌다. 목테수마는 이때 사람들이 던진 돌에 맞아 죽었다고도 하고, 에스파냐인들에게 살해당했다고도 한다.

거친 저항에 직면한 에스파냐인들은 야음을 틈타 탈출을 감행했다. 일대 혼란이 벌어졌다. 탈출 과정에서 많은 에스파냐 병사가 호수에 빠져 죽거나 아스테카 사람들의 공격을 받고 죽었다. 겨우 탈출하여 틀라코판에 도착한 코르테스는 눈물을 흘리며 흐느꼈다. 이 사건을 '슬픈 밤La Noche Triste'이라 부른다. 물론 그들에게나 슬픈 일이고 다른 편에서 볼 때는 환희의 밤이겠지만……. 아스테카군의 추격으로 코르테스 측은 더 멀리 도주해야 했다. 이러는 동안 900명 가까운 병사를 잃었고 동맹군의 희생 또한 1,000명에 이르렀다.

코르테스는 틀락스칼라로 가서 동맹군과 함께 전열을 재정비하고 테노치티틀란에 복수를 다짐했다. 코르테스와 틀락스칼라 동맹군은 일부는 전투를 통해, 일부는 외교를 통해 아스테카 지배하의 부족들을 차례로 복종시키고 동맹 세력으로 삼아서 곧 다시 만만찮은 군사력을 확보했다. 남은 것은 테노치티틀란과 이웃 도시 틀라텔롤코뿐이었다.

코르테스의 동맹군, 천연두 균

이때 코르테스에게 엄청난 힘을 더해준 동맹군이 따로 있었으니, 그것은 천연두 균이었다. 쿠바에서 파견한 진압군이 본토에 상륙했을 때 천연두 균도 함께 왔던 것 같다. 1520년 9월부터 시작된 이 병은 약 70일 동안 맹위를 떨쳤다. 이 병이 퍼지면서 라틴아메리카 전역에 엄청난 희생자가 발생했다. 적게는 1년에 300만 명이 죽었다 하고, 많게는 1,000만 명이 죽었다고 한다. 16세기의 100년 동안 전 세계에서 이 병으로 죽은 희생자가 1억 명이라는 추산치도 있다. 죽은 사람 수를 일일이 다 셀 수 없는 일이니 정확히 알 수 없지만, 이 시기 멕시코 지역에서 사망자 규모가 적어도 100만 명 단위였음은 분명하다.

도대체 왜 이렇게 엄청난 희생자를 냈을까? 이에 대해서는 인간 집단과 병원균 간의 상호 적응 문제를 살펴보아야 한다. 어느 문명권이나 그곳에 특유의 질병들이 있고, 현지 주민들은 그 병에 대한 면역 체계를 가지고 있다. 병균과 사람의 면역체계는 장구한 시간 동안 함께 적응해가기 때문이다. 예컨대 유럽에는 홍역이나 인플루엔자 같은 유럽의 질병들이 있는데, 이 병들이 때때로 창궐하더라도 건강한 사람들 대부분은 그에 대한 면역 대비가 되어 있어서 병을 앓다가도 결국 치료된다.

문제는 이런 병균들이 아메리카처럼 멀리 떨어져 있는 곳에 갑자기 들어갔을 때다. 돌이켜 보면 아메리카 대륙은 적어도 1만 년 이상 다른 대륙과 절연된 상태로 살아왔다. 구대륙의 병원균에 대해 전혀 대비가 되어 있지 않던 이곳 주민들에게 어느 날 갑자기 들이닥친 병균은 마치 우주에서 날아온 가공할 괴생물체 같았을 것이다. 유럽인들이 아메리카 대륙에 도착한 이래 현지 인구가 극적으로 줄어든 데에는 분명 유럽에서 건너온 각종 병균이 큰 몫을 했다. 다만 이 요소만 강조하는 것은 유럽인들의 가혹 행위에 대한 책임을 축소하려는 태도라고 비판하는 학자들도 있으나, 그런 점까지 다 고려한다 해도 병균이 실로 엄청난 피해를 입혔다는 사실 자체는 부인할 수 없다.

강철 칼을 휘두르는 가공할 군사 집단이자 동시에 무시무시한 병균을 잔뜩 품고 있는 숙주 집단인 코르테스군이 테노치티틀란과 틀라텔롤코를 8개월 동안 포위 공격했다. 봉쇄된 도시는 식량 보급이 끊어지고 적

코르테스군은 8개월 동안의 공격 끝에 테노치티틀란과 틀라텔롤코를 함락시켰다.
작자 미상, 17세기 후반.

이 수로를 끊어 물도 부족한 상태에서 천연두마저 맹위를 떨쳤다. 그런 가운데에서도 새 황제 콰우테목이 주도하여 끈질기게 저항했다. 콰우테목은 쿠이틀라후악의 후임이며 아스테카의 마지막 황제였다. 코르테스는 최후 전투를 피하고 항복을 받아내기 위해 여러 제안을 했으나 모두 거절당했다. 아스테카군은 오히려 에스파냐인 포로 70명의 심장을 산 채로 꺼내는 의식으로 대응했다. 에스파냐인들이 전투에서 절대 항복하지 않고 죽을 때까지 싸웠던 이유도 여기에 있다. 차라리 전투 중에 죽는 게 낫지 산 채로 심장을 꺼내는 인신공희의 대상이 되고 싶지 않았을 것이다.

1521년 8월 13일, 마침내 두 도시가 함락되고 아스테카 황제도 생포되었다. 이제 살아남은 사람들은 전부 축출되고 옛 도시는 파괴됐다. 그 자리에 조만간 새로운 도시 멕시코시티가 건설될 것이다. 이것으로 전쟁이 완전히 끝난 것은 아니어서, 이후에도 다른 부족들과 몇 년 더 피비린내 나는 전쟁을 계속해야 했다. 코르테스는 지금까지 그래왔듯이 전투를 통해 정복하기도 하고, 교묘한 외교 전략으로 무력 충돌 없이 복속시키기도 했다. 이 과정은 1526년 무렵에야 정리된다.

그러는 동안 말린체는 무엇을 하고 있었을까?

자신의 삶을 후회하지 않은 여인

아스테카를 정복하는 마지막 전투까지 말린체는 중요한 역할을 했다. 코르테스가 테노치티틀란에서 목테수마를 처음 만날 때도 말린체가 통역을 담당했다. 이때 그녀의 태도는 매우 흥미롭다. 말린체는 황제 목테수마의 눈을 똑바로 응시하며 코르테스가 말한 것을 나우아틀어로 통역했다. 아스테카 전통으로 보면 여성은 정치나 종교에 관해 발언을 할 권리가 없었다. 하물며 그녀는 변방 지역 출신 노예가 아닌가. 그럼에도 그녀가 여러 사람 앞에서 황제에게 아주 당당한 태도로 코르테스의 말을 전하는 것은 매우 특이한 일이었다. 그녀는 코르테스를 대신해서 목테수마에게 우상을 버리고 십자가를 세우라고 말하는가 하면, 궁전 지붕에 올라가서 아스테카 제국의 귀족과 전사에게 에스파냐인들이 먹을 음식과 물을 가져오라고 소리치기도 했다. 말린체는 더 이상 노예가 아니라 에스파냐인의 대변인이었던 것이다.

행군하는 코르테스의 병사들. 가장 오른쪽에 코르테스와 말린체가 보인다.

그녀의 당당한 태도를 보여주는 자료 중 하나로, 틀락스칼라인들이 정복의 역사를 천에 기록해놓은 그림 〈리엔소 데 틀락스칼라Lienzo de Tlaxcala〉가 있다. 여기에서 말린체는 방패를 들고 싸우는 모습으로도 그려졌다. 말린체가 전투에 직접 참여했는지는 분명하지 않지만, 그녀가 어떤 자세로 임했는지는 짐작할 수 있다.

그러나 그녀의 자리는 여기까지였다. 테노치티틀란이 함락되고 코르테스가 아스테카 제국의 유일한 통치자가 되면서 말린체는 점차 무대에서 사라져갔다. 이후 죽기까지 마지막 3년 동안은 공식적인 활동이 별로 없다. 말린체의 활용가치가 떨어진 것이다. 이듬해 말린체는 코르테스의 아들 마르틴을 낳았다. 그런데 말린체가 코르테스의 아이를 낳고 나서 두 사람의 관계는 오히려 더 소원해졌다. 코르테스는 1524년 말린체를 온두라스 정복 전쟁에 통역사로 보냈다. 그러더니 자기 부하인 후안 데 하라미요와 결혼시켰다. 원정에서 돌아와서 말린체는 하라미요의 딸 마리아를 낳았다.

이런 사실을 보면 코르테스에게 말린체는 통역사와 정보원으로서의 가치 외에 별다른 의미가 없었던 듯하다. 여기에 더해 한때의 정부였을 뿐……. 코르테스는 아스테카 정복이라는 자신의 목적을 이루는 한에서만 말 잘하는 원주민 여성이 필요했던 것이다. 말린체는 그 역할을 아주 잘해냈고, 더 나아가서 아주 요긴한 정보를 전해주어 결정적 도움을 주기도 했다. 그런 이유로 그녀를 옆에 두었지만, 원래의 목적을 달성한 다음에는 심하게 말하자면 '용도 폐기' 수순을 밟은 것이다.

카를 5세에게 보낸 편지에서도 코르테스는 말린체를 단지 '원주민 소녀'라고만 표현했을 뿐 이름도 제대로 밝히지 않았다. 그가 말린체를 정말로 사랑했다면 자기 부하에게 떠넘기지는 않았을 것이다. 다만 그들 사이에 낳은 아들 마르틴만은 자신의 친자로 인정하여 여섯 살 때 에스파냐로 데리고 가서 산티아고 기사단의 기사로 키웠다. 마르틴은 후일 무어인과의 전투에 참여하여 용감하게 싸우다가 전사했다. 두 문명의 결합의 산물인 메스티소 마르틴은 아버지의 나라 에스파냐의 기사로서 정체성을 부여받았던 것이다.

말린체는 온두라스 정복 전쟁에서 돌아온 후 1527년 혹은 1528년 초에 천연두에 걸려 사망했다. 아직 20대의 젊은 나이였다. 얼마 후 바로 재혼한 하라미요는 나중에 재산을 말린체와의 사이에서 낳은 딸 마리아가 아니라 새 부인에게 주었다. 이렇게 말린체는 잊혀갔다.

말린체는 죽기 전에 친척에게 자신이 살아온 삶에 만족한다고 말했다. 기독교도가 되고 코르테스의 아들을 낳고 하라미요의 부인이 된 것이 다행이라는 것이다. 자기 스스로 위안을 삼으려는 말일 수도 있겠으나, 여기에는 일말의 진실이 담겨 있다. 귀족 집안의 딸로 태어났으나 어머니에게 버림받아 노예로 팔려가 모진 고생을 하던 그녀가 에스파냐인들을 따라간 이후에는 어쨌든 자신의 능력을 발휘하여 운명을 개선해나갔고, 역사의 변전에 큰 영향을 미쳤으며, 그런 자신의 역할을 인정받지 않았던가. 노예로 팔아치운 쪽에서 그녀를 '배신자'라고 몰아세우는 것은 옳지 않다.

'우주적 인종'의 탄생?

이런 점들을 놓고 볼 때 말린체를 보는 시각은 복잡다단하다. 그녀는 가족에 이어 이방인에게 버림받은 가련한 여인인가? 더 나아가서 겁탈당한 여인인가? 민족을 외세에 팔아먹은 배신자인가? 같은 땅 주민들을 사지로 몰아넣은 악녀인가? 아니면 자신의 운명을 스스로 헤쳐나간 의지의 여인인가? 구대륙과 신대륙의 융합을 통해 멕시코라는 새로운 나라가 만들어지도록 한 건국의 어머니인가? 이 모든 해석이 한 번 이상은 제시되었다 해도 과언이 아니다.

처음에는 부정적인 이미지가 훨씬 강했다. 정복자 이방인에게 철저히 이용당하다가 버림받은 배신자 취급을 당하기 일쑤였다. 그 때문에 메스티소의 이미지도 좋지 않았다. 백인 남성에게 겁탈당해 낳은 아이는 식민 모국에 기꺼이 몸 바쳐 충성한다 하더라도 천시 받는 하층민 범주를 벗어나지 못한다.

이런 시각이 크게 바뀐 것은 멕시코 혁명(1910~1917) 이후다. 혁명정부는 메스티소를 통합된 국가의 전형적인 국민상으로 제시하면서 새로운 혁명체제의 이데올로기적 상징으로 부각시켰다. 당시 교육부 장관을 지낸 호세 바스콘셀로스José Vasconcelos는 메스티소를 미래 국민문화의 담지자이며 '우주적 인종'이라고 추켜세웠다. 혁명정부의 지도자들은 '원주민의 육체'와 '백인의 지성'이 생물학적으로 결합하여 원주민의 적자생존과 백인의 진보 성향이 조화를 이룬 것이 메스티소라는 기이한 주장을 내놓았다. 그런 의미에서 최초의 메스티소를 낳은 말린체는 새로운 멕시코 건국의 어머니로 격상되었다. 이건 올바른 시각일까?

글쎄다. 우선 말린체와 코르테스 사이에서 태어난 마르틴은 최초의 메스티소가 아니다. 앞에서 본 것처럼 난파 사고 이후 마야 땅에서 살며 결혼하고 아이를 낳고 완전히 현지 문화에 동화된 게레로의 사례가 있다. 이 아이를 최초의 메스티소라고 보는 게 타당할 것이다. 다만 상징적으로 말린체가 워낙 중요하기 때문에 흔히 최초의 메스티소를 낳은 어머니로 여길 뿐이다.

게다가 메스티소는 새로운 우주를 만들 혁신적 인종이라고 하기에는 현실에서 너무 비천한 대접을 받았다. 메스티소를 구성하는 요소 중 유럽적인 것이 우월한 반면 원주민적인 것은 열등한 요소로 취급받곤 한다. 따라서 말린체는 열등성의 상징으로 작동했다. 멕시코가 국민국가로 거듭난 이후에도 여전히 주도권을 쥔 것은 크리오요criollo(유럽계 아메리카인)이며 이들에게 원주민은 열등한 타자에 불과했다. 그럴진대 백인

정복자 코르테스와 원주민 노예 말린체의 결합은 '유럽 백인 남성성'의 우위의 상징을 표현하는 데에 유용했다.

　이제 역사책에서는 이렇게 말한다. 멕시코는 유럽이 아메리카를 정복하면서 만들어진 식민제국의 한 조각도 아니고, 아메리카가 침략자를 이겨내면서 형성해낸 구제국의 계승자도 아니며, 신대륙과 구대륙의 두 문명이 결합하여 만들어진 국민국가다. 분명 이렇게 말할 수는 있지만, 이런 멋진 표현이 역사의 진실을 온전히 담아내지는 못한다. 둘의 결합 과정이 지극히 폭력적이고 부당했기 때문이다. 오늘날에도 멕시코, 더 나아가서 라틴아메리카 지역은 이런 고통스러운 물음을 통해 자신의 정체성을 확립해나가고 있다. 그 출발점에 코르테스와 말린체가 있다.

7장

레오나르도 다빈치,
천사와 악마를 품었던 천재

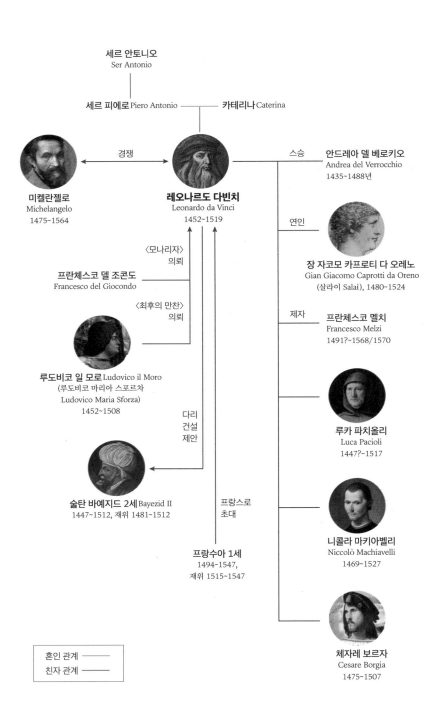

세르 안토니오
Ser Antonio

세르 피에로 Piero Antonio ─── 카테리나 Caterina

미켈란젤로
Michelangelo
1475~1564

◄─── 경쟁 ───►

레오나르도 다빈치
Leonardo da Vinci
1452~1519

스승 ─── 안드레아 델 베로키오
Andrea del Verrocchio
1435~1488년

연인

장 자코모 카프로티 다 오레노
Gian Giacomo Caprotti da Oreno
(살라이 Salai), 1480~1524

〈모나리자〉
의뢰

프란체스코 델 조콘도
Francesco del Giocondo

〈최후의 만찬〉
의뢰

제자 ─── 프란체스코 멜치
Francesco Melzi
1491?~1568/1570

루도비코 일 모로 Ludovico il Moro
(루도비코 마리아 스포르차
Ludovico Maria Sforza)
1452~1508

다리
건설
제안

루카 파치올리
Luca Pacioli
1447?~1517

술탄 바예지드 2세 Bayezid II
1447~1512, 재위 1481~1512

프랑스로
초대

니콜라 마키아벨리
Niccolò Machiavelli
1469~1527

프랑수아 1세
1494~1547,
재위 1515~1547

체자레 보르자
Cesare Borgia
1475~1507

혼인 관계 ───
친자 관계 ───

피렌체의 장인 레오나르도

 피렌체 근처의 빈치Vinci라는 마을에 사는 공증인 세르 안토
니오는 자신의 공증문서 노트 뒤 여백에 삶의 중요한 일들
을 적어두는 습관이 있었다. 손자의 출생도 여기에 기록했
다. "1452년 4월 15일 토요일 밤 3시, 손자가 태어남. 내 아들 세르 피에
로의 아들, 이름을 레오나르도로 함." 이처럼 기록에 집착하는 할아버지
의 직업병 덕분에 레오나르도 다빈치가 세상에 나온 일은 아주 정확히
알려지게 되었다.

그런데 아이 엄마의 이름인 카테리나는 왜 적지 않았을까? 정식 결혼
이 아니라 젊은이들의 대책 없는 열정의 산물로 아이가 태어났기 때문
이다. 당시 스무 살이었던 카테리나는 농부의 딸이거나 하녀였을 것으로
보인다. 두 사람은 끝내 결혼에 이르지 못했다. 약 8개월 후 아이 아빠인
피에로는 자신과 같이 공증인이었던 친구의 딸인 16세 처녀 알비에라와
결혼했다. 사생아로 태어난 레오나르도는 할아버지와 함께 어린 시절을

보냈다.

셰익스피어는《리어왕》에서 극중 인물 에드먼드의 입을 빌려 아슬아슬 긴장감 넘치는 결합을 통해 태어난 사생아가 뛰어난 능력을 가지고 있다고 주장한다.

> 재미없고 김빠진 피곤한 침대에서
> 자는지 깨었는지 모르는 상태에서 창조되어 나온 바보의 무리들보다는
> 자연의 욕망 속에 몰래 태어났기에
> 더 좋은 육체와 기운찬 정신을 흡수했다.

세상의 모든 사생아가 천재는 아닐 테지만, 다빈치가 '더 좋은 육체와 기운찬 정신'을 가지고 태어난 것은 분명하다. 하여튼 자신을 버려두고 떠난 아버지와 관계가 썩 좋지 않았다고 하는데, 〈암굴의 성모〉, 〈성 안나와 함께 있는 마리아와 아기 예수〉 같은 성가족 그림들에서 예수의 아버지 요셉은 없고 그 자리에 외할머니(마리아의 어머니) 성 안나나 천사가 그려진 것도 이런 사정과 무관하지 않을 것이라고 심리학자들은 이야기한다.

피렌체에서 일을 시작하다

다빈치가 열두 살이 되었을 무렵, 아버지는 그를 피렌체에 있는 안드레아 델 베로키오의 보테가bottega(공방)에 들여보내 일을 배우게 했다. 이로

써 그의 피렌체 생활이 시작되었다. 사실 다빈치가 피렌체에서 산 기간을 합치면 전 생애의 3분의 1 정도에 불과하지만 그래도 늘 스스로 피렌체인이라 여겼고, 자신을 '피렌체의 장인匠人 레오나르도Maestro Leonardo Fiorentino'라고 표현했다.

그가 수련한 베로키오의 공방은 일급 예술가들의 집합소였다. 이곳에서 일했던 도메니코 기를란다요, 피에트로 페루지노, 산드로 보티첼리 같은 인물들은 훗날 최고의 화가가 되었다. 스승 베로키오는 다재다능하여 회화·조각·공작·금세공·극장 장식 등에 뛰어났고, 여기에 연금술까지 연마했다. 제자들과 함께 작업하는 예술가인 동시에 주문을 받아 생산물을 팔며 공방을 운영하는 사업 경영인이었다. 그런 가운데 데생 실력도 출중했으니, 다빈치로서는 어릴 때부터 일을 제대로 배운 셈이다.

이 시기에 다빈치가 경험한 중요한 일 가운데 하나가 산타 마리아 델 피오레 대성당의 돔 완공 사업이다. 오늘날 피렌체 성당 혹은 두오모Il Duomo라 불리는 이 아름다운 성당은 르네상스 시대 최고의 건축물 중 하나다. 건물의 기본 골격은 오래전에 완공되어 있었고, 여기에 브루넬레스키가 거대한 돔을 지어 올렸다. 외관상 보기 안 좋은 플라잉 버트리스를 쓰는 대신 내부 돔을 만들고 그 위에 다시 더 높은 외부 돔을 얹는 혁신적인 구조였다. 이 돔은 400만 장의 벽돌로 쌓은 엄청난 구조물이다. 아마도 인류가 다시 이런 엄청난 '수작업' 건축을 할 것 같지는 않다.

다빈치의 시기에 남은 일은 이 돔 위에 구리로 만든 거대한 보주를 얹는 것이었다. 100미터가 넘는 건물 꼭대기에 직경 약 250센티미터, 무게 2톤이 넘는 구리 공을 올려서 고정시키는 작업은 난제 중의 난제였으니, 당대의 수학 지식과 기술을 총동원하여 창의적 해결책을 찾아야 했다.

이 일을 베로키오의 공방에서 맡았는데, 이 작업에 참여했던 다빈치에게 는 당시의 경험이 평생 소중한 기억으로 남았음이 틀림없다. 1510년에 "산타 마리아 델 피오레의 큰 구를 붙인 방식을 기억하라"고 쓴 글에서 보듯, 어려운 일이 닥쳤을 때면 초년기 때의 이 경험을 상기하곤 했다.

성모 마리아의 오른팔에 담긴 수수께끼

문서로 정리된 다빈치의 그림 38점 중 14점이 피렌체 시대의 것이다. 이 그림들을 비교해보면 시간이 지나면서 화법이 크게 진화했음을 알 수 있 다. 그는 이전의 규범을 깨고 새로운 화법을 구사함으로써 당대 화가들 과 다른 방식으로 그렸다. 처음에는 템페라 방식을 사용했다가, 입체감 과 명암을 잘 나타낼 수 있는 유화의 장점을 알게 되었다. 특히 물체 윤 곽선을 마치 안개에 싸인 것처럼 흐릿하게 하여 독특한 효과를 내는 스 푸마토sfumato 방식을 즐겨 사용했다.

조르조 바사리Giorgio Vasari(1511~1574)의 《미술가 열전》에는 그가 회화 에 일찍부터 특출한 재능을 보였다는 일화가 전한다. 〈그리스도의 세례〉 에서 그리스도와 성 요한은 스승 베로키오가, 그 옆에 옷을 들고 있는 아 기 천사들은 다빈치가 그렸다. 그런데 다빈치가 그린 부분이 월등히 뛰 어난 것을 보고 스승이 그 후로 회화는 제자에게 맡기고 자신은 다시는 붓을 잡지 않았다는 것이다. 이 책이 당대 예술가들에 관해 매우 중요한 정보를 제공하기는 하지만 이 이야기는 과장되었다는 견해가 많다.

다빈치가 전체를 다 그린 최초의 그림은 〈수태고지〉일 가능성이 크다.

〈그리스도의 세례〉, 1435. 그리스도와 요한은 스승 베로키오가 그렸고,
왼쪽의 옷을 들고 대기하는 천사들은 다빈치가 그렸다.

가브리엘 천사가 마리아에게 나타나서 "축하합니다. 아들입니다" 하고
인사하자 마리아가 "네? 제가요?" 하며 놀라고 의심하다가 결국 순종한
다는 이 이야기는 수많은 화가가 즐겨 그린 주제다. 수태고지 축제일은 3
월 25일로, 그림에서 봄 분위기가 물씬 난다. 아름다운 봄꽃들이 가득 핀
정원에 천사가 내려 앉아 성경을 읽고 있는 마리아에게 소식을 전한다.

그런데 이 그림에서는 구도와 비례가 맞지 않는 이상한 부분들이 눈

다빈치가 전체를 다 그린 최초의 그림으로 추정되는 〈수태고지〉, 1472~1475년경.

에 띈다. 대표적으로 성경을 잡고 있는 성모 마리아의 오른팔이 비정상적으로 길다. 아무리 천재라 해도 아직 초보 화가 때라서 실수한 것일까? 흔히들 그렇게 이야기했으나, 이제는 다르게 해석한다. 원래 이 그림은 높이 걸려 있어서 사람들은 오른쪽 아래에서 비스듬히 올려다봐야 한다. 그래서 정상적인 모습으로 보이도록 하려면 현재의 그림처럼 비율을 일부러 왜곡해야 한다는 것이다. 우피치 미술관에서 제공하는 해설에 그렇게 나오니, 일단 그 말을 믿도록 하자.

이 그림에서 또 한 가지 흥미로운 것은 천사의 날개다. 다빈치가 가진 평생의 강박관념 중 하나가 새였다고 한다. 그래서일까. 원래 천사의 날개는 아주 크게 그리는 것이 관례인데 다빈치가 그린 날개는 아주 짧아서 새의 날개처럼 그려져 있었다. 그런데 후일 관례를 중시하는 누군가의 자상한 배려로 무명 화가가 덧칠을 해서 천사의 날개가 길어졌다. 자세히 보면 원래의 날개 위에 덧칠한 것을 확인할 수 있다.

'악마'가 찾아오다

어느 날 풀밭 위의 천사를 그리던 다빈치에게 악마가 찾아왔다. 1490년 그는 노트에 "마리아 막달레나의 날에 자코모가 나와 함께 살기 위해 왔다"고 기록했다. 당시 열 살이던 잔 자코모 카프로티 다 오레노가 공방에 들어온 것이다. 처음에는 하인 혹은 사동 일을 하다가 그 역시 점차 그림을 배워 나중에는 일급은 아니지만 제법 괜찮은 화가로 성장했다. 무슨 일이 있었는지 다빈치는 노트에 "도둑놈, 거짓말쟁이, 고집 센 놈, 식충이"라고 쓰더니 곧 살라이Salai라고 불렀다. 이 말은 '조그마한 더러운 놈' 혹은 '새끼 악마'라는 뜻이라고 한다. 이후 두 사람은 끈끈한 동성애 관계를 맺으며 28년을 함께 지냈다.

어느 날 피렌체 당국에 동성애자 넷을 고발하는 투서가 날아들었는데, 여기에는 다빈치도 포함되어 있었다. 그렇지만 조사 결과 그는 무죄 선고를 받았다. 엄연히 기독교 윤리와 법이 지배하던 이 시대에 동성애는 중죄에 해당했고, 이론상 화형에 처할 수 있었다. 그렇지만 당시 예술가들 사이에 동성애가 만연해서 당국도 사실상 묵인했다. 동성애자들은 오히려 자부심을 가지고 있었다. 심오한 철학적 삶을 살려는 사람들은 결혼을 피해야 한다고 생각하고 있었기 때문이다.

피렌체는 그런 곳이었다. 진지하고 검소하고 근면한 부르주아의 가치

다빈치는 아래쪽에 죽은 베르나르도의 얼굴 표정을
약간 다르게 포착하여 그렸다. 죽는 사람의 표정을
잡아내는 연습을 했던 듯하다.

를 지지하는 한편 천재 예술가들의 자유분방함이 넘쳐났다. 그러나 동시에 마피아의 쟁투를 연상시키는 폭력이 터져 나오는 무대이기도 했다. 파치Pazzi 가가 주도한 암살 사건이 그 예다.

1478년 4월 26일 일요일, 피렌체 대성당에서 미사가 진행 중이었다. 신부가 성찬식 빵을 손에 들었을 때, 돌연 베르나르도 디 반디노 바론첼리가 망토 아래 숨겨두었던 칼을 빼들고 로렌초 메디치와 줄리아노 메디치를 공격했다. 로렌초는 목을 찔린 상태에서 도주해 가까스로 목숨을 구했지만, 동생 줄리아노는 프란체스코 파치와 성직자 두 명이 휘두른 칼에 열아홉 군데나 찔려 사망했다. 피렌체를 사실상 지배하고 있던 메디치 가의 권력을 꺾기 위해 또 다른 유력 가문인 파치 가가 교황과 이웃 도시 피사 대주교의 지원을 받아 일으킨 이 암살 사건을 파치 음모 사건이라 한다. 실권자 로렌초의 암살은 실패로 돌아갔고, 이제 피비린내 나는 보복이 뒤따랐다. 사건 당일 20여 명이 교수형을 당했고, 그 후 며칠 동안 60명 이상이 살해되었다.

메디치 가는 당대 최고 화가로 손꼽히던 보티첼리에게 교수형을 당한 범인들의 모습을 그리게 했다. 〈비너스의 탄생〉을 그린 이 화가가 암울한 죽음의 모습을 화폭에 어떻게 담았을지 궁금하기 짝이 없지만, 그 그림은 현재 전하지 않는다. 대신 다빈치의 데생이 남아 있어 당시의 참상을 증언한다.

성당에서 칼을 휘둘렀던 베르나르도는 운 좋게 탈출에 성공해서 국외로 떠났지만, 피렌체 가문의 국제적 네트워크를 벗어날 수는 없었다. 결국 체포되어 피렌체로 압송되어 극심한 고문에 시달린 후 1479년 12월 28일에 교수형에 처해졌다. 현장에 간 다빈치는 맨발에 두 손이 묶인 채 목이 매달려 죽은 베르나르도를 스케치했다. 온갖 고통을 뒤로하고 지쳐서 죽음을 받아들인 듯 베르나르도는 우수에 잠겨 사바세계를 내려다보는 표정을 하고 있다.

창조적 천재성을 지닌 '미완성' 인간

 예술가들은 권세 있고 부유한 궁정의 지원을 받아 창작 활동을 했다. 다빈치 역시 후원자들을 찾아 여러 곳을 다녔다. 궁정의 지원을 받는다는 것은 단지 월급을 받는다는 게 아니라 사회적으로 인정받아 수준 높은 창작의 기회를 얻는 것을 뜻한다. 피렌체에서 이미 국제적 명성을 얻은 다빈치를 초빙한 곳은 이웃 밀라노였다.

당시 밀라노는 강력한 스포르차 가문의 지배하에 있었다. 당시 지배자는 루도비코 일 모로 공작이었는데, '모로'란 무어인이라는 뜻으로 그의 피부색이 까매서 붙은 별칭이다. 사실 밀라노 공작들은 군인 출신으로 그야말로 자기 힘으로 권력의 최정상까지 올라가서 도시 국가를 지배하게 된 인물들이다. 이런 사람들은 자신과 자기 가문의 명예를 드높이는 예술 업적에 목말랐기에 훌륭한 예술가들을 기꺼이 후원할 태세가 되어 있었다. 〈최후의 만찬〉을 주문한 사람이 바로 '모로'였다. 그렇지만 이왕

이면 그림을 잘 그릴 뿐 아니라 다방면에 재능이 있어 쓰임새 많은 인물이라면 더더욱 환영할 일이었다. 다빈치야말로 이런 유형의 인사로 적격이었으리라.

'제가 그림도 조금 그립니다'

1482년경 다빈치는 루도비코 일 모로에게 자신의 재능을 밝힌 이력서를 보냈다. 내가 이러이러한 일들을 잘하니 이 몸을 써보심이 어떠하신지요 하는 내용의 문서다. 천재 화가가 보낸 이력서니 주로 빛나는 예술적 능력을 자랑하지 않았을까 싶지만 놀랍게도 그렇지 않다. 그는 잘할 수 있는 일 열 가지를 제시했는데, 그중 아홉 가지가 성벽 파괴, 운반이 편한 대포, 장갑차, 박격포, 투석기, 폭약, 전투용 사다리 제작 등 군사 기술이었다. 당시 인재에 대한 수요는 이런 식이었다. 즉 군사기술자가 가장 우대받았다. 다빈치의 이력서에서 예술 이야기는 마지막 열 번째로 언급된다.

> 평화 시에는 공공건물이나 개인 건물의 설계와 건축, 물 관리를 할 수 있
> 습니다. 또 대리석, 청동, 점토 등으로 조각상을 제작할 수 있고, 그림이라
> 면 누구 못지않게 잘 그릴 수 있습니다.

〈모나리자〉를 그린 이 화가는 맨 마지막에서야 '제가 그림도 조금 그립니다' 하고 덧붙인 것이다. 거기에 조각상을 언급한 것은 괜한 이야기가 아니다. 후원자가 바라는 게 뭔지 잘 파악하고 그것을 해드리겠다고

해야 일자리를 잡는 데 유리하다. 스포르차 가는 군사적 위용을 자랑하고 싶어 할 테니 장대한 동상을 만들어주면 좋아하리라 생각한 것이다. 그래서 그는 "당신의 부친과 스포르차 가에 영원한 명예로 남을 청동 기마상을 제작하겠다"는 편지를 따로 보냈다. 밀라노로 간 다빈치는 실제로 거대한 청동 기마상을 만드느라 많은 시간과 노력을 쏟아부었다. 게다가 약속대로 성채, 건축, 수리사업, 수문 등의 계획안도 만들었다.

우리에게 잘 알려져 있지 않지만 사실 그는 음악에도 조예가 깊고 특히 수금(오늘날 바이올린의 조상에 해당하는 악기) 연주가 수준급이어서 1482년 밀라노 궁정에 처음 모습을 보일 때는 음악인으로 소개되었다. 그는 악기 개량도 하고 작곡도 했다. 다만 작곡한 작품은 현재 남아 있지 않다. 다빈치야말로 만능인homo universalis의 전형이었다. 우리에게 잘 알려진 회화 작품들은 이런 다양한 일을 하면서 동시에 이루어낸 성과다. 밀라노 시기에 〈암굴의 성모〉를 그렸고, 무엇보다 1495년부터 〈최후의 만찬〉을 그렸다. 산타 마리아 델레 그라치에 성당에 들어가 이 그림을 처음 본 순간의 그 소름끼치는 감동은 잊을 수 없다. 사실 우리는 대개 이 그림을 책에 실린 조그마한 삽화로만 볼 수밖에 없다. 그런데 가로 8.8미터, 세로 4.6미터의 거대한 벽화를 보는 순간 원작의 힘이 쓰나미처럼 밀려온다.

그러나 아무리 만능인이라 하더라도 화학 분야에서는 여전히 부족한 점이 많아 안료를 제대로 만들지 못했다. 그는 새로운 안료를 실험했는데, 이것은 천천히 작업할 수 있고 여러 번 덧칠도 가능한 장점이 있는 반면 탈색이 심해 지금은 남아 있는 게 신기할 정도로 크게 훼손된 상태다.

"너희들 중에 한 놈이 배신 때린다." 이 말에 모두들 경악한 표정을 짓거나 기절하려 한다. 예수 왼쪽의 여성스런 이는 '예수의 숨겨진 연인 마리아 막달레나'가 아니라 사도 요한이다. 〈최후의 만찬〉, 1495~1497.

심오한 통찰의 조각들, 다빈치의 노트

우리에게 레오나르도 다빈치는 화가로 각인될 수밖에 없다. 그가 남긴 회화 작품들이 워낙 압도적으로 훌륭하기 때문이다. 그렇지만 실상 그의 내면세계는 '단순히 화가'라고 하기에는 무척 심오하다. 그에게 예술과 과학, 철학과 기술은 하나로 합쳐져 있었다.

다빈치의 내면세계를 엿볼 수 있는 중요한 자료로는 그의 노트가 있다. 그는 늘 노트를 들고 다니면서 중요한 정보다 싶으면 바로 적어두었다. 심오한 통찰의 조각들도 여기에 다 모아놓았다. 이 중 일부는 완성된 작품으로 발전했을 수 있으나, 대부분은 미완성 상태로 남아 있다. 그러니까 노트는 미완성 작품을 위한 임시 텍스트 모음이라 할 수 있다. 당시 인문주의자들은 '미완성'을 창조적 천재성의 특징으로 파악했다(게으름의 상징이 아니라는 데에 주의!). 언제 어떤 영감이 튀어나올지 모른다. 각 분야마다 창의적인 아이디어들이 솟아나오니 그런 것들을 일단 붙잡아두어야 한다. 실제 그의 노트를 보면 건축, 공학, 물리, 광학, 지질학(특히 물에 대한 것), 해부, 회화 등 다양한 영역에 걸쳐 있다.

또 한 가지 이 천재의 작업이 가진 특징은 변화무쌍하고 불규칙하다는 점이다. 그림을 그릴 때에도 한 이틀 먹지도 마시지도 않고 미친 듯 일하고는, 그 후 며칠 동안은 손을 놓고 명상을 하다가 다른 작업에 손을 대는 식이다. 천재는 꼭 의무에 얽매일 필요가 없으니 창의적 게으름을 누리며 자신이 원하는 결과가 나올 때까지 한없이 느리게 일하는 것이다. 이런 건 천재인 본인에게는 좋은 일이지만 완성품을 기다리는 주문자 입장에서는 애가 타고 진이 빠질 수밖에 없다. 그래서 가끔 이런 문제로 송사를 겪곤 했다.

그는 종이를 자르고 실로 묶어 직접 노트를 만들었다. 노트의 크기는 다양했다.

16절지sedicèsimo 9~10 × 6~7센티미터

8절지octavo 14 × 10센티미터

4절지quatro 20~23 × 14~16센티미터

대형 29~31 × 22센티미터

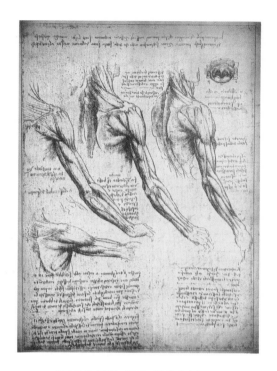

사람 팔의 해부학 연구를 기록한 다빈치 노트.
다빈치는 다양한 영역에 걸쳐 자신의 생각과 정보를 기록했는데,
이 노트들은 그의 내면세계를 엿볼 수 있는 중요한 자료이다.

그는 피렌체의 공방 시절부터 죽을 때까지 노트를 작성했다. 글도 쓰고 그림도 그렸는데, 글은 길지 않은 짧은 메모가 많고, 때로 여백에 작은 그림을 그려 보충했다. 특이한 것은 그의 글씨체다. 거울에 비친 것처럼 뒤집어 쓴 글씨를 오른쪽에서 왼쪽으로 썼다. 이런 방식은 그가 창안한 것도 아니고 또 굳이 내용을 숨기려는 의도도 아니다. 누구든 거울에 비춰보면 제대로 읽을 수 있기 때문이다. 아마 단순한 습관일 가능성이 크다(왼손잡이가 독학으로 글씨쓰기를 배우는 경우 이렇게 되는 경향이 있다고 한

다). 다만 제대로 문서를 써야 할 때에는 반듯하게 글씨를 잘 썼다.

그의 노트는 현재 29종에 1만 3,000쪽 정도가 전하는데, 이는 실제 그가 쓴 것의 절반 정도에 해당하는 분량이다. 죽을 때 제자 프란체스코 멜치에게 노트를 모두 넘겨서 관리하도록 했지만 결국 유럽 전역으로 팔려 나가거나 약탈당해 일부만 밀라노에 남아 있다. 1796년 나폴레옹이 파리로 가져간 양만 해도 상당하다. 그러니 세계 각지에 흩어진 원고 중 일부가 어디에선가 발견될지 모를 일이다.

실제 그런 일이 일어났다. 1967년 2월, 에스파냐 문학 전문가 피커스 Jules Piccus 박사가 마드리드 국립도서관에서 중세 발라드 원고를 찾고 있었다. 그런데 사서가 실수로 그가 신청한 자료 대신 다른 자료를 갖다주었다. 피커스는 모로코 가죽으로 장정된 두 권의 노트를 살펴보던 중 레오나르도 다빈치의 노트라는 것을 알아챘다. '마드리드 코덱스madrid codex'라 불리는 이 자료는 극적으로 되찾은 사례에 속한다. 이 자료에서 특히 흥미로운 내용 중 하나는 다빈치가 소장했던 도서의 목록이다. 우리는 이런 기록을 통해 그가 아리스토텔레스, 플리니우스, 알베르티, 오비디우스, 단테 등의 책을 읽었다는 사실을 알게 된 것이다.

다방면의 천재이자 만능 엔터테이너

그는 자신을 '문맹homo sanza littere'이라 불렀는데, 이는 라틴어를 읽지 못한다는 의미다. 어린 시절 학교에 다니지 않고 공방에 들어갔으니 라틴어를 배울 기회가 없었다. 그렇다고 그가 이 점에 대해 자괴감을 가진 것은 결코 아니다. 오히려 '자연'에서 직접 배운다는 원칙을 고수하고 라틴어 대신 속어인 이탈리아어를 사용한 결과, 기존의 권위에 얽매이지 않고 타고난 천재성을 자연스럽게 발현할 수 있었을 것이다. 그의 그림을 보면 자연을 세밀하게 관찰했음을 알 수 있다. 다만 그 역시 뒤늦게 40세에 라틴어 공부를 시작했다. 노트에서 라틴어 단어 공부를 한 흔적이 발견된다.

다빈치의 노트를 보면 그가 얼마나 깊고 창의적인 사고를 했는지 알 수 있다. 노트에는 수많은 우화, 익살, 명구, 해학, 수수께끼 등이 적혀 있다. 또 하늘은 왜 파랄까, 새는 어떻게 날까, 지평선에 지는 해는 왜 커 보일까 등 어린아이 같은 질문들도 빼곡하다. 이런 천진한 질문을 던질 수 있다는 것이야말로 실로 중요한 능력이다. 이런 내용들은 그가 행하던 작업과는 전혀 관련이 없어 보이지만, 그는 당장의 작업, 눈앞의 사실 외에 다른 측면들을 깊이 탐구했던 것이다.

그러나 당대의 군주들이 다빈치 내면의 심오한 천재성을 알아본 건 아니다. 그들이 원한 건 대개 연극적인 엔터테인먼트였다. 악기의 현을 동시에 여러 개 연주하는 기계, 연극 무대 장식, 화려한 의상, 특히 특수효과를 내는 신기한 발명품으로 즐거움을 선사하면 가장 좋아했다. 다빈치가 이런 장기를 유감없이 발휘한 때는 1490년 1월 13일 이사벨라 데스테와 잔 갈레아초의 결혼식이다. 그는 궁정 축제의 총감독을 맡아 고도의 창의성을 동원하여 온갖 특수효과를 보여주었다. 당시 참석한 인사가 '지상낙원il paradiso'이라 부를 정도였다. 당시 사람들이 원한 건 이런 종류였다.

다빈치의 발명품 중 많은 것은 실제 사용된 것이 아니라 단지 무대장

치였다. 예컨대 그가 창안한 자동차 설계를 연구해본 결과 실제 그런 장치로는 길거리에서 움직일 수는 없고, 단지 연극 무대에서 몇 미터 이동하는 정도에 불과했다. 그는 분명 다방면의 천재였지만 당시 직업상의 수요에 따라 행한 것도 많다.

'수학의 천국'으로 들어가는 열쇠

1490년대 후반부터는 다빈치의 내면세계와 실제 세계 모두 새로운 단계로 접어들었다. 특히 1496년은 그에게 중요한 해였다. 수학자 루카 파치올리를 만나서 '수학의 천국'의 열쇠를 얻었기 때문이다. 경험과 기하가 만났다. 다빈치는 비율과 숫자에 열정적으로 매달렸다.

　1496년 밀라노에서 만났을 때 두 사람은 이미 유명 인사였다. 다빈치는 수학에 관심은 있으나 그리스어와 라틴어를 몰라 공부를 못 하던 차에 그에게서 많은 것을 배운 듯하다. 루카는 신이 이 세상에 수학적 논리를 심었다고 믿었다. 당시 지식인들은 황금비율을 연구하거나 피타고라스의 수비학數秘學 내용을 재검토했으며, 이와 비슷한 것으로 신플라톤주의 철학을 공부했다(피치노와 미란돌라 같은 학자들이 대표적이다). 그러나 다빈치는 그렇게까지 경도되어 있었던 것은 아니고, 다만 세계의 이성과 미美에 신의 표시가 들어 있다고 믿는 정도였다.

　그는 잎과 가지의 비율 같은 것을 관찰하며 수학적 논리에 감탄했다. 더 나아가서 '모든 것이 수학'이라는 생각에 빠졌다. 〈비트루비안 맨Vitruvian man〉에서 보듯 인체나 동물 몸의 비율을 살펴보았다. 또한 회오리

다빈치의 수학 지식을 넓혀준 루카 파치올리가 유클리드의 《기하학》에 적힌
황금비율을 설명하는 모습. 야코포 데 바르바리, 1495.

같은 복잡한 현상도 이면에 수학적 논리가 작용한다고 보았다.

회오리치는 건 그의 내면만이 아니었다. 세상도 요동치고 있었다. 1498년 프랑스의 샤를 8세가 침공해와서 이탈리아 상황이 급변했다. 다빈치의 후원자였던 스포르차 가의 루도비코 일 모로가 밀라노에서 축출되었다. 후일 일 모로는 재기를 노렸지만 결국 프랑스군에 체포되어 프랑스로 끌려가서 8년간 감금 상태에 있다가 생을 마쳤다.

프랑스군이 밀라노를 점령했을 당시 다빈치가 스포르차 가를 위해 준비해오던 기마상의 찰흙 조각이 파괴되었다. 청동상을 만들기 위한 준비

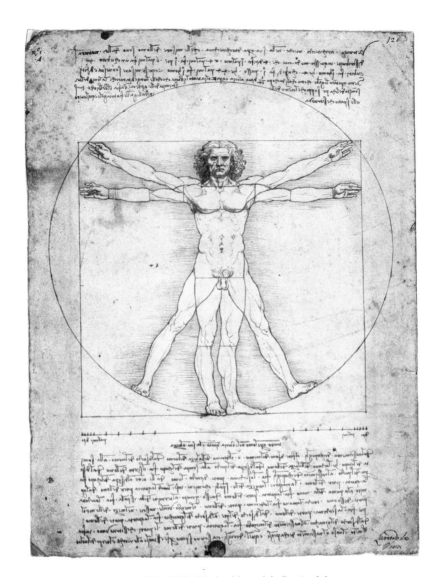

완벽한 인체 비례에 대한 연구 〈비트루비안 맨〉, 1487년경.

작업으로 찰흙 모형을 만들었는데 예술적 취향이 없는 군인들이 볼 때 커다란 진흙 말은 사격이나 활쏘기 연습용 표적으로 제격이었다. 역사에 길이 남을 대작의 꿈은 가스코뉴 궁수들의 활쏘기 시합으로 무너졌다. 만일 원래 계획대로 실현되었다면 우리는 밀라노 광장에서 장대한 기마상을 볼 수 있었을 것이다.

후일 이 일과 관련해 미켈란젤로와 얽힌 일화가 있다. 미켈란젤로는 말과 행동이 거칠었다. 자기보다 훨씬 나이 많은 다빈치를 노골적으로 공격하여 심기를 불편하게 만들곤 했다. 미켈란젤로가 어느 날 밀라노에서 기마상을 완수하지 못했다는 사실을 지적하며 "바보 같은 밀라노인들이 당신 말을 진짜 믿었나요?" 하는 모욕적인 말을 날렸다. 혈기 왕성하고 성질 급한 미켈란젤로가 그런 말을 할 때면 점잖고 소박한 다빈치는 그냥 참고 넘어갔다.

시대의 충실한 자식

격변의 시대에 다빈치 삶의 속도도 빨라졌다. 밀라노에서 후원자를 잃은 그는 그림과 노트를 가지고 각 도시를 돌아다니며 자신을 세일즈해야 했다. 1500년 베네치아에 가서 성채를 만들어주겠다고 제안했으나 실패했다. 피렌체를 거쳐서 만토바의 곤자가Gonzaga 가문과 접촉했다가 1501년에는 로마로 갔다. 이 과정에서 그는 시대의 인물들과 만나게 된다. 마키아벨리와 체자레 보르지아가 그들이다. 체자레 보르지아는 교황 알렉산더 6세의 아들로, 마키아벨리가 칭송해 마지않던 탁월한 정치가이자 군인이었다. 여기서 잠깐! 교황의 아들이라니? 그렇다. 이 시대는 혼란과 혼돈의 시대다. 알렉산더 6세는 방탕한 르네상스 교황으로 손꼽히는 인물로, 여러 정부에게서 많은 아이를 낳았다. 그 아이들 가운데 루크레치아 보르지아는 팜므파탈이라는 비난을 받았으며(빅토르 위고가 지나치게 각색했기 때문이기도 하지만), 그녀의 오빠 체자레 보르지아는 살인과 폭행 등 숱한 악행을 저지른 희대의 악당이었다.

체자레는 군사를 동원하여 우르비노Urbino를 점령했는데, 위협을 느낀 피렌체는 외교 사절을 보내 그와 타협을 시도했다. 이때 파견된 인물 중 한 명이 마키아벨리였다. 그는 체자레를 직접 만난 후 그를 지략과 과단성을 갖춘 탁월한 인물로 판단한 듯하다. 이즈음 정확히 무슨 일이 있었는지 알 수 없지만 마키아벨리가 다빈치를 체자레에게 소개했을 가능성이 있다. 다빈치는 이 악당을 따라 여러 지역을 돌아다니며 군사 문제에 도움을 준 것으로 보인다. 이 시대의 파괴와 폭력을 직접 경험한 것이다.

1502년 마키아벨리가 평화협정 체결을 위해 다시 출장을 왔을 때에는 이몰라Imola라는 곳에서 다빈치, 마키아벨리, 체자레가 함께 회동한 적도 있다. 이런 걸 보면 다빈치는 세상일과 무관하게 산 천재가 아니라 시대의 충실한 자식이었다는 점을 새삼 알 수 있다. 그러나 체자레는 곧 운이 다하여 이탈리아에서 군사적 실패를 겪은 후 에스파냐로 가서 용병으로 전투를 벌이다가 약 30세의 나이로 사망했다. 곧이어 마키아벨리도 몰락했다. 이제 다빈치를 도와줄 인물이 모두 사라졌다.

지금까지 그의 생애는 이탈리아 내 소국들 수준에서 이어졌다. 이제 그는 이탈리아를 벗어나 더 큰 무대로 나아가려 했다. 놀랍게도 그는 오스만 제국으로 갈 생각까지 한 것 같다. 1952년 이스탄불의 톱카피 Topkapi 기록보관소에서 희한한 문서가 발견되었다. '리오나르도Lionardo' 라는 이탈리아인이 오스만 제국의 술탄 바야지드 2세에게 보낸 서신으로, 1503년 7월에 작성한 원본 편지는 사라졌지만 터키어로 번역된 문서는 보존되어 있었다. 그 내용은 보스포루스 해협을 가로지르는 다리를 세우겠다는 것이었다. '스탐불Stamboul과 갈라타Galata를 연결하는 다리를 건설하되 아주 높게 만들어 선박이 돛을 편 채로도 다리 밑으로 지나갈 수 있도록 하겠다'는 계획이었다. 만일 이것이 실현되었다면 약 370미터 길이로, 당시 세계 최대 규모의 교량이 되었을 것이다.

시대가 불러낸 '경험의 아들'

여러 나라에서 후원자를 찾으려는 계획들이 실패하자, 다 빈치는 1503년에 피렌체로 돌아갔다. 이 시기 그의 그림은 마치 동요의 시대를 반영하는 듯 격동적인 요소를 품고 있다. 그는 기계를 만지는 정도를 넘어 세계를 기계로 파악하고자 했다. 특히 관심을 두고 관찰한 것이 바람이나 물 등의 소용돌이였다. 소용돌이를 지배하는 법칙과 리듬을 파악하고자 하는 노력은 과학적 경험과 시적 직관을 결합하는 작업이었다. 그의 회화 작품과 과학 데생은 결국 같은 기반에 서 있는 것이다. 〈모나리자〉 역시 그 예다.

바사리의 설명에 따르면 1503년 여름, 프란체스코 델 조콘도Francesco del Giocondo라는 상인이 그의 아내 모나리자의 초상화를 그려달라고 부탁했다. 그는 새 집을 지은 후 벽을 장식할 그림으로 자기 부인의 초상화를 원했던 것이다. 부인은 1495년 15세에 조콘도와 결혼해서 아이 셋을 낳은 애 엄마였다. 남편이 원한 것은 23세로 아직 젊지만 모성애 가득한 여인의 모습이었다.

이탈리아에서는 이 그림을 '라 조콘다La Gioconda'로 부르는데, 남편 이름을 딴 동시에 '명랑한 여인'이라는 의미이기도 하다. 그렇지만 그림 속 여인은 전혀 명랑해 보이지 않는다. 나무와 초원, 새 들이 있는 정겨운 풍경 앞에 앉은 정숙한 애 엄마를 기대했을 조콘도는 어딘지 무서운 배경 앞에 눈썹 없는 젊은 여인(당시 이는 행실 나쁜 여인들을 가리켰다)이 앉아 있는 이 그림이 통 맘에 들지 않아 인수를 아예 거절했다.

모나리자, 아름다움은 곧 지나가버린다

그렇지만 다빈치에게 이 그림은 실로 중요한 의미를 지녔다. 그는 이 작품을 계속 가지고 다니며 들여다보고 명상하고 부분적으로 덧붙여 그리곤 했다. 이 그림의 의미는 무엇일까? 수많은 해석이 있지만, 내게는 다음과 같은 해석이 가장 흥미롭다.

여인 뒤로는 아주 먼 풍경이 그려져 있는데, 여기에는 바위, 땅, 물 그리고 다리 하나가 있다. 오른쪽에는 높은 산과 마치 거울처럼 반듯한 호수가 있다. 그래서 높은 곳에 수평선이 하나 있는 모습이다. 왼쪽은 오른쪽보다 풍경이 훨씬 낮게 그려져 있다. 문제는 왼쪽 풍경과 오른쪽 풍경이 연결되지 않는다는 것이다. 이 두 부분을 연결하는 것은 중간에 있는 여인의 미소다. 여인의 미소는 무슨 의미일까? 아름다움은 곧 지나가버린다는 고전적 주제이다. 오비디우스의 《변신》의 애독자인 다빈치는 '오늘은 아름답지만 얼마 후 나는 어찌 될 것인가?'라는 헬레네의 유명한

다빈치의 〈모나리자〉, 1503년경. 여인의 배경에는 시간의 흐름을
상징하는 풍경이 그려져 있다.

말을 인식하고 있었을 것이다. 여인의 미소도 그와 같다. 그 미소는 뒷면의 카오스 풍경과 대조된다. 장구한 시간을 나타내는 뒤 풍경과 순간 지나가는 미소가 서로 대조된다. 말하자면, 이 그림은 시간에 대한 명상이다. 다리가 그려져 있는 것도 이와 연관이 있다. 사실 인간 이전의 세계에 인공적인 다리가 있다는 게 이상하다. 그런데도 다리를 그린 것은 그 아래 흐르는 강물, 곧 시간의 흐름을 상징한다. 다리는 영원과 순간의 관계에 대한 힌트로서 제시되었다.

그렇게 해석하는 근거가 무엇일까? 연구자들은 여인 뒤의 배경이 같은 시기(1503~1504)에 다빈치가 그린 토스카나 지방의 지도와 같다는 사실을 발견했다. 높은 곳의 호수, 물길, 늪지 등이 똑같다. 이 지도를 그리면서 제기한 문제는 트라시메노 호수가 먼 과거에 아레초 남쪽 아르노 강변 유역을 만든 지질학적 과정이 어떠했는가 하는 것이다. 즉, 이 그림의 배경은 인간 존재 이전의 자연, 장구한 시간성을 나타낸다. 그것이 오늘날 토스카나 지방의 문명을 만든 배경이다. 트라시메노 호수와 아르노 계곡을 연결해주는 것은 문명을 상징하는 그녀의 미소다. 이처럼 〈모나리자〉는 공학과 과학 기술, 인문학적 성찰이 혼융되어 있다.

〈모나리자〉를 꼭 이런 연구 결과에 따라서만 해석할 일은 아니다. 사실 19세기부터 이 그림에 대한 신비적 해석들이 많이 제시되었다. 그림 속 여인에 대해 고티에는 '신비로운 미의 스핑크스'라 불렀고, 공쿠르는 '16세기의 고급 창녀', 곧 팜므파탈로 파악했다.

1911년 8월 21일 〈모나리자〉 도난 사건으로 신비주의가 더욱 강화되었다. 이탈리아 출신의 이민자인 빈첸조 페루자가 루브르 미술관에서 일하다가 어느 날 〈모나리자〉를 몰래 가지고 나와 자기 집 난로 밑에 2년 동안 숨겨두었던 것이다. 연일 신문에 대서특필되었고 온갖 소문이 돌았다. 특히 큐비스트의 음모설이 파다하여 초현실주의 시인 기욤 아폴리네르와 피카소가 경찰 조사를 받기도 했다. 1913년 11월, 범인은 피렌체의 한 골동품상에게 50만 리라에 그림을 넘기겠다는 제안을 했다. 두 사람이 만난 자리에서 페루자는 트렁크에서 온갖 위장용 잡동사니를 꺼내더니 마지막으로 진짜 〈모나리자〉를 척 꺼내 보여주는 게 아닌가. 그는 바로 체포되었지만 곧 이탈리아의 보물을 되찾아온 민족 영웅으로 대접받았다. 그러나 재판정에서 다른 그림을 훔치려다가 크기가 작은 것을 고르느라 〈모나리자〉를 가지고 나왔다고 설명하자 분위기는 '급 실망'으로 바뀌었고, 그는 단순 잡범으로 1년을 복역했다.

　다빈치는 이 그림에 어떤 신비로운 메시지를 숨겨놓은 것일까? 움베르토 에코는 다빈치가 단순히 여인의 초상화를 그린 게 아니라 의도적으로 후대 사람들이 미스터리에 집착하도록 했을 가능성이 있다고 해석했다. 자신이 시대를 뛰어넘는 천재로 알려지리라 예상했다는 것이다. 그림에 미스터리가 숨겨져 있을 수도 있고 그저 '낚시'일 수도 있지만 말이다.

말년을 뒤흔든 소용돌이

다빈치의 생애도 말년에 접어들고 있었다. 이 시기에 그는 프란체스코 멜치라는 충실한 제자를 두었다. 우리가 다빈치의 노트를 볼 수 있게 된 것도 사실 멜치가 원고를 잘 정리하고 보존한 덕분이다. 그는 또 말년의 다빈치를 그려서 후대에 남겼다. 그가 그린 모습이 실제 레오나르도 다빈치의 모습을 가장 충실하게 보여주는 것으로 평가된다. 이 그림에서 다빈치는 현자의 모습을 하고 있다. 그러나 이 현자는 어쩌면 새로운 관점에서 생의 비밀을 관조하고 있었고, 더욱 깊은 심연으로 들어가고 있었는지 모른다.

　이 시기에 다빈치는 소용돌이치는 물에 집착했던 것이 분명하다. 이때 만든 노트는 코덱스 레스터Codex Leicester인데, 특히 지구물리학과 관련된 내용이 잘 정리되어 있다. 우주와 지구의 기본 힘이 무엇인가 하는 문제의식에서 화석, 물의 형성, 조수, 지질에 미치는 영향 등을 탐구했다.

프란체스코 멜치가 그린 다빈치 초상
화(1510년 이후). 다빈치의 본래 모습
에 가장 충실한 그림으로 평가되고
있다.

1508년 이후에 만들어진 마지막 노트는 '파리 MS F'라는 멋없는 이름으
로 분류되어 있지만, 이 역시 원래 제목은 〈세계와 세계의 물에 대해서
〉이다. 당시 다빈치의 활동과 생애는 평행하고 있었던 것 같다. 이 무렵
그의 마음에 새삼 큰 소용돌이가 치고 있었던 듯하다.

　다빈치의 수행원 명단에 느닷없이 크레모나라는 여인의 이름이 등장
한 것이 발단이다. 연구자들은 그녀를 일종의 '고급 창녀'라고 본다. 명
확한 증거가 없으니 이즈음의 일들에 대해서는 일종의 소설을 쓸 수밖에
없지만, 분명 가능성이 없지 않은 이야기다. 다빈치는 이 여인과 관계를

살라이가 그린 것으로 추정
되는 〈누드 조콘다〉(16세기
초). 혹시 이 여인이 다빈치
의 말년을 뒤흔든 크레모나
일까?

가지며 인생의 열정과 쾌락을 탐구했다. 사실 다빈치가 동성애자라는 것
은 분명하지만 동시에 여성도 사랑하는 양성애자인지 아닌지는 잘 모른
다. 여기서 약간 과감한 억측을 하자면 그는 평생 살라이 같은 남자와만
관계하는 동성애자였다가 50대 중반에 처음으로 여자를 알았을 수 있다.
만일 그렇다면 크레모나를 통해 성생활 패턴을 바꾼 셈이다.

　직접적인 증거가 없어서 무엇이라고 단정할 수는 없지만, 이 시기에
다빈치와 주변 집단에서 문제적인 그림들이 등장한 것은 사실이다. '모

나바나Monna Vanna'로 불리는 〈누드 조콘다Nude Gioconda〉가 대표적이다. 살라이가 그린 것으로 추정되는 이 그림은 〈모나리자〉를 연상시키는 주제이지만, 다만 가슴을 풀어헤친 관능적 모습이다. 어쩌면 이 모델이 크레모나일지도 모른다.

은닉함으로써 오히려 나타낸다

다빈치와 살라이 그리고 여인 사이에 무슨 일이 있었던 것일까? 이와 관련하여 〈성 요한〉을 자세히 살펴볼 필요가 있다. 사실 루브르 박물관에서 이 그림을 볼 때마다 찌릿찌릿하게 기묘한 느낌을 받곤 했다. 그림의 모델이 살라이라는 것은 어느 정도 인정되는 사실인데, 우선 예수의 등장을 설파하고 또 예수에게 직접 세례를 한 그 성인을 자기 동성애 상대를 모델로 해서 그렸다는 사실부터 놀라운 일이다. 그런데 이 그림과 관련이 있는 충격적인 작품이 발견되었다. 오랫동안 원저 성에 보관되어 있다가 어느 날 사라진 데생 하나가 1991년 뉴욕에 나타났다. 〈육신의 천사Angelo incarnato, Angel made flesh〉라 불리는 이 그림은 곧 정신분석학자들의 주목을 받았다.

이 작품에서는 여성성과 남성성, 황홀경과 고통스러운 슬픔 등 모순들이 조우한다. 입은 성적인 매력을 풍기면서도 어린아이 같다. 반쯤 열려 있고 반쯤 닫혀 있으며, 말이 없으면서도 무언가 말을 하려 한다. …… 이 작품에서 느껴지는 부자연스러움은 베일 속의 발기된 성기를 볼 때 더욱 강렬

다빈치의 〈성 요한〉(왼쪽)과 1991년에 발견된 데생 〈육신의 천사〉(오른쪽).

해진다. 아마도 이 천사 뒤에 악마 같은 무언가가 존재할 것이다.(찰스 니콜,《레오나르도 다빈치 평전》)

여기에는 신성한 열망과 오르가슴의 쾌락이 모순된 상태 그대로 노출되어 있다. 같은 주제가 〈성 요한〉에 표현되어 있지만, 〈성 요한〉에서는 훨씬 '숭고하게' 처리되어 있다. 그림 속 인물은 오른팔을 가슴 위로 뻗음으로써 가슴을 가리고 망토를 아래로 걸쳐서 허리 아래를 가리고 있다. 얼굴에는 남녀 양성의 성질이 혼존해 있다. 이 그림은 드러내지 않고 은닉함으로써 오히려 무엇인가를 나타낸다. 그것이 무엇인지 명확하지는 않으나, 성性과 성聖, 남성성과 여성성, 죄인과 성인, 천사와 악마라는 모순을 모두 끌어안음으로써 인간의 근본적 갈등을 넘어서려는 것처럼 보인다. 도대체 그의 깊은 흉중에는 어떤 일들이 휘몰아치고 있었을까?

'파우스트의 이탈리아 형제'

이탈리아의 풍요로운 르네상스 예술에 프랑스 국왕들은 하나같이 매료되었다. 밀라노를 공격해온 루이 12세는 〈최후의 만찬〉을 보고 감탄하여 벽 전체를 뜯어가고 싶어 했으나 기술적인 어려움으로 포기했다. 패기 넘치는 21세의 젊은 왕 프랑수아 1세는 아예 마에스트로를 프랑스로 모셔가고 싶어 했다.

1515년 프랑수아 1세가 볼로냐에서 교황과 회동할 때 다빈치를 만났다. 그는 선왕 루이 12세를 통해 이 천재에 대해 이미 알고 있었다. 밀라노에서 〈최후의 만찬〉을 보았고 유명한 자동기계 사자도 보았다(사자가 걷고 배에서 백합을 꺼내 보여주는 묘기를 선보였다). 프랑수아 1세의 초대를 받은 다빈치는 1516년 여름 프랑스 행을 결정했다. 앙부아즈에 도착하자 국왕은 그곳에서 아주 가까운 클루Cloux(오늘날의 클로 뤼세Clos Lucé)에 저택을 마련해주었다. 국왕은 아버지를 모시듯 그를 극진히 대접했고, 가끔 찾아와 오랜 시간 대화를 나누었다.

다빈치는 여전히 창의적인 계획을 가지고 있었다. 그는 로모랑탱Romorantin에 큰 성 건축을 제안했다. 이곳을 새 수도로 만들자는 것이다. 그러나 이런 계획을 실제 수행하기에는 그가 너무 늦게 왔다. 그의 말대

프랑수아 1세가 레오나르도 다빈치의 임종을 지켜보며 애달프게 울었다는 일화가 전한다. 그러나 이것은 후대에 꾸며낸 이야기에 불과하다. 〈레오나르도 다빈치의 임종을 바라보는 프랑수아 1세〉, 장 오귀스트 도미니크 앵그르, 1818.

로 "수프가 식어가고 있다." 이 말은 그의 노트 거의 마지막 부분에 나온다. 노트에 기하학 관련 연구 내용을 적고 있는데 가정부 마투린이 빨리 와서 식사하라고 재촉한 모양이다. 그래서 쓰던 글을 마치지 못 하고 일어서며 '수프가 식기 때문에'라고 썼다(1518).

다빈치는 다음 해인 1519년 5월 2일에 생을 마쳤다. 시신은 유언대로 생 플로랑탱 교회에 묻혔다. 그런데 프랑스 혁명 때 이 지역이 파괴되는 바람에 1802년 교회 건물을 해체했고, 이때 묘지의 모든 시체를 다 갈아

엎은 후 유골들을 한곳에 묻어버렸다. 그중 어떤 것이 다빈치의 진짜 유골이라고 주장하는 사람들도 있지만, 아프리카 관광지에서 현지 장사꾼들이 파는 클레오파트라의 유골만큼이나 사실성이 떨어지는 주장이다.

16세기 말에 조각가 레오니Pompeo Leoni는 다빈치가 죽기 전에 멜치에게 남긴 수천 쪽에 달하는 노트를 '기술적'인 것과 '예술적'인 것으로 분류했다. 세상에 이보다 더 바보 같은 일은 없을 것이다. 이로 인해 다빈치의 이미지가 많이 왜곡되었다. 예술사가는 그림에만 몰두하고 엔지니어는 그의 기술적 근대성만 보려 한다. 파노프스키Erwin Panofsky의 말대로 르네상스의 특징은 지식의 벽 깨기였고, 다빈치는 그런 정신의 가장 대표적인 사례가 아니던가.

레오나르도 다빈치는 새처럼 높이 날고 싶어 했고, 땅속 깊은 어둠의 세계에 들어가고자 했다. 그는 천사와 악마를 두루 경험한 후 인간의 내면과 세계의 모순을 갈무리하여 지극히 높은 수준에서 관조하고 표현했다.

다빈치는 천재인가? 물론이다. 미슐레의 말대로 그는 '파우스트의 이탈리아 형제'다. 그러나 모든 것을 가지고 태어난 것은 아니다. 그는 피렌체의 공방에서 견습생으로 공부하며, 밀라노에서 엔지니어로 일하며, 또 로마와 앙부아즈에서 궁정 예술가들과 교류하며 계속 배워나갔다. 스스로 말하듯 '경험의 아들'이었다. 다시 말해 시대가 그를 불러낸 것이다. 르네상스는 인간의 경험이 가장 천재적으로 꽃핀 시대였다.

8장

루터,
세상을 바꾼 불안한 영혼

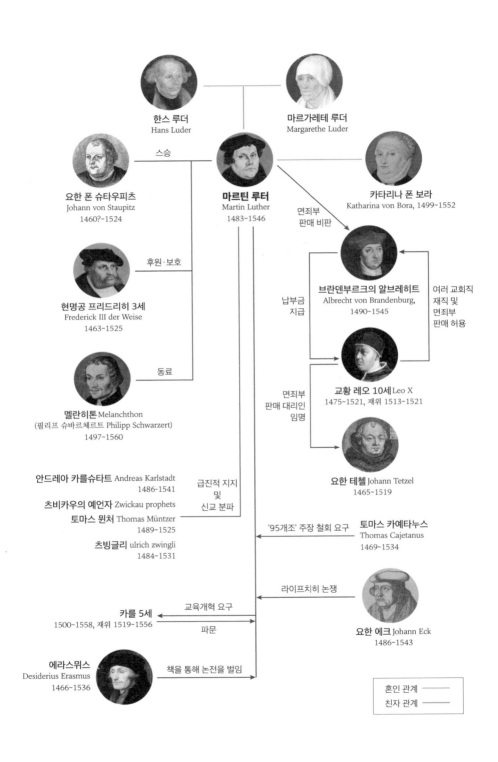

한스 루더
Hans Luder

마르가레테 루더
Margarethe Luder

요한 폰 슈타우피츠
Johann von Staupitz
1460?~1524

스승

마르틴 루터
Martin Luther
1483~1546

면죄부
판매 비판

카타리나 폰 보라
Katharina von Bora, 1499~1552

후원·보호

현명공 프리드리히 3세
Frederick III der Weise
1463~1525

납부금
지급

브란덴부르크의 알브레히트
Albrecht von Brandenburg,
1490~1545

여러 교회직
재직 및
면죄부
판매 허용

동료

멜란히톤 Melanchthon
(필리프 슈바르체르트 Philipp Schwarzert)
1497~1560

면죄부
판매 대리인
임명

교황 레오 10세 Leo X
1475~1521, 재위 1513~1521

안드레아 카를슈타트 Andreas Karlstadt
1486-1541

츠비카우의 예언자 Zwickau prophets

토마스 뮌처 Thomas Müntzer
1489~1525

츠빙글리 ulrich zwingli
1484~1531

급진적 지지
및
신교 분파

요한 테첼 Johann Tetzel
1465~1519

'95개조' 주장 철회 요구

토마스 카예타누스
Thomas Cajetanus
1469~1534

라이프치히 논쟁

카를 5세
1500~1558, 재위 1519~1556

교육개혁 요구

파문

요한 에크 Johann Eck
1486~1543

에라스뮈스
Desiderius Erasmus
1466~1536

책을 통해 논전을 벌임

혼인 관계 ──────
친자 관계 ──────

영적 시련의 나날들

 1483년 한스 루더와 그의 아내 마르가레테가 독일 작센 지방의 광산촌 아이스레벤에 찾아왔다. 이 부부는 이곳에서 구리 광산 개발 사업을 하려 했던 것 같다. 이때 임신 중이던 마르가레테는 11월 10일 아이를 출산했고, 다음 날 세례식을 했다. 아이의 이름을 마르틴으로 지은 것은 그날이 마르틴 성인의 날이었기 때문이었으리라. 후일 '루더Luder'라는 성은 발음하기 편하게 '루터Luther'로 바꾸었다. 종교개혁의 아버지 마르틴 루터는 이렇게 세상에 나왔다.

부부는 자식들 가운데 가장 명석한 마르틴에게 큰 기대를 걸고 마그데부르크와 아이제나흐의 학교로 보냈다. 그러나 후일 루터는 이 시기를 지옥 같은 나날로 묘사했다. 어느날인가는 배우지도 않은 문법 내용을 잘 모른다는 이유로 열다섯 번이나 몽둥이로 맞은 일도 있었다. 이는 루터에게만 있었던 일이 아니다. 아이들 대부분은 심한 매질과 영원히 지옥에서 고통 받을 거라는 협박을 당하며 자랐다. 당시 아이들에게 기독교 신앙은 정신적 테러에 가까웠다. 이런 교육이 분명 어린 루터의 마음에 어두운 그림자를 짙게 드리웠을 것이다. 나중에 수도사 생활을 할 때 굶기, 스스로 매질하기, 눈 위에서 자기 등 거의 고문에 가까운 수행을 한 것도 어릴 때 마음속에 심어진 죄책감 때문인 것으로 보인다.

당시에도 부모의 기대는 지금과 엇비슷했다. 루터의 아버지는 아들이 법률가가 되기를 바라며 에르푸르트 대학에 진학시켰다. 루터는 이 대학을 '매음굴과 맥줏집'이라 불렀고, 중요한 것들은 교실이 아니라 술집에서 배웠다고 말했다. 이 말을 곧이곧대로 믿을 필요는 없다. 예나 지금이나 학생들은 자신이 다니는 대학을 과장해서 나쁘게 말하는 경향이 있다. 루터가 날이면 날마다 맥주만 마시고 놀았던 것은 아니다. 그는 매일 새벽 4시에 일어나 공부했다. 그는 첫해 시험에서 57명 중 30등을 했는데, 1505년 2월 석사 과정을 마칠 때는 전체 300명 중 2등을 차지했다(학업 성적이 역사에 길이 남는다는 사실을 기억해두자).

이제 남은 일은 아버지의 바람대로 법학을 전공하여 변호사가 되는 것. 그러나 루터는 마음 편하게 출셋길로 가는 발걸음을 내딛는 인간이 못 되었다. 그는 지독한 불안에 시달렸다. 늘 그의 마음을 옭아매고 있던 근원적 문제는 죽은 후 과연 구원을 받을 수 있을까 하는 것이었다. 나 같은 죄인은 지옥에 떨어져 영원히 악마들에게 고통을 받는 건 아닐까? 이런 강박증이 그를 붙들고 놓아주지 않았다. 최근 미국에서 목사와 신부 들의 설교 내용을 분석해보면 지옥을 주제로 하는 경우는 거의 없다고 한다. 일요일 아침에 신자들에게 영원한 지옥불의 협박을 퍼붓는 게 인기 있을 리 없어서겠지만, 과연 '지옥 없는 기독교'라는 게 가능한지 모르겠다. 하여튼 그건 요즘 사정이고 반대로 루터 시대는 지옥의 위협에 과도하게 집착했던 것 같다.

"저를 살려주신다면 수사가 되겠습니다!"

학생 시절에 겪은 한 사건이 루터의 삶을 송두리째 바꾸어놓았다. 1505
년 7월 2일, 루터는 고향집에 갔다가 말을 타고 학교로 돌아오는 길에 폭
풍우를 만났다. 그런데 돌연 자기 바로 옆에 벼락이 떨어졌다. 놀라서 땅
바닥에 나동그라지며 그는 이렇게 외쳤다. "성 안나여, 저를 살려주신다
면 수사가 되겠습니다!"

　학교에 도착해서 친구들에게 이 사실을 이야기하자, 다들 그런 상황
에서 한 맹세는 무시해도 된다고 이구동성으로 말했다. 하지만 그는 서
약을 지키겠다고 결심했다. 도대체 이를 어떻게 판단해야 좋을지 모르겠
다. 지나치게 소심한 걸까? 정신적인 문제가 있었던 걸까? 아니면 아버
지가 자신에게 강요하는 것들을 마음속으로 회피하고 싶었을까? 루터는
곧 법학 과정 등록을 취소하고 책도 다 팔아버린 다음 아우구스티누스
수도원에 입회 신청을 했다. 몇 주간의 심사 끝에 입회 허락을 받아 그는
견습 수사가 되었다. 아버지는 이 소식을 듣고 노발대발했다.

　1년 후 루터는 정식 수사가 되었다. 수도원 생활은 녹록하지 않았다.
매일 아침 미사를 드리고 하루 여덟 번 정해진 때에 기도를 했으며, 매
주 150편의 시편 전체를 낭독했다. 메마른 식사가 하루 두 번, 그나마도
사순절 기간에는 한 끼뿐이었다. 겨울에는 온몸이 얼어붙는 듯한 극심한
추위에 시달리며 침묵 수행을 했다. 그리고 이 모든 일을 잘 지켰는지 일

중세와 근대 초 사람들이 생각한 지옥은 추상적인 게 아니라 매우 구체적인
공포의 장소였다. 헤라드 폰 란츠베르크, 12세기.

주일에 한 번씩 고해를 했다. 루터는 금식할 때에는 물 한 모금 입에 대지 않을 정도로 철저히 규범을 지켰고, 또 아주 경미한 잘못이라도 모두 고해하느라 어떤 때는 여섯 시간이나 걸렸다. 그의 스승 슈타우피츠가 너무 그럴 것 없다고 오히려 나무랄 정도였다. 살인이나 강간 정도 하고 나서 그렇게 고해하라고 말했다고 하니, 루터가 너무 시시콜콜 고해를 해서 살짝 화가 났던 것 같다. 수도원에 들어간 그는 이제 불안에서 벗어났을까? 그렇지 않았다. 이런다고 한들 과연 내가 하느님의 구원을 받을 것인가? 이런 의문이 그의 마음 깊은 곳에 자리 잡고 있었다.

1507년 4월 3일, 루터는 사제 서품을 받았다. 그리고 5월 2일 드디어 첫 미사를 집전했다. 이날은 아버지를 포함해 여러 손님이 찾아왔다. 첫 경험은 늘 두려운 법. 그리스도의 몸과 피로 변하는 빵과 포도주를 나누어주려 했지만 극심한 스트레스로 벌벌 떨다가 포기하려는 순간, 수도원장의 도움으로 겨우 미사를 마칠 수 있었다. 첫 미사 집전 축하연 때 루터는 아버지에게 이제 자신을 용서하겠느냐고 물었다. 웬만하면 '이렇게 된 마당에 네 길을 잘 가거라' 하고 말할 법도 한데, 루터의 아버지는 그렇지 않았다. 늙은 애비를 버려두고 떠난 놈이라며 힐난하자, 루터는 당황하여 하느님이 천둥소리로 자신을 직접 부른 것이라고 응답했다. "그게 악마가 아니기를!" 하는 아버지의 말이 가슴에 비수처럼 꽂혔다. 이후로도 루터는 과연 자신을 이끈 게 하느님인지 악마인지 하는 고뇌에서 벗어나지 못했다.

세상을 바꾸어놓은 '탑의 체험'

작센 선제후(신성로마제국 황제를 선출할 때 투표권을 가진 일곱 명의 제후) 현명공 프리드리히는 신앙심이 깊었다. 그는 성유물聖遺物을 많이 수집한 것으로 유명하다. 개인 성물보관소에는 모두 1만 7,433점이 있었는데, 여기에는 예수의 수염, 마지막 만찬에 사용했던 빵조각, 모세의 불타는 나뭇가지, 십자가 조각 35점, 예수의 배내옷, 마리아의 젖, 면류관 가시, 성 안나의 엄지손가락 등이 있었다. 여기에 모두 경배하면 연옥에서 보내는 기간을 190만 2,202년 270일 경감할 수 있다고 계산했다.

가톨릭 신앙에서 연옥은 천국과 지옥의 중간 단계에 해당하는 곳이다. 이렇게 생각해보자. 죽어서 천국에 직행할 만큼 완벽한 삶을 산 사람과 반대로 지옥에 떨어지는 게 100퍼센트 명백한 죄인은 많지 않다. 사람들 대부분은 한평생을 지옥에 떨어질 대죄大罪는 아니더라도 이러저러한 소소한 잘못들을 저지르게 마련이다. 이 모든 사람을 다 지옥으로 보낼 수는 없으니 사후에 연옥에서 참회 과정을 통해 죄를 지우고 천국으로 가도록 한다는 것이다. 연옥에서는 대개 불로 인한 고행이 뒤따르는 데 여기에서 지내는 한 시간이 살아 있을 때의 3년 같다고 한다. 그러니 연옥에서 보내는 기간을 어떻게든 줄이려는 소망을 품게 된다. 그 방법은 여러 가지가 있는데, 그중 하나가 뒤에서 살펴볼 면죄부이다.

프리드리히는 황제의 허락과 교황의 승인을 얻어 비텐베르크라는 도시에 대학을 설립했다. 슈타우피츠는 제자 루터를 이 신생 대학에 보내 강의도 하며 박사 과정을 밟도록 했다. 루터는 1512년에 신학박사 학위를 받고 성서학 교수로 정식 임용되었다.

죄를 지우고 천국으로 갈 수 있다는 연옥은 중세 최고의 발명이다.
루도비코 카라치, 1610년경.

당시 신학의 중요한 논의 주제로서 루터도 큰 관심을 둔 문제는 소위 의인義認, justification의 교리였다. 이는 하느님이 인간을 죄의 상태에서 은총의 상태로 옮기는 것을 뜻한다. 인간이 구원받으려면 하느님의 은총이 중요하며 개인의 노력만으로 구원을 얻을 수 없다는 데에는 누구나 동의한다. 문제는 하느님의 은총이 얼마만큼 필요하며, 인간은 그 과정에서 어떤 부분을 담당하는가 하는 점이다. 구원의 과정에서 인간은 전적으로 무력한가, 아니면 노력을 통해 어느 정도의 역할을 할 수 있는가? 이런 중요한 문제에서 교리가 생각만큼 명료하게 통일되어 있지 않았던 것이다.

최근에는 루터의 강의노트 일부가 발견되어 루터 사상의 발전을 어느 정도 추적할 수 있게 되었다. 루터의 초기 생각은 '당신 안에 있는 것을 행하라facere quod in se est'는 말로 정리할 수 있다. 이는 인간이 최선을 다해 노력하면 하느님이 은혜를 베풀어주신다는 믿음이다. 인간의 노력에 하느님이 응답하고, 여기에 더해 선행을 실천함으로써 완전한 회개와 신의 사랑에 도달한다는 견해다. 당시 교회에서 신자들에게 가르친 내용도 이와 크게 다르지 않았을 것이다. 그러나 루터는 그렇게 가르치면서도 스스로는 확신을 하지 못했다. 과연 이것이 옳은 가르침인가? 나는 진정으로 뉘우치고 구원을 받을 것인가? 혹시 마음속 깊고 어두운 곳에 죄를 숨기고 있는 게 아닐까? 루터는 '발작' 같은 영적 시련을 겪고 있었다.

마음속 전쟁터에서 사투를 벌인 끝에 그가 답을 찾은 것이 흔히 거론하는 '탑의 체험'이다. 탑이란 비텐베르크의 아우구스티누스 수도원의 탑을 말한다. 1514~1515년 사이 언젠가 그는 이곳에서 〈로마서 1:17〉에 나오는 내용("오직 의인은 믿음으로 말미암아 살리라")을 깊이 생각하다가

'하느님의 의iustitia dei'라는 단어에서 새로운 의미를 발견했다고 한다. 그때까지 '의'란 하느님의 정의justification라고 생각했다. 우리는 사후에 하느님의 법정에서 판결을 받을 텐데, 하느님이 보실 때 인간이 어찌 완전하겠는가, 분명 사악함 덩어리인 불완전한 죄인에게 하느님의 가공할 처벌이 따를 것이다. 이런 생각이 루터의 두려움의 근원이었다. 그런데 앞서 말한 성경 구절을 홀연 다르게 해석하게 된 것이다.

　하느님의 의는 벌이 아니라 죄인들에게 주는 선물 같은 것이다. 그 선물을 통해 우리는 즉시 의로움을 갖추게 되리라. 따지고 보면 우리말로 '용서容恕'라고 번역하는 'pardon'은 원래 뜻이 '전부par 준다don'는 것이다. 절대 결핍의 존재인 인간에게 하느님이 생명과 은총을 채워주는 것이 'pardon'이다. 어떻게 그게 가능한가? 오직 믿음으로써sola fide 가능하다. 인간이 노력한다고 하느님의 기준을 만족시키지는 못한다. 그런 방법은 필연적으로 실패하고 만다. 인간이 구원을 얻을 정도로 충분한 선행을 할 수는 없으며, 하느님은 그런 것을 원하지도 않는다. 하느님은 다만 우리의 믿음을 원할 뿐이다. 루터는 이 깨달음을 얻었을 때의 기쁨을 이렇게 표현했다.

　　나는 다시 태어난 것처럼 느꼈고, 활짝 열린 문을 통해 천국으로 들어간 것처럼 느꼈다.

　그는 어느 날 갑자기 천둥 치듯 이런 깨달음을 얻은 걸까? 그 과정은 잘 모른다. 그 자신은 탑에서 성령에 의해 깨달았다고 말하지만, 표현만 그럴 뿐 아마도 오랜 기간 사고한 결과일 것이다. 그는 이제 이런 내용을 가르쳤고, 캠퍼스에서 토론을 벌였다. 선행보다는 그리스도를 온전히 믿는 자가 의로운 자라는 그의 신학은 대학 내에서 논쟁을 불러왔다. 별다른 사건이 없었다면 이런 것들은 어느 무명 교수의 다소 특이한 주장 정도로 취급되었을지도 모른다. 그러나 불안한 영혼이 찾아낸 신학적 발견이 시대의 문제와 조우하자 세상을 바꿔놓았다.

종교개혁의 발단

브란덴부르크의 알브레히트의 야심이 문제의 발단이었다. 브란덴부르크 선제후의 아들인 그는 교계에 입문해 1513년 23세에 마그데부르크 대주교가 되었고 곧 할버슈타트 교구의 행정직도 맡더니 이듬해에는 마인츠 대주교로 선출되었다. 이처럼 여러 지역에서 동시에 교회 직위를 맡는 것은 말이 안 되는 일이고 불법이었지만, 교황 레오 10세는 납부금을 지불하는 조건으로 이를 허락했다. 당시 교황은 성 베드로 성당 건축을 위해 큰돈이 필요했던 것이다. 교황 식스토 4세(재위 1471~1484)는 심지어 여덟 살짜리 아이를 리스본 주교로 임명한 적도 있으니, 교황청의 부패는 도를 넘은 게 분명했다.

알브레히트는 당대 최고의 상업·금융 가문인 푸거Fugger 가에서 거액을 빌려 이 문제를 해결했다. 푸거 가가 교황청에 2만 9,000굴덴을 선불해주었고, 알브레히트는 이를 갚기 위해 교황청으로부터 면죄부 판매 허락을 받았다. 판매액의 절반은 푸거 가에 진 빚을 갚는 데 쓰고 나머지는 로마에 보내기로 했다. 그리고 도미니칸 수사인 요한 테첼을 면죄

알브레히트를 대신해 면죄부를 판매한 도미니칸 수사 요한 테첼. 작자 미상, 18세기.

부 판매 대리인으로 임명했다.

면죄부를 이해하려면 먼저 중세 스콜라 철학자와 신학자 들이 제시한 '공덕의 보고Treasure of Merit' 이론을 살펴보아야 한다. 예수와 성인들은 자신들의 구원을 위해 충분한 정도 이상으로 공덕을 쌓았다. 여분의 공덕은 교황의 중재를 통해 다른 사람들에게 나누어줄 수 있었다. 마일리지 개념 같다고나 할까. 신자들은 이 공덕을 받아 자신의 죄에 따르는 형벌을 감경 받을 수 있지만, 그건 공짜로 되는 게 아니라 교회에서 정한 방식에 따라 회개하고 선행을 해야 한다. 그렇지만 예컨대 몸이 약한 사람에게 산티아고 순례를 강요할 수는 없다. 이처럼 어쩔 수 없는 경우에는 면죄부를 구입할 수 있었다. 그러니까 원래 면죄부라는 것은 교리상 틀렸다거나 괴이한 제도가 아니다. 또 죄를 면해주는 게 아니라 벌을 감해주는 것이다. 그런 뜻에서 '죄를 면제해주는 부적'이라는 의미의 면죄부라는 용어는 사실 오역이다(그래서 최근 '면벌부'라고 번역하기도 하지만, 아직 용어가 완전히 정리되지 않았으므로 일단 면죄부라는 기존 용어를 사용하기로 하자).

돈으로 해결하는 방식은 자칫 오용될 가능성이 크다. '잘못될 가능성이 있으면 반드시 잘못되고야 만다'는 머피의 법칙이 작동했다. 부패한 인간은 현실 세계에 차고 넘친다. 돈 많은 부자들은 진심으로 회개하지 않고 돈으로 때우려 하고, 교회는 이를 악용해 돈을 모으려 한 것이다.

신중하게 처신한 현명공 프리드리히는 테첼이 자기 영토에까지 들어와서 면죄부를 판매하지 못하도록 조치했다. 그렇지만 테첼은 작센 변경 가까운 곳까지 와서 설교하며 면죄부를 판매했고, 실제로 이 지역 사람들이 면죄부를 사가지고 왔다. 과연 이런 일들이 합당한 건지 의심이 든 루터는 알브레히트의 《면죄부 설교자를 위한 교본Instructio Summaria》을 구해서 읽어보았다. 거기에는 연옥에서 고통 받고 있는 영혼들의 모든 벌을 면제해줄 것처럼 약속하고 있었다. 암만해도 이건 아니라는 생각이 들었다.

2

종교개혁의 길로

 루터는 자신의 입장을 정리한 논제를 작성했다. 흔히 '95 개조'로 알려진 이 문건의 원래 제목은 '면죄의 능력과 유효성에 대한 논쟁Disputatio pro declaratione virtutis indulgentiarum' 이다. 루터는 1517년 10월 31일 알브레히트에게 이 문건을 보내는 동시에 대학 교회 문에도 이 논제들을 붙여놓아 토론 쟁점으로 삼았다. 세기의 대자보가 등장한 것이다.

95개조는 이렇게 시작된다.

> 우리 주 예수 그리스도가 '회개하라Poenitentiam agite'라고 말할 때에는 믿는
> 이의 전 생애를 걸고 회개하라는 의미였다.(1조)

문제제기가 예사롭지 않다. 예수가 회개하라고 할 때에는 단순히 기도 몇 번 하거나 순례 한 번 다녀와서 끝내라는 게 아니라 당신이 지금까지

살아온 전 생애를 걸고 참회하라는 것이다. 그런데 교회에서는 면죄부를 사는 것만으로 회개가 가능한 것처럼 선전한다. 루터는 테첼이 했다는 문제의 발언도 지적했다.

> 그들은 돈 통에서 동전이 땡그랑 소리를 내자마자 영혼이 연옥에서 날아 간다고 가르쳤다.(27조)

'신자님들, 두 번 다시 없는 기회를 놓치지 마시고 꼭 면죄부를 구입하셔서 돌아가신 아버님과 어머님을 빨리 천국으로 모시세요' 하는 소리가 들리는 듯하다. 돈 내고 면죄부를 사면 죽은 이의 영혼이 오늘 당장 연옥에서 천국으로 날아간다? 이는 당최 불가능한 일이다. 그렇다면 면죄부로 면해줄 수 있는 벌은 무엇이란 말인가?

> 교황은 자신의 권위 혹은 교회법에 의해 부과된 벌 외에 다른 벌을 사면하지 못한다.(5조)

교황이 부과한 규정을 어긴 데 대한 벌을 면해줄 수는 있지만, 연옥에 있는 영혼들의 벌을 면해줄 수는 없다. 하느님만이 용서할 수 있는 사항을 교회 당국이 용서할 수는 없다. 교황이 하느님은 아니지 않는가. 그런데 면죄부를 사면 마치 이미 죽어 연옥에 가 있는 영혼도 구원받을 수 있는 것처럼 과장광고를 했다. 이에 대한 루터의 문제제기는 분명 타당해 보인다. 그런데 일이 예상 외로 점점 커져갔다. 95개조가 널리 알려져서, 곧 라틴어 원본이 독일어로 번역되고 인쇄되어 퍼져갔다. 수많은 사람이

루터가 1517년 대학 교회 문에 붙인 세기의 대자보 '면죄의 능력과 유효성에 대한
논쟁', 〈95개조를 붙이는 루터〉, 율리우스 휘브너, 1878.

이 사태를 알게 되었고 루터를 지지하고 나섰다.

　교황청은 처음에는 논쟁을 벌이기 좋아하는 독일 수도사들 사이의
싸움으로 오해했다가, 일이 점점 커지자 루터를 응징하기로 결정했다.
감히 교황청의 결정에 의문을 제기한 루터를 우선 신학 논문을 써서 비
판하고, 이단으로 고발한 다음 로마로 소환하려 했다. 루터는 자신이 왜
틀렸다는 건지 성서의 내용을 근거로 알려달라고 요청했으나 교황청은
이를 무시했다. 로마로 가면 화형을 당할 위험이 크다는 친구들의 조언
에 따라 루터는 독일에서 재판받게 해달라고 요청했다.

비텐베르크로 도주하다

마침 그때 제국의회가 아우크스부르크에서 개최되었다. 황제를 선출하고 오스만 제국의 위협에 대비하여 군사문제를 논의하기로 되어 있었는데, 루터 문제도 처리하기로 했다. 이 문제를 떠맡은 사람은 도미니크 수도회 최고 의장으로서 제국의회에 교황청 대사로 파견된 카예타누스 추기경이었다. 아우크스부르크에서 추기경을 만난 루터는 땅바닥에 부복 prostration하는 공손한 예를 갖췄고, 추기경 또한 잘 타일러서 원만하게 문제를 해결하려 했다. 사실 일부 내용은 자신도 공감하는 바였다. 그렇다고 교황청의 결정에 불복하는 내용을 그대로 둘 수는 없으므로, 95개조 중 일부 조항이 교황청의 가르침에 위배되므로 철회하라고 요구했다.

루터로서는 곤란한 상황에 빠졌다. 자신의 생각이 옳은 것 같지만, 그 주장을 하면 결국 교황이 틀렸다는 뜻이 되는데, 가톨릭 수도사로서 그렇게 할 수는 없지 않은가? 고민 끝에 루터는 말을 타고 비텐베르크로 도주해버렸다. 카예타누스는 현명공 프리드리히에게 이단 혐의자를 송환하라고 요구했다. 그러나 만일 여기에 응했다가는 루터가 화형 당할 판이었다. 프리드리히는 자신이 세운 대학의 교수를 보호하기 위해 '성서의 내용을 통해 잘못을 지적해달라고 했는데 아직 답을 주지 않으셨네요' 하는 식으로 피해갔다.

자기 근거지에 안전하게 자리 잡은 루터는 이제 대담하게 자기 견해를 발전시켜 대학에서 가르치고 그 내용을 소책자로 출판했다. 그러자 이번에는 요한 에크라는 저명한 신학자가 루터를 공박하고 나섰다. 테첼과 달리 에크 같은 진지한 신학자가 교리 문제를 따지고 들면 긴장하지 않을 수 없다.

　루터 측에서도 주변의 동료들이 거들고 나섰다. 고대 그리스어를 가르치는 필리프 슈바르체르트가 중요한 역할을 했다. 슈바르체르트Schwarzert란 '검은 땅'이라는 뜻인데, 그는 자기 전공을 살려 이름을 그리스어로 바꾸어 '멜란히톤Melanchthon'이라고 썼다. 21세에 교수로 초빙될 만큼 뛰어난 인물인 멜란히톤은 루터의 생각을 교리로 엮는 데 크게 기여했다.

굽지도 끓이지도 못할 백조

1519년 6월 말, 루터와 에크 사이에 소위 라이프치히 논쟁이 벌어졌다. 문제의 초점은 면죄부가 아니라 교황의 수위권에 모아졌다. 에크는 교황이 기독교계 최고 수장이라는 근거로 성서에 베드로의 후계라고 한 점(〈마태복음 16:18〉, 〈누가복음 22:32〉)과 1415년 콘스탄츠 공의회에서 얀 후스를 화형시키며 결정된 사항이라는 사실을 들었다. 에크는 루터에 대해 후스 같은 이단이라고 돌려서 비난하는 전략을 구사한 것이다. 루터는 자신의 논지가 후스와 유사하다는 주장을 최대한 피하면서, 베드로가 열쇠를 받은 게 아니라 교회 전체가 받았다는 식의 논지를 펼쳤다. 그러나 참관한 신학자들 대부분은 중립적이지 않아서 루터를 이단으로 취급했다. 사실상 결론을 이미 정해놓고 진행된 논쟁이었다.

　라이프치히에서 귀환한 루터는 후스의 책을 어렵게 구해 읽어보았다. 아닌 게 아니라 100년 전에 그가 가르친 내용이 자신의 생각과 유사했다.

　후스는 체코어로 '거위'라는 뜻이다. 그가 태어난 마을 후시네츠는 거위를 키우는 마을이라는 뜻인데 실제로 후스 집안은 거위를 키우며 살았던 것 같다. 얀 후스Jan hus는 1409~1410년에 프라하 대학 총장을 지낼 정도로 영향력이 큰 인물이었다. 교회의 타락을 비판하며 초기 기독교 정신으로 돌아가야 한다고 주장하던 그는 1412년 면죄부를 비판하면서 돈이 아니라 진정한 회개가 중요하다고 말했다. 근본적으로 루터의 주장과 같지 않은가.

1414년 콘스탄츠에서 공의회가 열렸을 당시 가톨릭 교회는 최악의 상황에 처해 있었다. 두 명의 교황이 옹립되어 상대를 악마라고 비난하는 이전투구 양상이 전개되자, 문제 해결을 위해 두 사람 모두 퇴위시키고 제3의 인물을 새 교황으로 세우려 했는데, 그만 세 명의 교황이 모두 들어서고 말았다. 공의회는 교황 난립 문제를 해결하기 위해 소집되었는데, 차제에 동유럽을 크게 요동시키고 있는 후스 문제도 함께 처리하려 했다(세 교황이 양위하거나 사망하고 마르티누스 5세가 차기 단독 교황이 됨으로써 교회의 대분열 문제는 1417년에 종식되었다).

콘스탄츠 공의회는 후스에게 안전통행증을 주어 안심하고 오라고 불러놓고는 종교재판에서 이단 판정을 내려 화형을 선고했다. 안전 보장은 신실한 신자에게 해당하는 것이지 이단에게는 필요가 없다는 것이었다. 화형대에 오르며 후스는 이렇게 말했다고 한다. "당신들은 지금 거위 한 마리를 태우고 있지만, 한 세기가 지나면 굽지도 끓이지도 못할 백조를 가지게 될 것이오." 이 예언이 맞은 것일까? 100년 뒤, '백조'로 불리는 루터가 등장했으니 말이다.

하느님의 아름다운 정원을 망치고 있는 멧돼지

이제 루터는 면죄부 문제에 국한하지 않고 가톨릭 교리 전반에 대한 비판으로 나아갔다. 미사에서 빵과 포도주를 신자들에게 줄 때 그것이 정말로 예수의 살과 피로 변하고, 그것을 받아먹음으로써 예수의 기적의 힘을 받는다는 게 맞는가? 그렇다면 왜 신자에게는 포도주, 곧 예수의 피를 주지 않는가? 이 역시 콘스탄츠 공의회에서 결정된 사항이었다. 평신도들이 부주의하게 포도주를 흘리는 불경스러운 일이 자주 일어나자 일반 신자에게 포도주는 주지 않고 빵만 주는 것을 공식 관례로 인정한 것이다. 더 근본적인 질문을 던져보면, 미사의 의미가 대체 무엇인가? 루터가 볼 때 미사는 우리가 신께 무엇인가를 바치는 게 아니라 오히려 신이 우리에게 구원을 약속해주는 것이다. 이런 식으로 루터는 교회 안에 머물며 개선을 요구하는 내부 고발자가 아니라 교회 자체를 부정하는 쪽으로 나아가고 있었다. 그는 더 광범한 대중에게 자기 뜻을 전하기 위해 라틴어가 아니라 독일어로 글을 썼다.

이 시기에 카를 5세가 신성로마제국의 황제로 선출되었다. 루터는 황제에게 교회 개혁의 기대를 품고 27개 요구사항을 발표했다. 여기에는 실로 놀라운 주장들이 담겨 있다. 추기경 수를 줄이고 로마 교황청의 규모를 줄여라, 푸거 가 같은 고리대금업자들에게 의존하지 말라, 교황은 영토 문제 등에서 손을 떼라, 성인의 유골을 모신 성당들을 헐어버려라 등등. 로마 교황청은 당장 이 무엄한 자를 체포해서 처형하자는 분위기 속에서 루터에게 주장을 철회하지 않으면 파문하겠다는 교서 〈엑수르게 도미네Exurge Domine, 주여 일어나소서〉를 발부했다. 루터를 '하느님의 아름다운 정원을 망치고 있는 멧돼지'라고 부르며 60일의 유예기간을 줄 테니 반성과 함께 지난날의 모든 주장을 철회하라고 명령했다. 60일이 되는 날, 루터는 교서의 사본을 들고 나타나서 모닥불에 던져버렸고, 모여든 학생들은 흥분하여 소리를 질러댔다. 돌아올 수 없는 다리를 건넌 것이다. 1521년 1월 3일 루터를 파문한다는 교서가 발표되었다.

같은 해 보름스에서 제국의회가 개최되었다. 교황은 황제 카를 5세에게 루터 문제 처리를 부탁했고, 카를 5세 역시 빨리 이 문제를 정리하고 싶어 했다. 루터는 꽉 막힌 교황보다는 젊은 황제가 자신의 주장을 받아들여 교회 문제를 개선할 수 있지 않을까 하는 일말의 희망을 품었던 듯하다. 황제는 루터를 소환하며 안전통행증을 발부해주었다. 일부에서는 안전통행증이 결코 안전을 보장해주지 않는다고 루터를 말렸지만 소용없었다. 루터는 보름스에 악마들이 기왓장만큼 많아도 가겠노라고 결연히 선언했다.

4월 17일, 황제와 제후들과 각국 대표가 운집해 있는 회의장에 들어간 루터는 긴장하지 않을 수 없었다. 그런데 그가 예상하고 준비했던 방식과는 다르게 회의가 진행되었다. 그는 치열한 신학 논쟁을 예상했는데, 다짜고짜 책상 위에 잔뜩 쌓여 있는 그의 책들을 가리키며 네가 쓴 게 맞느냐, 그것들을 철회할 용의가 있느냐 하는 질문을 쏟아냈다. 하루 말미를 얻어 다음 날 회의장에 돌아온 루터는 아무것도 철회할 수 없다고 선언했다. 이에 대해 논의가 길게 이어지는 동안 날은 저물고 장내는 소란스러웠다. 이렇게 루터와 황제의 만남이라는 세기의 회의는 장내 소란 사태로 흐지부지 끝났다.

사실 황제는 처음부터 루터의 생각을 받아줄 용의가 털끝만큼도 없었

루터는 보름스 제국의회에서 자신의 주장을 펼쳤지만, 결국 파문을 당하고
목숨을 구하기 위해 외딴 곳으로 도주했다. 안톤 폰 베르너, 1877.

다. 어떻게든 루터를 굴복시켜 가톨릭 교리의 우위를 확인하고 싶었을
뿐이다. 루터에게는 설교하거나 선동하지 말고 곧장 비텐베르크로 가서
기다리라는 명령이 떨어졌고, 곧 황제의 파문이 선고되었다. 그 자리에
서 잡아서 처형하지 않은 것이 다행이었다.

이제 어떻게 할 것인가? 현명공 프리드리히 3세는 루터를 빼돌려 숨어
서 지내도록 조치했다. 루터는 두 눈이 가린 채 돌고 돌아 아이제나흐 근처
바르트부르크라는 외딴 성 요새에 당도했다. 그는 이곳에서 수염을 기르고
세속 복장을 한 다음 이름도 '융커(기사) 게오르크'로 바꾸어 아무도 그의
행방을 알아차리지 못하게 했다. 심지어 그가 죽었다는 소문도 돌았다.

왜 후스는 실패하고 루터는 성공했나

논쟁으로 날밤을 새던 루터에게 뜻하지 않은 무료함이 찾아왔다. 그는 남아도는 시간을 이용해 성서를 독일어로 번역했다. 성서가 구원에 이르는 길이라면 누구나 성경을 읽을 수 있어야 하지 않겠는가? 1516년에 에라스뮈스가 편집한 그리스어본을 저본으로 하여 그야말로 생생한 생활 독일어로 옮겼다. 번역 원칙은 시장 사람들, 가정주부들, 거리에서 뛰어노는 아이들도 이해할 수 있어야 한다는 것이었다. 루터가 사망할 때까지 이 성경은 10만 부 정도 판매되었다. 당시로서는 엄청난 수준이다. 이 독일어 성경이 표준 독일어의 기반이 되었고, 후일 독일이라는 국가의 정체성 형성에 지대한 영향을 미쳤다.

그뿐만 아니라 그가 쓴 소책자들도 인쇄되어 급속히 퍼져나갔다. 예컨대 《그리스도인의 자유》는 '오직 믿음sola fide', '오직 은총sola gratia', '오직 성경sola scriptura'이라는 그의 종교개혁 정신의 핵심을 잘 설명해주었다. 루터의 종교개혁을 성공으로 이끈 중요한 요소 가운데 하나가 바로 인쇄술의 발달이다. 왜 후스는 실패해서 목숨을 잃고 루터는 성공하여 목숨을 구했는가? 인쇄술 덕분에 많은 사람이 루터의 사상을 이해하고 그를 지지했기 때문이라고 해석하는 학자도 있다.

"칼로 일어난 자는 칼로 망한다."

루터의 지지자들 중에는 루터보다 더 급진적인 사람들도 있었다. 특히 그의 동료 교수 안드레아 카를슈타트는 급진적이고 파괴적인 교리를 만들어갔다. 그는 천년왕국(말세에 예수가 재림하여 1,000년 동안 지상을 다스린다는 믿음)이 곧 도래할 것이며, 이때 하느님은 사람들에게 직접 말씀하실 거라고 주장했다. 그러므로 성경을 읽고 배우는 것은 무용한 일이다. 그는 심지어 성당의 성상을 없애야 한다고 주장했는데, 이에 영향을 받은 비텐베르크 시민들이 실제로 성상을 파괴했다. 이런 소식을 접한 루터가 놀라 비텐베르크에 와서 8일 동안 직접 설교하며 카를슈타트의 잘못을 지적하고 그를 축출했다.

얼마 후에는 바르트부르크에서 '츠비카우의 예언자Zwickau prophets'라는 세 남자가 등장하여 훨씬 더 급진적인 교리를 주장했다. 자신들은 하느님으로부터 직접 환상과 계시를 받았다고 했다. 이들은 스스로 판단할 능력이 없던 아이 때에 자신의 뜻과 상관없이 세례를 받은 것은 무효이니 다시 세례를 받아야 한다고 역설했다. 이들은 후일 가장 급진적인 교파로 몰려 탄압 받은 재세례파anabaptist의 선구자라 할 만하다. 그런데 멜란히톤이 이들과 접촉하고 영향을 받아 이들을 경외하는 듯한 편지를 보내오자 루터는 자신의 생각과는 다른 방향으로 사태가 진행되고 있음을 직감했다.

이즈음 가장 급진적인 사상가는 토마스 뮌처였다. 그는 처음에는 루터의 사상에 매료되었다. 그러나 자신이 맡았던 작은 교회에 나오는 가난한 사람들을 보고 눈을 떴고, 츠비카우의 예언자에게서도 영향을 받았다. 왜 배운 자들만 알아먹는 라틴어로 미사를 드려야 하는가, 왜 가난한 사람들은 이 세상에서 학대 받으며 살아야 하는가. 그는 하느님의 말씀은 하느님으로부터 직접 들어야 한다는 신비주의로 기울었고, 동시에 급진적인 사회운동의 성격을 띠게 되어 결국 루터와도 결별했다. 뮌처는 성서의 권위만 주장하는 루터는 책에 쓰인 벙어리 하느님을 숭배하고 있으며, 또 영주들의 지배를 용인하고 서민들을 배신한 비겁한 인물이라고 비난했다.

농민들과 상인들의 폭발적인 지지를 받은 그는 교회와 수도원의 약탈을 부추기는 지경에 이르렀다. 영주군領主軍의 공격을 받고 도주하여 각지를 유랑하던 뮌처는 1525년 뮐하우젠에서 민중들의 지지로 권력을 잡았다. 그는 '하느님의 영원한 동맹'이라는 조직을 결성하고 무지개가 그려진 깃발을 앞세운 무장 단체를 조직했다. 그때 남쪽 지방에서 농민봉기가 일어났다는 소식을 접하자 그들을 돕기 위해 무장 민병대를 거느리고 프랑켄하우젠으로 향했다.

루터의 생각은 뮌처와는 달랐다. "내가 말하는 것은 세속 왕국이 아니라 하느님의 왕국이다. 하느님의 왕국에서는 모든 것이 완벽하지만 세속 왕국에서는 정의롭지 않은 사람들이 차고 넘치니, 법과 형벌로 다스릴 수밖에 없다." 쉽게 말하면 우리가 살아가는 이 세상에서는 세속 통치자의 지배에 저항하지 말고 복종하라는 것이다. 진정한 구원은 이 세상이 아니라 저 세상에서 얻으리라는 주장이다. 루터는 농민과 도시 빈민들의 폭력적 봉기를 격렬히 비난하면서 칼로 일어난 자는 칼로 망한다는 성서 내용을 인용했는데, 이는 분명 뮌처를 염두에 두고 한 말이었다. 농민들이 무리를 이루어 성과 수도원을 공격한다는 소식을 듣고 그는 《약탈과 살인을 일삼는 농민 무리에 대항하여》라는 소책자를 썼다. 지금은 은혜의 시대가 아니라 칼의 시대이니, 재산을 약탈하고 사람을 죽인 농부들은 죽여야 마땅하며 단순 추종자들에게도 자비를 베풀어서는 안 된다고 주장했다. '귀족들이여, 이 무도한 폭도를 무참하게 칼로 찔러 죽여라'가 루터의 결론이었다.

불행히도 그의 말은 현실이 되었다. 프랑켄하우젠에 도착한 뮌처의 군대는 현지 봉기 세력과 결합하여 언덕에 진을 쳤다. 곧 영주들의 진압군이 들이닥쳤다. 하느님이 자신들을 도우리라는 뮌처의 예상과는 달리 전투를 시작한 지 몇 분 만에 봉기군의 전열이 흐트러지면서 6,000명이 목숨을 잃었다. 날아오는 대포알을 하느님이 막아주지 않는다는 사실을 깨달은 사람들이 마을로 도주했지만, 결국 붙잡혀 처형당했다. 뮌처는 도주했다가 잡혀 참혹한 고문과 함께 참수되었다. 뮌처와 동료들의 머리는 몇 년 동안이나 성벽에 걸려 있었다.

3

구원에 이르는 새로운 방식을 제시하다

 세상이 험악하게 돌아가는 동안 루터 자신은 결혼식을 올렸다. 1523년 그리마 부근 님브셴Nimbschen의 시토회 수도원에서 수녀들이 집단 탈주를 했다. 이 수녀원에 청어를 헌납하는 상인이 청어 통에 자기 친딸 외에 수녀 11명을 숨겨서 빼낸 것이다. 루터는 이들을 구하는 길은 배우자를 찾아주는 것이라 판단하고 모두 결혼시켰다. 그리고 그는 마지막으로 남은 카타리나 폰 보라와 결혼했다. 당시 26세인 보라는 유명한 화가 루카스 크라나흐 집에 머물며 일을 돕고 있었다. 루터가 결혼한 것은 가톨릭 성직자의 비혼非婚 제도를 비판하는 의미라지만, 안 좋은 시기에 결혼식을 올린 것은 분명하다. 그를 보호하던 현명공 프리드리히 3세가 죽어가고 있고 프랑켄하우젠 들판에서 농민들이 집단으로 살해되었는데 그는 결혼식을 올렸으니, 자신의 안위만 생각하는 인물이라는 인상을 주기에 충분했다.

그의 가정생활은 대체로 원만했다. 부인 카타리나가 살림을 잘 꾸렸고, 루터 본인도 채소 농사에 남다른 실력을 발휘하여 실제로 가계에 도움이 되었다. 이 부부는 3남 2녀를 두었는데, 불행히도 딸들은 어릴 때 사망했다. 루터는 아이를 만드는 방법이 좀 우스꽝스럽다고 지적했다. 만일 하느님이 자신과 상담하고자 한다면, 후손을 생산하는 방법으로는 아담을 만들 때처럼 진흙으로 빚는 게 더 좋다고 말씀드리겠다고 했다. 그러면서도 "딴 데 가서 이상한 짓 하지 말고 집에서 하라"는 솔직하고도 유용한 조언을 했다.

한편, 원만한 가정생활과 함께 그의 얼굴과 몸집도 원만해졌다. 루터는 수많은 초상화를 남겼는데, 초기의 수도사 시절에는 광대뼈가 툭 튀어나온 마른 모습이었지만 결혼 후에는 심각한 비만 상태가 되었다. 루터의 비만은 나이가 들면서 몸이 변하는 자연스러운 결과라기보다는 의도적인 선택에 가까웠다. 고행을 강조하던 기존 가톨릭 교리를 자신의 몸으로 비판한 것이라고 일부 학자들은 주장한다. 그러나 분명 이것이 성인병으로 이어졌을 테고, 그의 사인도 이와 연관이 있을 수 있다.

갈등과 투쟁의 격류 속으로

비교적 편안한 가정생활을 하고 몸이 불었다고는 하나 그의 영혼까지 안락하지는 않았다. 그는 여전히 갈등과 투쟁의 격류 속에 있었다. 에라스뮈스와의 논전이 대표적이다. 에라스뮈스 같은 인문주의자들은 교회를 전적으로 뒤집기보다는 교회 내부에서 개선을 도모해야 한다고 생각했다. 그런데 루터가 맹렬하고 거칠게 나오자 모두 시대의 지성인 에라스

1525년 루터는 수도원에서 탈출한 카타리나 폰 보라와
결혼식을 올리고, 원만한 가정생활을 꾸려나갔다.

뮈스에게 그를 좀 순화시키라고 압박했다. 에라스뮈스가 여기에 응해 쓴
것이 《자유의지에 관하여》라는 책이다. 루터의 주장대로 인간의 선행이
아무런 효과가 없고 오직 하느님의 은총만 중요하다면, 결국 인간의 선
한 의지를 꺾고 도덕적 나태를 가져올 것이라는 매우 온건한 내용이었
다. 이처럼 에라스뮈스는 루터의 주장에 문제제기를 하되 평화롭게 의견
을 나누기를 바랐다.

　그러나 그런 의도라면 싸움닭 같은 루터에게는 맞지 않았다. 평화로운
화해 같은 것은 안중에도 없었다. 그가 에라스뮈스에 답해서 쓴 책 이름
을 《노예의지에 관하여》라고 지은 것부터 도발적이다. 루터는 이전 주장
을 굽히지 않았다. 율법은 우리가 해야 할 일을 가리키지만, 우리가 그것

을 능히 수행할 수 있다기보다 오히려 도저히 수행할 능력이 없다는 사실에 직면하게 만든다. 우리의 노력으로 어찌 하느님을 기쁘게 할 수 있겠는가. 우리는 단지 그리스도를 믿어야 할 뿐이다. 에라스뮈스는 그런 내용이 정말로 성서에 나오는지 물었고, 그런 주장은 루터가 해석한 것에 불과한 게 아니냐고 따졌다. 그래도 루터는 흔들리지 않고 원래의 주장을 고수했다. 이 논쟁은 유럽의 많은 지식인의 주목을 끌었다. 이때 루터의 과격한 태도로 인해 그와 가깝게 지내던 인문주의자들이 하나둘 멀어졌다.

신교 측 내부에서도 의견이 분분하면서 분파가 형성되었다. 분리를 가속화하는 중요한 계기는 성만찬 논쟁이었다. 루터는 미사 때 그리스도가 임재하며, 빵과 포도주의 본질이 변한다는 생각(화체설)을 고수했다. 그가 보기에 그리스도가 순전히 영적이라는 것은 불가능했다. 즉, 실제로 미사에서 빵은 예수의 살로, 포도주는 예수의 피로 변한다는 것이다. 다른 개혁가들은 생각이 달랐다. 그리스도가 성만찬에 실제 나타나는 게 아니며 단지 그리스도가 십자가에서 죽은 사건을 회상하는 의례에 불과하다. 이 의견에 따르면 '빵은 빵이요 술은 술일 뿐'이다. 카를슈타트와 츠빙글리 등이 그런 주장을 피력했다.

1529년, 신교 내의 중요 인사로 떠오른 헤센의 필리프가 이 문제를 해결해보기 위해 각 파의 지도자들을 마르부르크로 초빙했다. 첫날 만났을 때는 모두들 다정하게 수인사를 건넸지만, 회의가 시작되자 모든 참석자가 한 치의 양보도 없이 격렬하게 논쟁을 벌였다. 미사 때 빵과 포도주의 '본질'이 변하는 것이냐, 아니면 그것들의 본질은 여전히 변하지 않고 같되 다만 우리가 예수의 고난을 추억하는 것이냐 하는 똑같은 논쟁이 반복되었다. 본질이 변하지 않는다고 보는 츠빙글리는 "하느님은 영이다"(《요한복음 6:63》)라는 성경 구절을 인용하며, 신자는 영적인 음식을 받는 것이지, 하느님이 물질(미사 때의 빵과 포도주) 속에 들어가고 그것을 사람이 먹는다는 것은 이치에 맞지 않다고 주장했다. 반면 루터는 최후의 만찬 때 그리스도가 직접 "이것은 내 몸이다"라고 말했다는 점을 강조했다. 루터는 아예 테이블에 라틴어로 "이것은 내 몸이다Hoc est corpus meum"라는 구절을 써놓았다. 이처럼 핵심 교리의 특정 요소에 대한 해석을 놓고 의견 차이는 좀처럼 좁혀지지 않았다.

츠빙글리는 스위스 군대의 종군사제 출신으로, 마리냐노 전투 때 자국 군인 6,000명이 살상당하는 것을 직접 목격하고 큰 충격을 받았고 한다. 그 후 루터의 영향을 받아 '오직 믿음'과 '오직 성서'를 주장했으나, 곧 루터보다 한 걸음 더 나아갔다. 예컨대 루터만 하더라도 찬송가를 직접 작곡할 정도로 중요시했지만 츠빙글리는 성경에 따르면 예수가 노래를 부른 적이 없다고 주장하며 교회의 오르간을 부숴버릴 정도였다. 구체적인 해석이 달라지면서 신교 내에 여러 분파가 형성되는 것은 불가피했다.

사회규율화로 치닫는 기독교

루터의 추종자들은 이제 '루터파'라 불릴 정도의 교파가 되었다. 가톨릭 교리를 비판하고 거기에서 분리되어 나오는 것이 다가 아니라, 이제 그들 스스로가 탄탄한 조직을 만들어야 했다. 루터는 자신의 교리를 이론화하고 찬송가를 작곡하고 전례를 만들어갔다. 1526년에는 라틴어를 모르는 일반인을 위해 《독일어 미사와 그 순서》를 쓰고, 1529년에는 〈소교리문답〉

도 만들었다. 이런 노력을 통해 자신의 교회 조직을 이끌어가고자 했다.

그렇다면 루터파는 얼마나 잘 운영되었을까? 신자들은 루터의 교리에 따라 구원의 길을 성실하게 좇아갔을까? 성직자와 신자 들의 실태를 직접 확인해보고 싶었던 루터는 1527년 교구를 시찰했다. 현장 상황은 어땠을까?

결과는 실로 충격적이었다. 시골 교회는 나태 그 자체였다. 교회 종을 백번은 쳐야 사람들이 교회에 모였다. 목사와 신자 모두 루터가 제시한 교리를 정확히 이해하고 있지 못했다. 어찌 보면 이는 당연한 일인지 모른다. 루터 자신을 생각해보라. 그렇게 신학 공부 열심히 하고 비정상적일 정도로 자신을 몰아세우고서야 겨우 깨달은 내용을 일반 농민들이 어찌 쉽게 이해하겠는가.

여기에서 고려할 사항이 하나 더 있다. 루터의 종교개혁의 의미에 대해 농민들은 일종의 해방으로 받아들였을 터이다. 중세 말 가톨릭 교회가 십일조를 강요하고, 걸핏하면 종교재판을 통해 사람들을 억압해왔기 때문에 농민들은 가톨릭 교회를 두렵고 부담스러운 조직으로 여겼다. 루터가 교회의 부패를 비난하고 영적 자유라는 새로운 주장을 펼치면서 가톨릭에서 떨어져 나왔을 때, 세세한 내용을 다 이해하지 못한 일반인들로서는 단지 이전의 종교적 억압을 벗어던진 것으로만 받아들였을 것이다. 겨우 해방되었는데, 새 교회 조직에 새삼 열심히 참여하고 엄격한 교리 공부를 할 이유가 무엇이란 말인가.

이런 상태로 방치한다면 영혼의 구원은 물 건너갈 것이 분명하다. 루터는 신자들에 대한 교육을 강화해야 한다고 판단했다. 특히 그가 관심을 둔 대상은 어린이들이었다. 어릴 때 확실하게 신앙의 틀을 잡아주지 않으면 영영 구원의 기회를 놓치고 만다. 그런데 어린이들에게 교리를 어떻게 가르친단 말인가? 이때 필요한 것이 바로 교리문답서였다. 요점을 정리한 교과서를 만들어서 달달 외우게 하자는 것이다. 만일 따라오지 않는 아이가 있으면 두드려 패거나 아예 밥을 주지 마라. 한 끼 밥 못 먹는 대신 천국에 가는 게 훨씬 낫다. 이런 건 우리에게 너무나도 익숙한 교육 철학이다. 다름 아닌 주입식 교육과 체벌 아니겠는가. 천국 가는 데 창의성 교육 따윈 필요 없다.

사실 루터의 입장에서 보면 이해가 안 되는 바가 아니다. 느슨한 방식으로 언제 아이들을 교육할 것인가? 아이들을 방만하게 내버려두면 나태해지기 쉽고 결국 지옥에 떨어질 터이니 영혼의 구원을 위해서라면 무지막지한 방법을 동원해서라도 가르쳐야 한다는 것이다. 그러니까 그 자신이 과거에 매를 맞으며 교육 받은 방식을 그대로 답습한 셈이다.

이런 식으로 교리를 정리하고 그것을 강요하는 조직을 정비하여, 결국 강제로 사람들을 규율하는 방향으로 나아가고 있었다. 루터파만 아니라 다른 신교 교파들과 종래 가톨릭 역시 이와 같은 '사회규율화 Sozialdisziplinierung'를 추진하게 된다. 결국은 종교와 권력이 서로를 강화하다가 국교國敎라는 이름으로 국가와 특정 종교가 결탁하는 현상이 나타나게 될 것이다. 이것이 극단화되면 그렇게 조직된 교파들끼리 피 튀기는 전쟁도 불사하리라. 그런 갈등의 씨앗이 16세기에 싹트고 있었다.

'짜고 치는 고스톱' 아우크스부르크 제국의회

신교와 구교, 또 신교 내부의 분리 갈등 투쟁을 막고 다시 하나의 기독교로 되돌아갈 가능성은 없단 말인가? 사실 다들 그런 염원을 가지고 있겠지만, 문제는 모두들 자기네 종교로 통일해야 한다고 주장한다는 데 있다. 누구 하나 자신의 주장을 포기하고 상대 주장을 수용하면서 교회를 통합하려고 하지 않았다. 상대방의 종교를 인정하고 존중하는 톨레랑스 사조가 등장한 건 엄청난 유혈을 겪고 난 몇 백 년 이후의 일이다.

아마도 마지막으로 신•구교 통합을 추진했던, 그러나 처음부터 실현 가능성은 희박했던 사례는 1530년의 아우크스부르크 제국의회였다. 황제 카를 5세는 종교 문제를 어떻게든 해결하고 싶었다. 그래서 일종의 청문회 형식으로 모든 교파의 대표들을 초빙하되 각 파가 자신들의 교리를 설명하는 문건을 준비해오라고 일렀다.

루터 자신은 이미 이단 판정을 받아서 회의에 참석할 수 없었던 터라 멜란히톤을 대리로 파견했다. 멜란히톤의 성격이 우유부단하여 너무 많은 것을 양보하지 않을까 내심 걱정했다. 아닌 게 아니라 그에게는 분명 그런 성향이 있었다. 그는 서로 조금씩 양보하면 아직 신•구교 간 통합 가능성이 있다고 생각했다. 그 때문에 그가 준비해 간 28개조, 소위 〈아우크스부르크 신앙고백〉의 내용은 루터의 주장보다 유화적이었다. 그는 자신들의 교리와 가톨릭 사이에는 다른 내용보다 똑같은 내용이 더 많다는 사실을 강조했다. 한편, 스위스의 츠빙글리 진영은 〈신앙의 원리〉라는 제목의 문건을 발표했고, 스트라스부르 중심의 네 도시 연합 교파는 〈네 도시의 신앙고백〉이라는 내용을 준비했다.

카를 5세는 정말로 허심탄회하게 모든 신교 교파의 주장을 경청하고, 만일 그들의 주장이 맞다고 생각하면 그들의 손을 들어줄 생각이 있었을까? 천만의 말씀이다. 황제의 생각은 처음부터 확고했으니, '이단의 무리'들을 잘 타일러서 가톨릭의 품으로 돌아오게 하고 싶었던 것이다. 신교 측 의견을 다 듣고 나서 황제가 내린 평결은 신교도들이 '거룩한 그리스도교 신앙', 다시 말해 가톨릭 신앙을 따라야 한다는 내용이었고, 그렇게 할 준비 기간으로 6개월의 말미를 주었다. 이건 처음부터 계획된 것과 다름없었다. 멜란히톤을 비롯한 모든 신교 참가자는 실망하고 돌아갔다. 이번 제국의회는 오히려 가톨릭과 신교의 분리를 공식 확인한 자리였다.

논의를 통해 교파 간 갈등을 봉합한다는 것은 더 이상 불가능해 보였다. 남은 일은 군사적 충돌밖에 없다. 신교 측은 이제 자신들의 신앙을 지키기 위해 슈말칼덴 동맹을 맺었다. 혹시 교황 측이 공격해오면 이에 대비하여 자신들을 지키겠다는 것이었다. 유럽의 교회는 분열되었고, 양측 모두 죽기 살기로 충돌했다. 오랜 전투 끝에 황제 측이 군사적으로 신교 동맹을 이겼지만, 그렇다고 신교도들을 가톨릭으로 되돌린 것은 결코 아니다. 이슬람권이 크게 수니파와 시아파로 나뉘듯, 서구 기독교는 신교와 구교로 나뉘었고, 신교 내부에서는 또 수많은 갈래가 형성되어갔다.

폭력을 정당화한 종교적 신념

개중에는 극단적인 종파도 등장했다. 뮌스터 사례가 대표적이다. 뮌스터 주교령의 지배자는 프란츠 폰 발데크였는데, 말이 주교지 그는 사제 서품을 받은 적도 없는 속인으로, 결혼하고 첩까지 거느린 데다가 자신의 직위를 산 돈을 벌기 위해 중과세를 했다. 그야말로 부패의 정점에 있는 인물이었다. 먼저 루터파 신도들이 봉기하여 그를 내쫓았으나, 곧 수천 명의 극단적 재세례파 신자들이 몰려와 이곳을 접수했다. 발데크가 자기 영토를 회복하기 위해 포위 공격을 하는 동안 성 내부에서는 광신적인 통치가 이루어졌다.

첫 번째 지도자는 얀 마티스였다. 그는 뮌스터 시에서 가톨릭 신자들을 모두 내쫓은 다음 '복음주의 공산 사회'를 만들었다. 화폐를 없애고 재산 소유를 금지했다. 그는 신의 계시를 받았다며 1534년 부활절에 추종자 12명만을 데리고 용감하게 성 밖으로 공격하러 나갔다가 살해당했다.

그다음 지도자로 떠오른 인물은 얀 반 레이덴이었다. 이제 시 전체가 히스테리 상태로 변했다. 그는 자신을 '뮌스터의 왕'이자 '마지막 날의 메시아'로 자처하며, 뮌스터를 '새 예루살렘'으로 선포했다. 그는 모든 개인의 재산을 몰수하여 공유했으며, 일부다처제를 시행했다(여자가 남자보다 3배 더 많았기 때문이기도 하다). 이에 항의하는 50명을 학살했다. 포위가 더 강화되고 식량이 떨어져갔지만 그는 오히려 더 사치스럽게 먹으면서 굶주린 사람들에게 흥겨운 축제를 강요했다. 그의 모토는 '신의 힘이 곧 나의 힘'이었다. 곧 돌멩이가 빵으로 변할 것이요, 트럼펫을 불며 예루살렘으로 행군할 때에는 배고픔, 갈증, 고통을 느끼지 않고 한 사람이 열 명의 적을 물리칠 수 있다고 주장했다.

급기야 이런 괴기한 행태에 불만을 품은 일부 사람들이 진압군을 끌어들여 뮌스터 시가 정복당했다. 얀 반 레이덴과 지도부 인사 두 명은 살을 도리고 혀를 뽑는 등 끔찍한 고문을 당한 뒤 불에 달군 단도에 가슴이 찔려 죽음을 맞았다. 이들의 시체는 철창에 넣어 성 람버트 성당 벽에 걸어놓았다. 5년 후 썩은 시체를 제거했지만 빈 철창은 계속 그곳에 걸어놓았다. 종교 운동이 얼마나 극단으로 치달을 수 있는지 보여주는 사례다.

루터 역시 마찬가지다. 자신의 종교적 신념에 지나치게 집착하면 극단적인 공격성을 띠게 된다. 그는 독설로 남을 공격하고 자신을 옹호했는데, 때로 그의 말과 글은 포악하기 그지없었다. 누군가가 그에게 천지창조 이전에 하느님은 무엇을 하셨느냐고 묻자 "당신처럼 건방지고 촐랑거리고 꼬치꼬치 캐묻기 좋아하는 영혼을 가두기 위해 지옥을 만들고 계셨을 거요" 하고 답했다(이전에 아우구스티누스가 농담처럼 이렇게 말한 적이 있다).

1543년에는 앞으로 두고두고 문제가 될 글이 하나 나온다. 루터는《유대인과 그들의 거짓말에 관하여》라는 소책자에서 유대인이 얼마나 가공할 암적 존재인지 거침없이 썼다. 그의 결론은 유대인 회당과 집, 책 들을 불태우고, 그들을 농노 신분으로 몰락시키며, 이 땅에서 최종적으로 추방하자는 것이었다. 그의 소원은 400년 후 히틀러에 의해 사악하게 이용되어 문자 그대로 충실하게 수행될 터였다.

그의 영혼은 천국으로 갔을까

루터는 사방에서의 공격으로 심한 정신적 고통에 시달렸다. 교황과 황제가 그를 이단으로 판정했고, 스위스 등지의 급진파가 그의 교리를 비판했으며, 농민들은 그를 배신자로 낙인찍었다. 육체적 고통도 자주 엄습해왔다. 졸도, 신장 결석, 두통 등으로 발작을 하거나 여러 차례 죽음의 고통에 직면했다. 이런 시기에 그는 때때로 악마를 보았다고 주장했다. 악마에게 큰 소리로 성경 말씀을 퍼부으며 논쟁하기도 하고, 밤에도 돌아가지 않는 악마에게는 침대에서 방귀를 쏘아 쫓아버렸다(농담이 아니라 실제 루터는 그런 주장을 했다).

말년에 루터는 자신이 이룬 것이 너무나 초라하다고 생각하며 크게 낙담했다. 그가 보기에 세상은 전혀 개선되지 않았다. 사람들은 여전히 영혼의 구원을 뇌두고 술 마시고 매음에 빠져 있었다. 그러나 그 자신의 느낌과는 별개로 그가 한 일들은 엄청난 결과를 가져왔다. 종교개혁은 유럽 문명을 두 개의 세계로 영원히 분리시켰다. 사실 말은 종교'개혁'이지만 실제로는 점진적 개혁이 아니라 혁명에 가까웠다. 기존 가톨릭 신앙과는 다르게 구원에 이르는 완전히 새로운 방식을 제시했기 때문이다. 종교개혁을 뜻하는 'Reformation'이라는 말은 '세계 전체에 형태form를 다시 부여하는 것Reformatio totius orbis'이라 할 수 있다.

1546년 2월, 루터는 아이스레벤 시를 방문하여 교회에서 설교하던 중 말이 어눌해지더니 비틀거렸다. 사람들이 그를 부축하여 길 건너 숙소로 데리고 갔다. 그는 그곳에서 아마도 심장발작으로 사망한 것 같다. 루터가 죽음을 맞은 그 숙소는 그가 태어난 곳에서 아주 가까운 곳이었다.

한평생을 구원의 문제로 불안에 떨었던 그의 영혼은 천국으로 갔을까? 그리고 500년이 지난 지금, 종교는 우리를 자유롭게 하고 해방시키는 힘일까? 꼭 그렇지만은 않아 보인다. '정통', '올바른 믿음', '교리', '조직' 그리고 '권력', 이런 것들이 우리의 몸과 마음을 고통스럽게 옭아매는 것은 아닐까? 신성성을 상실한 근본주의 도그마는 피에 굶주린 야수처럼 세계를 불안에 떨게 한다.

저자 후기

이 책에 실린 글들은 지난해 네이버캐스트 〈파워라이터 ON〉에 연재했던 것이다. 매주 온라인 상에 글을 써서 올리는 작업은 실로 흥미롭고 박진감 있었다. 천천히 글을 쓰고 여러 번 수정해가며 완성한 원고를 책으로 출판하는 데에 익숙했던 나로서는 빠른 호흡으로 글을 써서 곧바로 수많은 가상 독자들에게 선보이는 이 작업이 꽤나 낯설고도 신선한 경험이었다.

이 분주한 프로젝트에 참여하게 된 데에는 나름의 생각이 없지 않았다. 세상이 이리도 빨리 변화하는데 옛 방식만 고집하면 도태될 터이니 나도 하루바삐 문명개화의 큰 흐름에 동참해보고 싶다는 개인적인 동기도 작용했다.

그렇지만 그보다 더 중요한 다른 이유가 있다. 요즘 젊은이들이 세계 역사에 무지하다는 자각이다. 세계사 과목을 한번 들어본 것과 안 들어본 것만 해도 천지차이다. 고등학교에서 세계사를 선택하지 않았다는 그 우발적 원인 때문에 우리 청년들의 사고가 '해저 2만 리' 수준으로 떨어졌다. 나를 비롯해 내 주변의 교수들은 강의 중에 당연히 알 법한 내용을 의외로 학생들이 이해하지 못하는 경우를 종종 경험한다. 그 원인을 알아보면 역사 지식이 부족하기 때문이라는 사실을 깨닫게 된다.

이 세상을 이해하는 기본이 역사학이라는 점은 두말할 필요가 없다. 오늘날의 청년 세대는 곧 세계를 무대로 활약할 사람들이 아닌가. 세계를 보는 넓은 안목을 갖추어야 하는 동시에, 인간계에서 벌어지는 복잡 미묘한 일들을 세밀하게 읽어내는 능력도 있어야 한다. 그러기 위해서는 우리가 살아가는 이 세상이 실제로 어떻게 변화해왔는지 탐구하는 역사 연구만한 것이 없다. 알기 쉽게 이야기를 풀어서 들려주면 많은 사람이 세계 역사에 한번 눈을 돌려보지 않을까 하는 희망을 품어본다.

이 책이 젊은 독자들에게 와닿았으면 하고 바라는 이유가 여기에 있다. 그런데 바로 여기에 또 다른 어려움이 있다. 듣기로 온라인의 글은 종이책과는 달라, 짧고 강렬하고 섹시해야 통한다는 것이다. 아시다시피 역사 분야의 글은 그런 성격과는 거리가 멀어도 한참 멀다. 이 책의 글도 인터넷 세계를 유랑하는 분들이 보기에는 다소 길고 둔탁할지 모르겠다. 그래도 나름 최선을 다해 '선정적으로' 쓰려고 노력했다는 사실을 알아주면 고맙겠다.

온라인의 멋진 신세계에 들어가보도록 권하고, 그 후 다시 인간미 가득한 구세계에서 책을 엮어준 휴머니스트에 감사드린다.

2017년 4월
주경철

부록

유럽 왕가 계보도(15~16세기)

유럽사 연표(15세기~16세기 중반)

찾아보기

유럽 왕가 계보도(15~16세기)

합스부르크 왕가

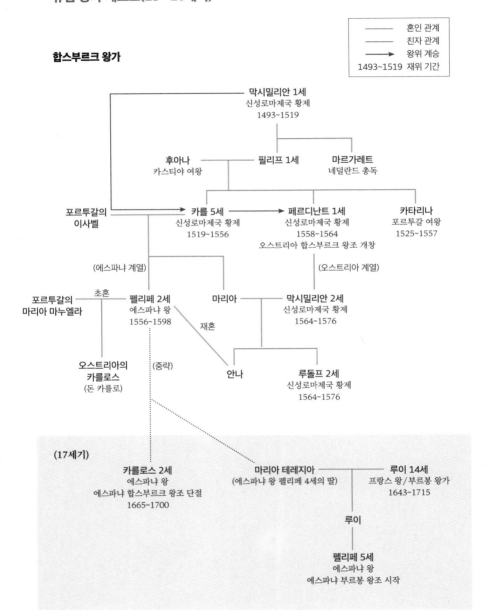

	혼인 관계	
	친자 관계	
→	왕위 계승	
1493~1519	재위 기간	

막시밀리안 1세
신성로마제국 황제
1493~1519

후아나
카스티야 여왕 — **필리프 1세** **마르가레트**
네덜란드 총독

**포르투갈의
이사벨**

카를 5세
신성로마제국 황제
1519~1556

페르디난트 1세
신성로마제국 황제
1558~1564
오스트리아 합스부르크 왕조 개창

카타리나
포르투갈 여왕
1525~1557

(에스파냐 계열)

(오스트리아 계열)

**포르투갈의
마리아 마누엘라**

초혼

펠리페 2세
에스파냐 왕
1556~1598

마리아

막시밀리안 2세
신성로마제국 황제
1564~1576

재혼

**오스트리아의
카를로스**
(돈 카를로)

(중략)

안나

루돌프 2세
신성로마제국 황제
1564~1576

(17세기)

카를로스 2세
에스파냐 왕
에스파냐 합스부르크 왕조 단절
1665~1700

마리아 테레지아
(에스파냐 왕 펠리페 4세의 딸)

루이 14세
프랑스 왕/부르봉 왕가
1643~1715

루이

펠리페 5세
에스파냐 왕
에스파냐 부르봉 왕조 시작

잉글랜드·스코틀랜드 왕가

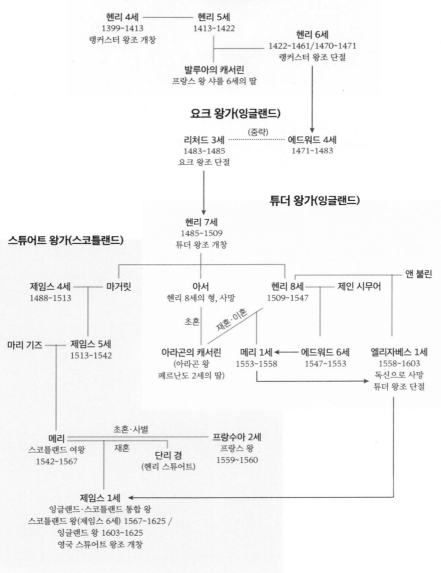

랭커스터 왕가(잉글랜드)

헨리 4세 ——— 헨리 5세
1399~1413   1413~1422
랭커스터 왕조 개창

헨리 6세
1422~1461/1470~1471
랭커스터 왕조 단절

발루아의 캐서린
프랑스 왕 샤를 6세의 딸

요크 왕가(잉글랜드)

(중략)
리처드 3세 ·············· 에드워드 4세
1483~1485   1471~1483
요크 왕조 단절

튜더 왕가(잉글랜드)

헨리 7세
1485~1509
튜더 왕조 개창

스튜어트 왕가(스코틀랜드)

제임스 4세 ——— 마거릿
1488~1513

아서
헨리 8세의 형, 사망

헨리 8세
1509~1547

제인 시무어

앤 불린

초혼

재혼·이혼

마리 기즈 —— 제임스 5세
1513~1542

아라곤의 캐서린
(아라곤 왕
페르난도 2세의 딸)

메리 1세
1553~1558

에드워드 6세
1547~1553

엘리자베스 1세
1558~1603
독신으로 사망
튜더 왕조 단절

메리
스코틀랜드 여왕
1542~1567

초혼·사별

재혼

단리 경
(헨리 스튜어트)

프랑수아 2세
프랑스 왕
1559~1560

제임스 1세
잉글랜드·스코틀랜드 통합 왕
스코틀랜드 왕(제임스 6세) 1567~1625 /
잉글랜드 왕 1603~1625
영국 스튜어트 왕조 개창

유럽 왕가 계보도(15~16세기)   329

프랑스 발루아 왕가

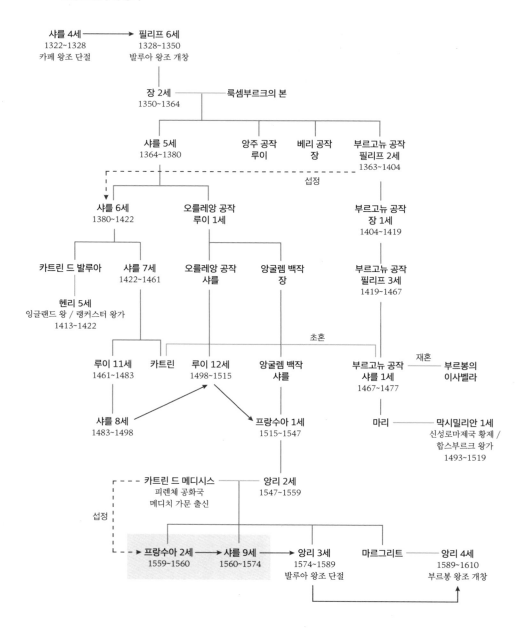

샤를 4세
1322~1328
카페 왕조 단절
→
필리프 6세
1328~1350
발루아 왕조 개창

장 2세
1350~1364 — 룩셈부르크의 본

샤를 5세
1364~1380

앙주 공작
루이

베리 공작
장

부르고뉴 공작
필리프 2세
1363~1404

섭정

샤를 6세
1380~1422

오를레앙 공작
루이 1세

부르고뉴 공작
장 1세
1404~1419

카트린 드 발루아

샤를 7세
1422~1461

오를레앙 공작
샤를

앙굴렘 백작
장

부르고뉴 공작
필리프 3세
1419~1467

헨리 5세
잉글랜드 왕 / 랭커스터 왕가
1413~1422

초혼

루이 11세
1461~1483

카트린

루이 12세
1498~1515

앙굴렘 백작
샤를

부르고뉴 공작
샤를 1세
1467~1477

재혼 — 부르봉의
이사벨라

샤를 8세
1483~1498

프랑수아 1세
1515~1547

마리 — 막시밀리안 1세
신성로마제국 황제 /
합스부르크 왕가
1493~1519

카트린 드 메디시스
피렌체 공화국
메디치 가문 출신

앙리 2세
1547~1559

섭정

프랑수아 2세
1559~1560
→
샤를 9세
1560~1574
→
앙리 3세
1574~1589
발루아 왕조 단절

마르그리트 — 앙리 4세
1589~1610
부르봉 왕조 개창

유럽사 연표(15세기~16세기 중반)

1337	프랑스-잉글랜드 백년전쟁 발발(~1453)
1363	프랑스 왕 장 2세, 넷째 아들 필리프를 부르고뉴 공작에 봉함
1380	부르고뉴 공작 필리프 2세 등 삼촌들이 샤를 6세를 대신해 섭정 시작
1407	부르고뉴 공작 장 1세, 오를레앙의 루이 암살
1412?	잔 다르크, 프랑스 동레미에서 태어남
1415	콘스탄츠 공의회(1414)에서 이단으로 몰린 얀 후스를 화형시킴
	아쟁쿠르 전투에서 헨리 5세가 이끄는 잉글랜드군이 프랑스군 대파
1419	프랑스 왕세자 샤를, 부르고뉴 공작 장 1세 암살
1420	프랑스-잉글랜드 트루아 조약 체결. 헨리 5세, 프랑스 샤를 6세의 딸 카트린과 결혼
1429	프랑스, 잔 다르크의 지휘 아래 오를레앙 회복. 프랑스 샤를 7세 대관식 거행
1430	잔 다르크, 체포되어 루앙 성 탑에 갇힘
1431	잔 다르크, 이단 판정을 받고 화형당함
1435	부르고뉴 공작 필리프 3세, 프랑스 왕실과 동맹을 맺음(아라스 조약)
1451?	크리스토퍼 콜럼버스, 이탈리아 제노바에서 태어남
1452	레오나르도 다빈치, 이탈리아 빈치에서 태어남
1453	카스티용 전투에서 프랑스군이 영국군을 격파하고 기엔 지역 회복. 백년전쟁 종결
1455	잉글랜드에서 장미전쟁 발발(~1485)
1456	잔 다르크, 사후 재심 재판을 통해 복권됨
1461	프랑스 왕 루이 11세 즉위
1465	루이 11세의 중앙집권 강화에 대항해 귀족들이 '공익동맹' 결성
1472	다빈치, 〈수태고지〉 그림(~1475)
1476	콜럼버스, 포르투갈로 이주
1477	부르고뉴 공작 샤를 1세, 낭시 전투에서 스위스군과 싸우다 사망. 프랑스, 부르고뉴를 통합하

여 근대 국가의 기틀 마련

1479	아라곤과 카스티야가 통합해 에스파냐 왕국 성립
1483	마르틴 루터, 독일 아이스레벤에서 태어남
1485	잉글랜드, 장미전쟁 종결. 헨리 7세가 즉위하여 튜더왕조 시작됨
	콜럼버스, 포르투갈과 에스파냐 왕실에 아시아 항해 사업 제안
	에르난 코르테스, 에스파냐에서 태어남
1490	다빈치, 자코모(살라이)를 만남
1491	헨리 8세, 그리니치에서 태어남
1492	콜럼버스, 1차 항해(~1493)에서 아메리카 대륙 발견
	에스파냐, 레콩키스타 완성
1493	콜럼버스, 2차 항해 출발(~1496)
1496	필리프 1세와 후아나 결혼
	다빈치, 수학자 루카 파치올리 만남
1497	다빈치, 〈최후의 만찬〉 그림
1498	콜럼버스, 3차 항해 출발(~1500)
1500	카를 5세, 벨기에 강에서 태어남
1501?	말린체, 나우아족 귀족 가문의 딸로 태어남
1502	콜럼버스, 4차 항해 출발(~1504)
1504	코르테스, 에스파뇰라 섬 정착민으로 자원하여 산토도밍고로 이주
1506	필리프 1세 사망
	콜럼버스 사망
	다빈치, 〈모나리자〉 완성
1509	잉글랜드 왕 헨리 8세 즉위. 사망한 형의 미망인 아라곤의 캐서린과 결혼
1511	코르테스, 벨라스케스가 지휘하는 쿠바 원정에 참여
1513	헨리 8세, 프랑스를 공격하고 스코틀랜드와의 전쟁에서 승리(프로튼 전투)
1515	프랑수아 1세, 밀라노 점령. 다빈치를 프랑스로 초대
1517	루터, 면죄부 판매에 반발하며 95개조 논제 게시
1519	카를 5세, 신성로마제국 황제로 즉위
	코르테스, 3차 원정대를 이끌고 본토 정복 사업 시작. 말린체와 만남
	다빈치, 프랑스에서 사망
	루터와 요한 에크, 라이프치히 논쟁 벌임
1520	코르테스, '슬픈 밤' 사건으로 많은 병사와 동맹군을 잃음
1521	루터, 보름스 제국의회에서 파문당함
	카를 5세, 프랑스 왕 프랑수아 1세와 이탈리아를 둘러싸고 전쟁(~1526)

	코르테스, 테노치티틀란과 틀라텔롤코 함락. 아스테카 제국 멸망
1523?	코르테스와 말린체 사이에서 마르틴이 태어남
1524	에라스뮈스, 루터와의 논쟁을 위해 《자유의지에 관하여》 펴냄
1525	카를 5세, 파비아 전투에서 프랑스 왕 프랑수아 1세를 포로로 잡음
	루터, 카타리나 폰 보라와 결혼
	루터, 에라스뮈스에 대항해 《노예의지론》 펴냄
1526	신성로마제국-프랑스 간 마드리드 조약 체결. 카를 5세, 프랑수아 1세 석방
	오스만 제국, 헝가리 침공(모하치 전투)
1528?	말린체, 천연두에 걸려 사망
1529	신성로마제국-프랑스 간 캉브레 조약 체결
1531	신교 측, 구교에 맞서 슈말칼덴 동맹 결성
1533	헨리 8세, 캐서린과 이혼하고 앤 불린과 결혼
1534	카를 5세, 튀니지를 정복해 오스만 제국의 팽창을 저지
	잉글랜드, 로마 가톨릭과 결별하고 영국국교회 성립. 헨리 8세, 영국국교회 수장이 됨
1535	헨리 8세, 수장령을 거부한 존 피셔 로체스터 주교와 국왕의 이혼을 반대한 대법관 토머스 모어 처형
1536	헨리 8세, 두 번째 아내 앤 불린 처형. 수도원 해산 시작
1537	헨리 8세의 세 번째 아내 제인 시무어, 에드워드 6세 출산 후 사망
1540	헨리 8세, 클레브의 앤과 이혼
1541	헨리 8세, 다섯 번째 아내 캐서린 하워드 처형
1543	헨리 8세, 여섯 번째 아내 캐서린 파와 결혼
	루터 《유대인과 그들의 거짓말에 관하여》 펴냄
1546	루터 사망
1547	헨리 8세 사망, 에드워드 6세 즉위
1555	아우크스부르크 종교화의에서 루터파에 한해 신앙의 자유 인정
1556	카를 5세 퇴위, 페르디난트 1세 즉위. 합스부르크 왕가가 오스트리아계와 에스파냐계로 분리
1558	카를 5세, 사망

찾아보기

ㄱ · ㄴ

가톨릭 • 72, 109, 115, 121, 125, 126, 128, 150, 152, 153, 158, 163, 164, 184, 292, 302, 304, 305, 307, 312, 313, 316~323

곤살로 게레로Gonzalo Guerrero • 217, 244

'공덕의 보고' • 297

공익동맹 • 80, 81

광녀 후아나Juana the Mad • 89, 92, 94~100, 102~104,

교황 레오 10세Leo X • 148, 286, 296

교황존신죄 • 151

교황청 • 17, 85, 151, 153, 154, 296, 301, 302, 305

구교→가톨릭

95개조 논제 • 286, 299~302

구약성서 • 38, 46, 204, 206

〈그리스도의 세례〉 • 252, 253

꽃 전쟁 • 228, 229, 232

나우아족 • 219

나우아틀어 • 219, 221, 240

《노예의지에 관하여》 • 314

논서치 궁 • 157

〈누드 조콘다〉 • 278, 279

니콜라스 데 오반도Nicolas de Ovando • 214

ㄷ · ㄹ

다빈치 노트 • 261~265, 269, 276, 277, 282, 283

담대공 샤를 1세Charles le Tèmèraire • 54, 69, 78~88

대담공 필리프 2세Philippe II le Hardi • 54, 56~63

돈 카를로스→오스트리아의 카를로스

《동방견문록》 • 189

디에고 벨라스케스Diego Velázquez de Cuéllar • 210, 214~218, 223, 236

디에고 콜럼버스Diego Columbus • 172, 210, 214, 218

디에고 콜론Diego Colón→디에고 콜럼버스

레오나르도 다빈치Leonardo da Vinci • 248~283

레콩키스타 • 184

로렌 지방 • 28, 82~84, 86

루도비코 일 모로Ludovico il Moro • 248, 258, 267

루이 11세Louis XI • 54, 76~78, 80, 81, 84, 87, 88

루이 12세Louis XII • 136, 143~145, 150, 281

루카 파치올리Luca Pacioli • 248, 266, 267

루터파 • 109, 115, 116, 121, 127, 128, 133, 163, 316~318, 321

〈리엔소 데 틀락스칼라〉 • 227, 241

ㅁ

마데이라 제도 • 179, 180, 186, 189

마르코 폴로Marco Polo • 189

마르틴 루터Martin Luther • 115, 152, 286~323

마르틴 코르테스Martín Cortés • 210~213, 241, 242, 244

마리Mary the Rich • 54, 79, 87, 88, 99

마리 드 기즈Marie de Guise • 161

마야 • 216~219, 221, 244

마키아벨리Niccolò Machiavelli • 248, 269, 270

마파문디 • 194

막시밀리안 1세Maximilian I • 54, 87, 88, 92, 105, 143

말린체Malinche • 210~212, 218~227, 232, 240~245

메리 1세Mary I • 136, 141, 149, 168, 169

메리 튜더Mary Tudor • 136, 144~146, 150

메스티소 • 211, 217, 242~244

멕시코 • 211, 218, 220, 222, 224, 226, 234, 238, 243~245

멜란히톤Melanchthon • 121, 286, 303, 309, 319, 320

면죄부 • 286, 292, 296~298, 300, 301, 303~305

〈모나리자〉 • 248, 259, 272~275, 279

목테수마 2세Moctezuma II • 210, 216, 222, 223, 225, 234~236, 240

미남공 필리프 1세Philipp I the Handsome • 89, 92, 94~98, 103

미켈란젤로Michelangelo • 85, 248, 269

밀라노 • 118, 123, 258, 260, 264, 266~269, 281, 283

ㅂ

바르톨로메 데 라스 카사스Bartolomé de las Casas • 190, 213, 215

바르톨로메 콜럼버스Bartholomew Columbus • 172, 179

바르톨로메우 디아스Bartolomeu Diaz • 182

바바라 폰 블롬베르크Barbara von Blomberg • 126, 127

바비에르의 이자보Isabeau de Bavière • 16, 25, 31, 74

발루아의 캐서린Katherine of Valois • 16

백년전쟁 • 16, 17, 20~22, 50, 51, 58, 68, 75, 76, 78, 138

베하임 지구의 • 190, 191

보드리쿠르Robert de Baudricourt • 27, 29

보름스 제국의회 • 115, 306~308

부르고뉴 • 16, 21, 23, 24, 27, 38, 39, 41, 43, 48, 50, 56~89, 99, 107, 118, 120

부르봉의 이사벨라Isabelle de Bourbon • 55, 79

브란덴부르크의 알브레히트Albrecht von Brandenburg • 286, 296~299

비텐베르크 • 292, 294, 302, 307, 309

〈비트루비안 맨〉 • 266, 268

ㅅ

사부아의 루이즈Louise de Savoie • 92, 120

사회규율화 • 316, 318

산타 마리아 델 피오레 대성당 • 251, 252

살라이Salaì → 장 자코모 카프로티 다 오레노

살리카 법 • 21, 22

샤를 4세Charles IV • 16, 21

샤를 5세Charles V • 54, 58

샤를 6세Charles VI • 16, 22, 23, 25, 54, 59, 60~62, 69, 74

샤를 7세Charles VII(왕세자 샤를) • 16, 20, 22, 24, 25, 28, 30, 32, 36~40, 42, 43, 50, 54, 59, 66, 67, 74~76, 78~80

서구 대공 • 69, 78

선량공 필리프 3세Philippe III le Bon • 24, 38, 39, 54, 67~75, 78, 80

선제후 • 105, 106, 112, 292, 196

성 브렌단 섬 • 191, 192

〈성 요한〉 • 279, 280

성만찬 논쟁 • 315

성실청 • 142

세비야 대성당 • 187, 205

수장령 • 155, 162

〈수태고지〉 • 252, 254

술레이만Suleiman • 92, 119, 120, 122, 123, 125

쉬농 성 • 25, 27~30

슈말칼덴 동맹 • 127, 321

슈타우피츠Johann von Staupitz • 286, 291, 292

스위스군 • 84~86

스코틀랜드 • 137, 144

'슬픈 밤' 사건 • 235~237

신교 • 109, 115, 116, 121, 126, 127, 133, 141, 163, 286, 315, 316, 318~320

신성로마제국 • 81, 87~89, 94, 105, 107, 112, 132, 137, 140, 143, 148, 292, 305

ㅇ

아라곤의 캐서린Catherine of Aragon • 136, 139~ 141, 149~151, 154, 155, 160, 162, 168, 169

아라스 조약 • 50, 75

아메리카 • 89, 100, 109, 116, 173, 182, 184~186, 189, 196, 197, 211, 214~216, 221, 222, 227~231, 238, 245

아서Arthur • 136, 139

아스테카 제국 • 210, 211, 213, 216, 219, 221, 222, 224, 225, 228, 230~232, 234~242

아시아 항해 사업 • 181~184

아우이초틀Ahuitzotl • 210, 228

아우크스부르크 제국의회 • 121, 128, 302, 318, 319

아쟁쿠르 전투 • 23, 65

아키텐 • 20, 21, 56

안드레아 델 베로키오Andrea del Verrocchio • 248, 250~253

안드레아 카를슈타트Andreas Karlstadt • 286, 309, 315

알론소 에르난데스 푸에르토 카레로Alonso Hernández Porto carrero • 210, 221, 223

〈암굴의 성모〉 • 250, 260

앙리 2세Henry II • 92, 125, 127

앤 불린Anne Boleyn • 136, 146, 150, 154~157, 160, 167~169

얀 후스Jan Hus • 303, 304, 308

에덴동산 • 192, 201, 207

에드워드 3세Edward III • 16, 21, 22

에드워드 6세Edward VI • 136, 157, 168, 169

에라스뮈스Desiderius Erasmus • 144, 286, 308, 313~315

에르난 코르테스Hernán Cortés • 210~227, 232, 234~245

엘리자베스 1세Elizabeth I • 136, 155, 162, 163, 169

엘리자베스 블라운트Elizabeth Blount • 141

엡스토르프 지도 • 192, 193

연옥 • 292, 293, 298, 300

《예언서》• 202, 204

오를레앙 • 25, 27, 30, 32~35, 45

오를레앙 공작 루이 1세Louis I • 54, 62, 64, 65

오스만 제국 • 92, 109, 119, 120, 122, 125, 127, 146, 271, 302

오스트리아의 돈 주앙Don Juan • 126, 127

오스트리아의 마르그리트Marguerite of Austria • 92, 120

오스트리아의 카를로스Carlos de Austria • 92, 126, 132

요한 에크Johann Eck • 286, 302, 303

요한 테첼Johann Tetzel • 286, 296~298, 300, 302

용맹공 장 1세Jean I sans Peur • 16, 24, 54, 62~67, 74, 75

웨일스 • 137, 138, 158, 163

유대인 • 184, 322

유카탄 반도 • 186, 216~218

《유토피아》• 86, 162

〈육신의 천사〉• 279, 280

의인의 교리 • 294

이단 • 17, 29, 39, 41, 45, 47~50, 128, 133, 301~304, 319, 322

《이마고 문디Imago Mundi》• 188

이사벨 1세Isabel I de Castilla • 92, 94, 96, 98, 100, 172, 182, 183, 199

이슬람(무슬림) • 122, 184, 203, 204, 321

인신공희 • 222, 227~230, 232, 239

ㅈ・ㅊ

《자유의지에 관하여》• 314

잔 다르크Jeanne d'Arc • 16~20, 22, 26~51, 59, 74

장 드 리니Jean de Ligny • 41

장 드 메스Jean de Metz • 29

장 자코모 카프로티 다 오레노Gian Giacomo Caprotti da Oreno • 248, 255, 278, 279

장 프루아사르Jean Froissart • 58, 61

장미전쟁 • 138

제노바 • 174, 175, 178, 180

제인 시무어Jane Seymour • 136, 157, 160, 168

조르조 바사리Giorgio Vasari • 252, 272

존 피셔John Fisher • 162

지옥 • 288, 290, 292

질 드 레Gilles de Rais • 33

찰스 브랜든Charles Brandon • 136, 145, 146

천연두 • 237, 239, 242

체자레 보르자Cesare Borgia • 248, 269, 270

촐룰라(인) • 225, 226, 233

〈최후의 만찬〉• 248, 258, 260, 261, 281

츠비카우의 예언자Zwickau prophets • 286, 309
츠빙글리Ulrich Zwingli • 286, 315, 316, 319

ㅋ

카를 5세Karl V • 86, 89, 92~97, 99~133, 136,
　　144, 148, 151, 155, 158, 210, 242, 286,
　　305, 306, 319
카를로스 2세Carlos II • 92, 113, 114
카스티용 전투 • 75
카예타누스Thomas Cajetanus • 286, 302
카타리나Catherine of Austria • 92, 98, 99, 103,
　　104
카타리나 폰 보라Katharina von Bora • 286, 312,
　　314
캉브레 조약 • 92, 120
캐서린 파Katherine Parr • 136, 160, 161
캐서린 하워드Catherine Howard • 136, 159~161
코르시카 • 174, 175
코수멜 섬 • 216, 217
콰우테목Cuauhtémoc • 210, 239
쿠이틀라후악Cuitláhuac • 210, 236, 239
크리스토퍼 성인Saint Christopher • 175~177
크리스토퍼 콜럼버스Christopher
　　Columbus • 172~207, 214
클레브의 앤Anne of Cleves • 136, 158, 160

ㅌ

타바스코(인) • 216, 219
'탑의 체험' • 292, 294
테노치티틀란 • 211, 224, 225, 234, 236~241

토마스 뮌처Thomas Müntzer • 286, 309~311
토마스 카예타누스Thomas Cajetanus • 286, 302
토머스 모어Thomas More • 86, 136, 152, 162
토머스 울지Thomas Wolsey • 136, 143, 144,
　　146~149, 151, 152, 154, 166
토머스 크랜머Thomas Cranmer • 136, 152~154,
　　159
토머스 크롬웰Thomas Cromwell • 136, 152, 153,
　　158, 159, 165, 166
토머스 하워드Thomas Howard • 152
통풍 • 124, 126, 167
튜더 왕조(왕가) • 137, 138, 169, 327
트루아 조약 • 16, 23~25, 30, 74
트리니다드 • 200, 217
틀라텔롤코 • 211, 237~239
틀락스칼라(인) • 225~227, 232, 237, 241
티치아노 베첼리오Tiziano Vecellio • 128,
　　130, 131

ㅍ

파비아 전투 • 116, 148
파치 가 암살 사건 • 256, 257
페르난도 2세Fernando II of Aragon • 92, 94, 96,
　　98, 100, 139, 140, 172, 183, 199
페르디난드 콜럼버스Ferdinand Columbus • 172,
　　178
페르디난트 1세Ferdinand I • 92, 97, 98, 101,
　　112, 132
펠리페 2세Felipe II • 92, 112, 124, 127, 129,
　　132
포르투갈의 이사벨Isabel de Portugal • 92, 116,

124

포르투갈의 이사벨라Isabelle de Portugal • 54, 69, 70

푸거 가 • 296, 305

푸아티에 전투 • 56

프란체스코 델 조콘도Francesco del Giocondo • 248, 272, 273

프란체스코 멜치Francesco Melzi • 248, 276, 277, 283

프랑수아 1세François I • 92, 105, 109, 116~120, 123, 146, 148, 157, 158, 248, 281, 282

플랑드르 • 58~60, 62, 68, 73, 82, 88, 106, 107, 114, 118

플랑드르의 마르그리트Marguerite III de Flandre • 54, 58, 59

플루스 울트라 • 108, 109

피렌체 • 249~252, 255~258, 263, 269, 270, 272, 275

피에르 다이이Pierre d'Ailly • 188

피에르 코숑Pierre Cauchon • 41~44, 46~48

필리파 모니즈 페레스트렐로Filipa Moniz Perestrelo • 172, 179

필리프 6세Philippe VI • 16, 21, 22

ㅎ

할베르트 • 84, 85

합스부르크 왕가(왕조) • 72, 88, 89, 92, 93, 96, 99, 105, 106, 111~114, 122, 144, 326

합스부르크 턱 • 112~115, 124, 125

헤로니모 데 아길라르Geronimo de Aguilar • 217

헨리 5세Henry V • 16, 23, 24, 54, 65, 67, 68, 74,

헨리 6세Henry VI • 16, 25, 39, 50, 74

헨리 7세Henry VII • 136~138, 140, 142, 150

헨리 8세Henry VIII • 105, 114, 120, 136, 137, 139~169

헨리 피츠로이Henry FitzRoy • 141

현명공 프리드리히 3세Frederick III der Weise • 105, 286, 292, 298, 302, 307, 312

형사취수혼 • 140

혼인 무효 • 150, 151, 154, 155, 158, 159, 162

황금양피 기사단 • 70~72

흑태자 에드워드Edward, the Black Prince • 56

주경철의 유럽인 이야기 1

중세에서 근대의 별을 본 사람들

1판 1쇄 발행일 2017년 4월 17일
1판 10쇄 발행일 2024년 11월 11일

지은이 주경철

발행인 김학원
발행처 (주)휴머니스트출판그룹
출판등록 제313-2007-000007호(2007년 1월 5일)
주소 (03991) 서울시 마포구 동교로23길 76(연남동)
전화 02-335-4422 **팩스** 02-334-3427
저자·독자 서비스 humanist@humanistbooks.com
홈페이지 www.humanistbooks.com
유튜브 youtube.com/user/humanistma **포스트** post.naver.com/hmcv
페이스북 facebook.com/hmcv2001 **인스타그램** @humanist_insta

편집주간 황서현 **편집** 최인영 이영란 **디자인** 김태형
조판 홍영사 **용지** 화인페이퍼 **인쇄** 삼조인쇄 **제본** 해피문화사

ⓒ 주경철, 2017

ISBN 979-11-6080-027-2 04900
     979-11-6080-026-5(세트)

NAVER 문화재단 파워라이터 ON 연재는 네이버문화재단 문화콘텐츠기금에서 후원합니다.